高等职业教育新形态精品教材

U0711090

创新创业教程

主　编　朱明俊　章　霞　陈金和
副主编　姜思文
参　编　钟朝辉　万　军

北京理工大学出版社
BEIJING INSTITUTE OF TECHNOLOGY PRESS

内 容 提 要

本书以提高大学生的创业综合素质为编写宗旨，从高等院校实际情况出发，有针对性地阐述了大学生创新创业的可能性与重要性，带领学生学习体验创新创业的基本流程。本书采用项目任务书的形式编写，主要内容包括大学生创新创业概述、大学生创新思维与创新能力、创业者的行为养成、创业团队的组建与管理、创意产业与创业机会、创业项目与风险管理、创业计划的编制与演练、创业资源的整合与融资、创业企业的建立与管理。

本书可作为高等院校各类专业的教学用书，也可作为大学生进行创业的参考用书。

图书在版编目（CIP）数据

创新创业教程 / 朱明俊，章霞，陈金和主编.--北京：北京理工大学出版社，2023.9
ISBN 978-7-5763-2871-4

Ⅰ.①创…　Ⅱ.①朱…　②章…　③陈…　Ⅲ.①大学生－创业－教材　Ⅳ.①G647.38

中国国家版本馆CIP数据核字（2023）第168340号

责任编辑：王梦春　　　　　　文案编辑：邓　洁
责任校对：刘亚男　　　　　　责任印制：王美丽

出版发行 / 北京理工大学出版社有限责任公司

社　　址 / 北京市丰台区四合庄路 6 号

邮　　编 / 100070

电　　话 /（010）68914026（教材售后服务热线）
　　　　　　（010）68944437（课件资源服务热线）

网　　址 / http://www.bitpress.com.cn

版 印 次 / 2023 年 9 月第 1 版第 1 次印刷

印　　刷 / 河北鑫彩博图印刷有限公司

开　　本 / 787mm×1092mm　1/16

印　　张 / 16

字　　数 / 349 千字

定　　价 / 48.00 元

FOREWORD 前言

党的二十大报告提出："教育是国之大计、党之大计。培养什么人、怎样培养人、为谁培养人是教育的根本问题。育人的根本在于立德。全面贯彻党的教育方针，落实立德树人根本任务，培养德智体美劳全面发展的社会主义建设者和接班人。坚持以人民为中心发展教育，加快建设高质量教育体系，发展素质教育，促进教育公平。"为此，我们编制了《创新创业教程》这一教材。

本书从大学生创新创业概述、大学生创新思维与创新能力、创业者的行为养成、创业团队的组建与管理、创意产业与创业机会、创业项目与风险管理、创业计划的编制与演练、创业资源的整合与融资、创业企业的建立与管理九个方面，为大学生创新创业提供了指路明灯。

本书注重系统性、全面性和实用性，既有助于激发学生的学习兴趣，又丰富了课堂教学的内容与形式，并引导学生充分理解习近平新时代中国特色社会主义思想。

本书主要有如下特点：

（1）注重思政教育。主要体现在知识目标、能力目标、素养目标、知识拓展模块等栏目中，在培养大学生能力的同时，旨在提升大学生的道德品质和修养。

（2）配套资源丰富。为了响应党的二十大报告中"推进教育数字化，建设全民终身学习的学习型社会、学习型大国"这一要求，我们在书中加入了以二维码形式呈现的知识拓展，让学生利用碎片化时间学习，不受时间、空间的限制。

（3）案例翔实实用。以本土化案例为主，每个项目前都配有案例导入模块，贴近学生创新创业生活，突出创新创业能力锻炼，提升学生的知识储备。

本书由江西科技职业学院朱明俊、章霞，江西农业工程职业学院陈金和担任主编，由江西科技职业学院姜思文担任副主编，江西科技职业学院钟朝辉、万军参与编写。

本书编写过程中参阅了大量文献和参考资料，在此向原作者致以衷心的感谢！由于编写时间仓促，编者的经验和水平有限，书中难免存在不妥和疏漏之处，恳请各位读者批评指正。

编　者

CONTENTS 目录

项目一
"入山之前先探路，出海之前先探风"
——大学生创新创业概述

📝 **学习目标**

知识目标：

（1）了解创新创业的时代背景。

（2）了解创新创业的相关概念。

（3）了解创业教育与创业精神的相关概念。

能力目标：

（1）能够掌握创新的过程。

（2）能够掌握创新与创业的关系。

（3）能够掌握养成创业精神的方法。

素养目标：

培养大学生创新创业的意识。

👤 **名人箴言**

要坚持问题导向，解放思想，通过全面深化改革开放，给创新创业创造以更好的环境，着力解决影响创新创业创造的突出体制机制问题，营造鼓励创新创业创造的社会氛围。

——习近平

👤 **案例导入**

"互联网＋"大学生创新创业大赛：营造创新生态培育青年力量

磁场控制技术攻克靶向医疗、新范式驱动药物和材料理性设计、直肠癌诊疗评估一体化 AI 系统……2023 年 4 月 9 日，第八届中国国际"互联网＋"大学生创新创业大赛冠军争夺赛在重庆大学举行，场上处处涌动着青年创新创业的热潮。

据了解，中国国际"互联网＋"大学生创新创业大赛创立于 2015 年，将高校的教育教学、科技创新转化、人才集聚等环节和要素有机结合，在培养大学生创新意识、创新思维、创新能力，促进创业链、就业链、产业链深度联通等方面发挥独特作用。

在入围本届大赛冠军争夺赛的6个项目中，南京理工大学"光影流转"团队的"亿像素红外智能计算成像的开拓者"项目最终获得冠军。"信息化和智能化的时代已经到来，我国新一代青年更应肩负责任，抓住创新创业的机遇，去挑战和突破自己。"南京理工大学"光影流转"团队讲解人王博文说。

在赛场上，选手们神采奕奕地展示着科技前沿成果，为了站上这个舞台，他们也付出了不少汗水。回忆起创业之初的艰辛，本届大赛季军、北京大学"深势科技"团队的讲解人孙伟杰说，2020年年初，北京深势科技有限公司起步时，员工分布在全球各地，不得不以"8小时接力"的工作模式抢时差。"创新能在解决问题过程中给社会创造更多的价值，这也是我们克服困难、坚定前行的动力。"孙伟杰说。

大赛举办以来，累计有943万个团队、3 983万名大学生参赛，一批有理想、有本领的新青年在历练中增长智慧，不少创新产品成功实现落地转化，良好的创新生态为我国深入实施创新驱动发展战略培育了新生力量。

第五届大赛冠军、北京清航紫荆装备科技有限公司的创始人李京阳从小热爱飞行器事业："小时候每当听到天空传来轰隆隆的声响，就迫不及待跑到屋外仰头看，惊讶于这庞然大物飞行的奥妙，那时我便立志要为造出世界领先的飞行器而读书。"

从清华大学航天航空学院博士毕业后，李京阳带领团队创业，完成大、中、小多谱系无人直升机定型及产业化，产品实现无人直升机在消防救援部门的批量列装。

第三届大赛冠军、浙江光珀智能科技有限公司董事长白云峰担任本届大赛评委。他告诉记者，时隔多年以不同身份再次站在赛场，自己感慨万千："大赛改变了我的人生轨迹，让我在科技创业的道路上不断精进。这次重返赛场，明显感觉到项目科技含量更高，高校科研成果转化更加有效。不变的是，一代代青年人奋进在创新路上的澎湃热情。"

任务一　了解创新创业的时代背景

一、时代召唤创业

从20世纪70年代起，新兴的创业一代逐渐改变整个世界的经济结构和社会结构。人类社会开始真正走上创业之路，并广泛影响着人们的生活、工作和学习方式，继而将成为21世纪甚至几个世纪的领导力量。

现今，在世界经济深度调整的大背景下，我国经济社会发展进入新常态，增长速度换挡，经济结构调整，发展动力转换。其内在原因是我国经济发展的资源环境约束加大，要素投入的创新驱动力减弱，高消费、高投入、高污染的发展方式难以为继。大力推进"大众创业，万众创新"，实现众创发展是适应新常态和引领新常态的必然选择。

就业是民生之本。扩大就业，实现比较充分的社会就业是全面建设小康社会的基础目标，是全面提高人民收入和生活水平的根本保证；扩大就业是化解劳动者流动日益频繁带来的压力、保证社会经济甚至政治稳定的基础。在无法通过政府、社会解决就业问题的情况下，我们只能引导、鼓励更多的人自谋职业，自主创业。只有创业的人多了，经济发展了，就业问题才能得到改善。

美国百森学院创业学教授蒙斯明确指出："创业是美国每年经济增长的秘密武器。"自1990年以来，每年都有100多万个新公司成立，即平均每250个美国公民就会创建一个新公司。仅在1993年到1996年这段时间，就有800万个新的就业机会得以诞生，而其中77%的就业机会是由5%的创业型公司创造的。几乎所有的美国人都认为，创办自己的企业是"一项令人尊敬的工作"。自20世纪90年代以来，美国经济的高增长堪称当代经济奇迹，究其原因，创业浪潮应该是第一功臣。大学生作为有知识、有修养、有激情的群体，也应该成为创业中的第一梯队。产业结构的调整使投资小、见效快的第三产业浮出水面，十分适合青年创业。知识经济的时代也需要大学生创业者。我国作为发展中国家，创业过程不仅是增加社会财富的手段，还是提供就业岗位、服务社会、实现自己人生价值的有效途径。

中华人民共和国成立以来，特别是改革开放以来，在中国共产党的领导下，一大批高举振兴民族产业大旗的有志之士开始了新一轮的创业壮举，再一次证实要振兴中华民族的有效途径就是加大创业，特别是高科技领域的创业。

二、中国的创业环境

为实施"科教兴国"战略，发挥科技力量的优势和潜力，以市场为导向，促进高新技术成果商品化、高新技术商品产业化和高新技术产业国际化，我国政府于1988年推出了适合高新技术产业发展环境的火炬计划。经过几十年的发展，我国的高新技术企业数量迅速增多，并向专业化、规模化和多样化发展。既有面向特定领域的软件产业园、新材料产业园、生物医药产业园、集成电路设计企业孵化器，又有面向特定对象的大学科技园、留学生创业园和国企孵化器等。

我国的改革开放自20世纪80年代以来取得了前所未有的成就，综合国力稳步提升。具有高附加值的知识型企业的不断创立与发展，将成为影响中国经济建设发展速度的关键因素，因此，关注并重视创业对于在我国建造一个创业社会，对于我国未来几年、几十年经济建设的发展将产生重大而深远的影响。

三、知识经济时代

经济和人类社会的发展密不可分，经济基础决定上层建筑，经济在整个社会发展中所占的地位是重要而独特的。人类经济形态包括渔猎经济、农业经济、工业经济、知识经济。所谓"知识经济"（Knowledge Economy），在早期是作为"新经济"被提出来的，是与农业经济、工业经济相对的一个概念，其以知识、信息、技术、人才作为主要的生产要素进入生产函数。知识经济曾被未来学家托夫勒称为"后工业经济"。奈斯比特于 1982 年提出了"信息经济"的概念。1996 年，世界经济合作与发展组织（Organization for Economic Co-operation and Development，OECD）发表的《以知识为基础的经济》（*The Knowledge-basic Economy*）的年度报告做出明确的界定：知识经济是以知识（智力）资源的占有、配置、生产和使用（消费）为重要因素的经济。此后，这一名词便作为经济学中的概念被应用到社会科学领域。总之，知识经济时代就是以知识运营为经济增长方式、知识产业成为龙头产业、知识经济成为新的经济形态的时代。

四、互联网与知识经济

知识经济时代离不开互联网、物联网、大数据、云计算技术的支撑，互联网是所有信息技术的基础。1994 年 4 月 20 日，"NCFC 工程"通过美国 Sprint 公司连入 Internet 的 64K 国际专线开通，实现了与 Internet 的全功能连接，我国从此被国际上正式承认为真正拥有全功能 Internet 的国家。几十年过去了，我国的互联网以迅猛的速度发展，渗透到社会的方方面面，改变了社会传统的生活、工作和产业方式。从 2010 年开始，互联网的发展迎来了新节点：从过去 20 年信息和互联网产业本身的发展，逐步向实体经济渗透，实体产业通过网络化被纳入互联网的经济范畴，从而构成了一个全新的经济形态——"互联网＋"经济。

2012 年 11 月 14 日，易观国际的董事长兼首席执行官于扬首次提出"互联网＋"的理念，他认为，未来"互联网＋"公式应该是所有行业的产品和服务在与多屏全网跨平台用户场景结合之后产生的一种化学公式。

"互联网＋"是互联网时代的一种新的思维方式，是依托互联网信息技术实现互联网与传统产业深度融合的一种计划，是互联网信息技术在信息化时代中的进一步发展和应用，是互联网开放、平等、互动等网络特性在传统产业中的运用。通过"互联网＋"，各个行业和领域都可以与互联网的创新成果深度融合，通过优化生产要素、更新业务体系、重构商业模式等途径，以产业升级提升经济生产力和发展动力，提升效益，从而实现经济的全面转型和升级。

2015 年 7 月 4 日发布的《国务院关于积极推进"互联网＋"行动的指导意见》（以下简称《指导意见》）指出："积极发挥我国互联网已经形成的比较优势，把握机遇，增强信心，加快推进'互联网＋'发展，有利于重塑创新体系、激发创新活力、培育新兴业态和创新公共服务模式，对打造大众创业、万众创新和增加公共产品、公共服务'双引擎'，主动适应和引领经济发展新常态，形成经济发展新动能，实现中国经济提质增效升级具有重要意义。"

五、政府创业政策

2021年10月12日，国务院办公厅发布了《国务院办公厅关于进一步支持大学生创新创业的指导意见》（国办发〔2021〕35号），意见指出，纵深推进大众创业万众创新是深入实施创新驱动发展战略的重要支撑，大学生是大众创业万众创新的生力军，支持大学生创新创业具有重要的意义。为提升大学生创新创业能力、增强创新活力，进一步支持大学生创新创业，经国务院同意，现提出以下意见。

（一）提升大学生创新创业能力

（1）将创新创业教育贯穿人才培养全过程。深化高校创新创业教育改革，健全课堂教学、自主学习、结合实践、指导帮扶、文化引领融为一体的高校创新创业教育体系，增强大学生的创新精神、创业意识和创新创业能力。建立以创新创业为导向的新型人才培养模式，健全校校、校企、校地、校所协同的创新创业人才培养机制，打造一批创新创业教育特色示范课程。

（2）提升教师创新创业教育教学能力。强化高校教师创新创业教育教学能力和素养培训，改革教学方法和考核方式，推动教师把国际前沿学术发展、最新研究成果和实践经验融入课堂教学。完善高校双创指导教师到行业企业挂职锻炼的保障激励政策。实施高校双创校外导师专项人才计划，探索实施驻校企业家制度，吸引更多各行各业优秀人才担任双创导师。支持建设一批双创导师培训基地，定期开展培训。

（3）加强大学生创新创业培训。打造一批高校创新创业培训活动品牌，创新培训模式，面向大学生开展高质量、有针对性的创新创业培训，提升大学生创新创业能力。组织双创导师深入校园举办创业大讲堂，进行创业政策解读、经验分享、实践指导等。支持各类创新创业大赛对大学生创业者给予倾斜。

（二）优化大学生创新创业环境

（1）降低大学生创新创业门槛。持续提升企业开办服务能力，为大学生创新创业提供高效便捷的登记服务。推动众创空间、孵化器、加速器、产业园全链条发展，鼓励各类孵化器面向大学生创新创业团队开放一定比例的免费孵化空间，并将开放情况纳入国家级科技企业孵化器考核评价，降低大学生创新创业团队入驻条件。政府投资开发的孵化器等创业载体应安排30%左右的场地，免费提供给高校毕业生。有条件的地方可对高校毕业生到孵化器创业给予租金补贴。

（2）便利化服务大学生创新创业。完善科技创新资源开放共享平台，强化对大学生的技术创新服务。各地区、各高校和科研院所的实验室以及科研仪器、设施等科技创新资源可以面向大学生开放共享，提供低价、优质的专业服务，支持大学生创新创业。支持行业企业面向大学生发布企业需求清单，引导大学生精准创新创业。鼓励国有大中型企业面向高校和大学生发布技术创新需求，开展"揭榜挂帅"。

（3）落实大学生创新创业保障政策。落实大学生创业帮扶政策，加大对创业失败大学生的扶持力度，按规定提供就业服务、就业援助和社会救助。加强政府支持引导，发挥市场主渠道作用，鼓励有条件的地方探索建立大学生创业风险救助机制，可采取创业风险补贴、商业险保费补助等方式予以支持，积极研究更加精准、有效的帮扶措施，及时总结经验、适时推广。毕业后创业的大学生可按规定缴纳"五险一金"，减少大学生创业的后顾之忧。

（三）加强大学生创新创业服务平台建设

（1）建设高校创新创业实践平台。充分发挥大学科技园、大学生创业园、大学生创客空间等校内创新创业实践平台作用，面向在校大学生免费开放，开展专业化孵化服务。结合学校学科专业特色优势，联合有关行业企业建设一批校外大学生双创实践教学基地，深入实施大学生创新创业训练计划。

（2）提升大众创业万众创新示范基地带动作用。加强双创示范基地建设，深入实施创业就业"校企行"专项行动，推动企业示范基地和高校示范基地结对共建、建立稳定合作关系。指导高校示范基地所在城市主动规划和布局高校周边产业，积极承接大学生创新成果和人才等要素，打造"城校共生"的创新创业生态。推动中央企业、科研院所和相关公共服务机构利用自身技术、人才、场地、资本等优势，为大学生建设集研发、孵化、投资等于一体的创业创新培育中心、互联网双创平台、孵化器和科技产业园区。

（四）推动落实大学生创新创业财税扶持政策

（1）继续加大对高校创新创业教育的支持力度。在现有基础上，加大教育部中央彩票公益金大学生创新创业教育发展资金支持力度。加大中央高校教育教学改革专项资金支持力度，将创新创业教育和大学生创新创业情况作为资金分配重要因素。

（2）落实落细减税降费政策。高校毕业生在毕业年度内从事个体经营，符合规定条件的，在3年内按一定限额依次扣减其当年实际应缴纳的增值税、城市维护建设税、教育费附加、地方教育附加和个人所得税；对月销售额15万元以下的小规模纳税人免征增值税，对小微企业和个体工商户按规定减免所得税。对创业投资企业、天使投资人投资于未上市的中小高新技术企业，以及种子期、初创期科技型企业的投资额，按规定抵扣所得税应纳税所得额。对国家级、省级科技企业孵化器和大学科技园，以及国家备案众创空间按规定免征增值税、房产税、城镇土地使用税。做好纳税服务，建立对接机制，强化精准支持。

（五）加强对大学生创新创业的金融政策支持

（1）落实普惠金融政策。鼓励金融机构按照市场化、商业可持续原则对大学生创业项目提供金融服务，解决大学生创业融资难题。落实创业担保贷款政策及贴息政策，将高校毕业生个人最高贷款额度提高至20万元，对10万元以下贷款、获得设区的市级以上荣誉的高校毕业生创业者免除反担保要求；对高校毕业生设立的符合条件的小微企业，最高贷款额度提高至300万元；降低贷款利率，简化贷款申报审核流程，提高贷款便利性，支持符合条件的高校毕业生创业就业。鼓励和引导金融机构加快产品与服务创新，为符合条件的大学生创业项目提供金融服务。

（2）引导社会资本支持大学生创新创业。充分发挥社会资本作用，以市场化机制促进社会资源与大学生创新创业需求更好对接，引导创新创业平台投资基金和社会资本参与大学生创业项目早期投资与投智，助力大学生创新创业项目健康成长。加快发展天使投资，培育一批天使投资人和创业投资机构。发挥财政政策作用，落实税收政策，支持天使投资、创业投资发展，推动大学生创新创业。

（六）促进大学生创新创业成果转化

（1）完善成果转化机制。研究设立大学生创新创业成果转化服务机构，建立相关成果与行业产业对接长效机制，促进大学生创新创业成果在有关行业企业推广并应用。做好大学生创新创业项目的知识产权确权、保护等工作，强化激励导向，加快落实以增加知识价值为导向的分配政策，落实成果转化奖励和收益分配办法。加强面向大学生的科技成果转化培训课程建设。

（2）强化成果转化服务。推动地方、企业和大学生创新创业团队加强合作对接，拓宽成果转化渠道，为创新成果转化和创业项目落地提供帮助。鼓励国有大中型企业和产教融合型企业利用孵化器、产业园等平台，支持高校科技成果转化，促进高校科技成果和大学生创新创业项目落地发展。汇集政府、企业、高校及社会资源，加强对中国国际"互联网＋"大学生创新创业大赛中涌现的优秀创新创业项目的后续跟踪支持，落实科技成果转化相关税收优惠政策，推动一批大赛优秀项目落地，支持获奖项目成果转化，形成大学生创新创业示范效应。

（七）办好中国国际"互联网＋"大学生创新创业大赛

（1）完善大赛可持续发展机制。鼓励省级人民政府积极承办大赛，压实主办职责，进一步加强组织领导和综合协调，落实配套支持政策和条件保障。坚持政府引导、公益支持，支持行业企业深化赛事合作，拓宽办赛资金筹措渠道，适当增加大赛冠名赞助经费额度。充分利用市场化方式，研究推动中央企业、社会资本发起成立中国国际"互联网＋"大学生创新创业大赛项目专项发展基金。

（2）打造创新创业大赛品牌。强化大赛创新创业教育实践平台作用，鼓励各学段学生积极参赛。坚持以赛促教、以赛促学、以赛促创，丰富竞赛形式和内容。建立健全中国国际"互联网+"大学生创新创业大赛与各级各类创新创业比赛联动机制，推进大赛国际化进程，搭建全球性创新创业竞赛平台，深化创新创业教育国际交流合作。

（八）加强大学生创新创业信息服务

（1）建立大学生创新创业信息服务平台。汇集创新创业帮扶政策、产业激励政策和全国创新创业教育优质资源，加强信息资源整合，做好国家和地方的政策发布、解读等工作。及时收集国家、区域、行业需求，为大学生精准推送行业和市场动向等信息。加强对创新创业大学生和项目的跟踪、服务，畅通供需对接渠道，支持各地积极举办大学生创新创业项目需求与投融资对接会。

（2）加强宣传引导。大力宣传加强高校创新创业教育促进大学生创新创业的必要性、重要性。及时总结推广各地区、各高校的好经验、好做法，选树大学生创新创业成功典型，丰富宣传形式，培育创客文化，营造敢为人先、宽容失败的环境，形成支持大学生创新创业的社会氛围。做好政策宣传宣讲，推动大学生用足用好税费减免、企业登记等支持政策。

任务二　认识创新

一、创新的含义

创新是人脑的一种机能和属性，与生俱来，它是以一种新思维、新发明和新描述为特征的概念化过程。创新起源于拉丁语，它的原意有3层含义：更新；创造新的东西；改变。创新是人类特有的认识能力和实践能力，是人类主观能动性的高级表现形式，是推动民族进步和社会发展的不竭动力。

创新虽然是人与生俱来的一种能力，但可以在后天靠培训而重新激发和提升。

创新就是要淘汰旧观念、旧技术、旧体制，培育新观念、新技术、新体制。创新意味着敢于打破常规，挣脱束缚，另辟蹊径。

在经济学上，创新的概念起源于美籍经济学家熊彼特在1912年出版的《经济发展概论》。熊彼特在其著作中提出：创新是指把一种新的生产要素和生产条件的"新结合"引入生产体系。它包括引入一种新产品、引入一种新的生产方法、开辟一个新的市场、获得原材料或半成品的一种新的供应来源、采用新的组织形式5种情况。

其实，创新还应包括观念和思维的创新，这是最重要的。有位教授总结深圳特区之所以能取得今天的成绩，首先归功于制度的创新。如果没有特区拓荒者的观念和思维的创新，就不可能有制度的创新，更谈不上深圳的惊人成就。

二、创新的类型

从不同角度划分，创新的类型主要有以下三种。

1. 文化创新

文化在交流的过程中传播，在继承的基础上发展，其中都包含着文化创新的意义。文化发展的实质在于文化创新。文化创新是社会实践发展的必然要求，是文化自身发展的内在动力。

2. 理论创新

理论创新是指人们在社会实践活动中，对出现的新情况、新问题做新的理性分析和理性解答；对认识对象或实践对象的本质、规律和发展变化的趋势做新的揭示与预见；对人类历史经验和现实经验做新的理性升华。理论创新是创新活动的核心和精华。

3. 科技创新

科技创新是原创性科学研究和技术创新的总称，是指创造和应用新知识、新技术、新工艺，采用新的生产方式和经营管理模式，开发新产品，提高产品质量，提供新服务的过程。知识社会环境下的科技创新包括知识创新、技术创新和由现代科技引领的管理创新。

（1）知识创新。知识创新的核心是科学研究，是新的思想观念和公理体系的产生，其直接结果是新的概念范畴和理论学说的产生，为人类认识世界和改造世界提供新的世界观与方法论。

（2）技术创新。技术创新的核心是科学技术的发明和创造的价值实现，其直接结果是推动科学技术进步与应用创新的良性互动，提高社会生产力的发展水平，进而促进社会经济的增长。

（3）管理创新。管理创新既包括宏观管理层面上的创新，即社会政治、经济和管理等方面的制度创新，也包括微观管理层面上的创新。其核心是科技引领的管理变革。其直接结果是激发人们的创造性和积极性，促使所有社会资源的合理配置，最终推动社会的进步。

知识拓展：飞机的发明

三、创新的特性

创新具有主体性、经济性、生产性和组织性四大特性。

1. 创新的主体性

创新的主体是企业。熊彼特指出："我们把新组合的实现称为'企业'。"为了将创新转化为内部效益，需要有个载体，这个最好的载体就是企业。

（1）企业对市场天然敏感，能够通过市场最接近地把握用户需求的脉搏，为科研找到最明确的市场方向。

（2）企业有严格的经费控制制度和资源节约压力，有明确的赢利目标，不会做无用功，不会把研究出来的科研成果束之高阁，甚至这样的成果根本就不会在企业中产生。

（3）企业能够利用自己的资源，加强与高等院校和科研院所的合作，将方方面面的力量凝聚起来，实现了各种资源的有效组合。

2. 创新的经济性

熊彼特所说的"创新"，涉及科学技术的重大发展和技术变革，但它并不是纯技术的概念，既包括技术变革、生产方法的变革内容，同时，更具有经济制度形态的转变特征，而且最终目的是获取潜在的利润。

熊彼特强调的是，将技术与经济结合起来，因而他所说的创新是一个经济学的概念，是指经济上引入某种"新"的东西，不能等同于技术上的新发明、新创造，只有当新的技术发明被应用于经济活动时，才能成为"创新"。熊彼特把发明与创新分开，强调第一个将发明引入生产体系的行为才是创新，即发明家也不一定是创新者，只有敢于冒风险，把新发明引入经济的企业家才是创新者。

创新不是为了创新而创新，而是为了以最节约的手段实现最大化的利润。创新不是纯技术的变革和进步，而是以技术实现经济的目的，技术只是一个载体或手段、方法、媒介。只要技术或技术的组合能实现社会利益或企业利益的增加，就是创新，无论这种技术是过时的还是先进的。

创新者依靠创新能够获得高额的创新利润，往往会引起其他企业模仿。普遍的模仿会引发更大的创新浪潮，于是经济走向高涨。当较多的企业模仿同一创新后，创新浪潮便会消逝、经济出现停滞。如果经济要再度增长，就必须有新一轮的创新。只有不断创新，才能保证经济持续增长。

资本主义经济增长的过程是通过繁荣、衰退、萧条和复苏的周期过程而实现的，而创新是决定这种周期的主要因素。由于创新活动具有不连续性，创新规模不同，新技术含量高低有别，实现时间长短不等，产生影响远近相异等特点，使经济增长呈现出周期性。正确的创新和模仿，就会促进经济增长；失误的模仿，就会导致经济停滞或衰退。因此，经济的周期性现象不可避免，经济危机是在创新过程中不可避免的周期性的经济现象，繁荣之后便是衰退，衰退和萧条就是危机，摆脱经济危机只有通过创新。

3. 创新的生产性

创新联结了技术、制度与经济，是将技术、制度转化为生产力的过程，是通过技术、制度增加产出的过程，是通过技术、制度扩大社会生产能力的过程，是通过技术、制度促进经济增长和经济发展的过程。

熊彼特认为，经济发展是一种"质变"或生产方法的"新组合"，它与经济增长的最大区别在于经济发展是一个动态的过程，它是内部自行发生变化的结果。用熊彼特的话来说，创新就是实现生产方法的新组合，创新就是经济发展。因此，"创新""新组合""经济发展"实际上是同一个意思或同义语。

在熊彼特看来，创新是一种创造性的破坏。他注意到，创新的过程是不断破坏旧的结构、不断创造新的结构的过程，是一个创造性的破坏过程。一批又一批企业在创新浪潮中被淘汰，一批又一批新的企业在创新浪潮中崛起，具有创新能力和活力的企业不断发展，生产要素在创新过程中实现优化组合，经济就会不断发展。持续创新、持续破坏、持续优化、持续发展，这就是创新的经济发展逻辑。

4. 创新的组织性

创新的实施者是能够发现潜在利润、敢于冒险并具备良好组织能力的企业家。熊彼特指出："我们把职能实现新组合的人们称为'企业家'。"熊彼特的创新理论突出了企业家的作用。在他看来，没有企业家就没有创新。企业家活动的动力来源于对垄断利润或超额利润的追逐，其目的或结果是实现"新组合"或创新。可以说，创新的承担者（主体）只能是企业家，企业家的创新活动是经济兴起和发展的主要原因。发明者不一定是创新者，只有企业家才会有能力把生产要素和生产条件的新组合引入生产体系，实现"创新"。

企业家为什么要"创新"？一个目的是"个人致富"，另一个目的是显示才能、渴求成功，前者是物质利益，后者是精神需要。而只想着赚钱的投机商人绝不是企业家。企业家就是在追求利润最大化和展示才能、发挥智慧作用这两个目的驱使下，不断开拓创新，推动经济发展。在熊彼特看来，企业家应具备以下三个条件：

（1）有眼光，能看到市场潜在的商业利润。

（2）有能力，有胆略，敢冒经营风险，从而取得可能的市场利润。

（3）有经营能力，善于动员和组织社会资源，进行并实现生产要素的新组合，最终获得利润。

企业家之所以要创新，是因为他看到创新可能带来的赢利机会，或使潜在的赢利机会变成现实的利润。经济发展的动力是利润和企业家精神。

四、创新的性质与过程

1. 创新的性质

（1）无中生有。无中生有是指科学发现和技术发明。无中生有的事例太多了，可以说整个世界发展史就是一部创新的历史：从钻木取火、电的发现到世界上第一台蒸汽机、电灯、电话、计算机、电视、激光和原子能等的发明，都是无中生有的结果和伟大的创新，都改变了整个人类的生活。

（2）有中生无。有中生无则指对现有事物的改进。相对于无中生有来说，有中生无的事例就更多了。例如，苹果公司研制的新款超薄笔记本计算机非常薄，它可以被放进一个普通的文件袋中。苹果公司因其卓有成效的创新而使它的产品重新成为畅销品，尤其是成为年轻人的新宠，有太多的年轻人都在盼望着拥有一台小巧的苹果笔记本计算机。但是，无论现在的计算机怎样改变，与诞生于1945年的那个庞大的第一台计算机相比，都是有中生无的改进型。

2. 创新的过程

（1）敢于想。敢于想前人所未想。这里的重点应该放在"敢"字上，有很多人，想都不敢想，更别说做了。虽然完成一个创新不仅要想还要做，但想是前提，首先要敢想，也就是要善于进行创造性思考。成功者大都是思维活跃、善于思考的人。随着知识经济时代的到来，思想、创意、新的知识点的价值越来越大，一个好的创意可能拯救一个企业，开拓出一片新的天地。

（2）敢于做。仅仅有好的想法是远远不够的，还要敢于做前人所未做，敢于去实施。事实上，并不是每个创意都能转换成很好的结果，都能被市场所接受，不去试验，不会知道新想法到底怎么样。"要是失败了多丢人啊""大家都会笑我的"等，拥有这些想法的人绝不可能成为很好的创新者。"千里之行，始于足下"。一定要敢于尝试。

任务三　了解创业

一、创业的含义

"创业"一词由"创"和"业"组成。对创业的定义和理解，存在不同的角度和范畴，有狭义和广义之分。创业通常是对自己拥有的资源或通过努力对能够拥有的资源进行优化整合，从而创造出更大经济或社会价值的过程。

广义的创业定义为"创造新的事业的过程"，即"创建一番事业"。这里的含义不单指创造财富。创业既包括营利性组织，也包括非营利性组织；既包括官方设置的部门和机构，也包括社会组织、个人；既包括大型的事业，也包括小规模的个人或家庭事业。

狭义的创业定义为"创建一个新企业的过程"。创业者个人或创业团队转变择业观念白手起家，以资源所有者的身份，利用知识、能力和社会资本，通过自筹资金、技术入股、寻求合作等方式创立新的社会经济单元，即不做现有就业岗位的填充者，而是为自己、为社会更多人创造就业机会。

综上所述，创业是利用创新思维和方法，创造出某种对人类、对社会或对个人有益的具体成果。创业是理论创新或科技创新等成果向实际生产力的转化，由实际过程和具体结果来体现。换而言之，创业是发现和捕获机会并由此创造出新的产品或服务，并实现其潜在价值的过程。创业必须贡献时间和付出努力，承担相应财务、精神和社会等方面的风险，以期获得财富回报、精神满足和独立自主。

上述定义强调了作为一个创业者的四个基本方面，而与其所处领域无关。

（1）创业包括一个创造的过程——它创造某种有价值的新事物。这种新事物必须是有价值的，不仅对创业者本身有价值，而且对其开发的某些目标对象也是有价值的。这里的目标对象可因创业者所处行业的不同或其创造事物的不同而不同。

（2）创业需要牺牲必要的时间，付出极大的努力。要完成整个的创业过程，要创造有价值的新事物，就需要大量的时间，而要获得成功，没有付出极大的努力是不可能的。

（3）承担必然存在的风险。创业的风险可能有各种不同的形式，创业的领域不同，创业的风险也就不同，但通常的风险不外乎财务、精神和社会等几个方面。

（4）创业者创业需要回报。作为一个创业者，最重要的回报可能是其由此获得的独立自主，以及随之而来的个人的满足。对于追求利润的企业家而言，金钱的回报无疑是重要的，货币便是衡量回报的一种尺度。

二、创业的类型

克里斯琴（Christian）认为，创业依照其对市场和个人的影响程度，可以区分为以下四种类型。

1. 模仿型创业

模仿型创业对于市场来说虽然也无法带来新价值的创造，创新的成分也很低，但其与复制型创业的不同之处在于，创业过程对于创业者而言还是具有很大的冒险成分。例如，某一家纺织公司的经理辞掉工作，开设了一家当下流行的网络咖啡店。这种形式的创业具有较大的不确定性，学习过程长，犯错机会多，代价也较高。这种创业者如果具有适合的创业人格特性，经过系统的创业管理培训，掌握正确的市场进入时机，还是有很大机会可以获得成功的。

2. 冒险型创业

冒险型创业除对创业者本身带来极大改变外，个人前途的不确定性也很高。对于新企业的产品创新活动而言，也将面临很高的失败风险。冒险型创业是一种难度很高的创业类型，有较高的失败率，但成功所得的报酬也很惊人。这种类型的创业如果想要获得成功，必须在创业者的能力、创业时机、创业精神的发挥、创业策略的研究拟定、经营模式的设计、创业过程的管理等各方面，都有很好的搭配。

3. 复制型创业

复制型创业是复制原有公司的经营模式，创新的成分很低。例如，某人原本在餐厅里担任厨师，后来离职自行创立一家与原服务餐厅风格类似的新餐厅。新创公司中属于复制型创业的比率虽然很高，但由于这类型创业的创新贡献太低，缺乏创业精神的内涵，不是创业管理主要研究的对象。这种类型的创业基本上只能称为"如何开办新公司"，因此，很少会被列入创业管理课程中作为学习的对象。

4. 安定型创业

安定型创业虽然为市场创造了新的价值，但对创业者而言，本身并没有面临太大的改变，做的也是比较熟悉的工作。安定型创业强调的是创业精神的实现，也就是创新的活动，而不是新组织的创造，企业内部创业即属于这一类型。例如，研发单位的某小组在开发完成一项新产品后，继续在该企业部门开发另一项新产品。

三、创业的特性

1. 风险性

创业的英文"Venture"一词有风险、冒险的意思。因为创业是对预设目标的追求，这其中存在不确定和未知数，所以创新带有天然的风险性。创业者在选择创业机会的本身就带有巨大的不确定性，因为选择创业机会并且予以开发这一行为具有高度的风险。创业的风险可能有各种不同的形式，这取决于创业的领域和创业团队的资源。通常创业风险主要是人力资源风险、市场风险、财务风险、技术风险、外部环境风险、合同风险、精神方面的风险等几个方面。创业者应具备超人的胆识，甘冒风险，勇于承担多数人望而却步的风险。

当然，风险性并不意味着在创业中是无谓的承担风险。创业者愿意冒险开创自己的事业，一方面是创业活动能换取收益，这是承担风险的外在刺激；另一方面创业者对风险活动的追求，是冒险活动的内在驱动力。

2. 创新性

（1）创新性是创业的本质属性。创新是企业发展的内在推动力。作为创业推动力的创新可以是多方位的，既可以是技术方面的创新活动，也可以是生产工艺、原材料、分销渠道、商业模式等环节的创新。

（2）创新是一种有效的市场竞争手段。为了实现创业的成功，一个有效的方法不是与现有的企业直接实施竞争，而是通过创新开辟新的市场需求，或者占领已有的市场空白。

（3）创业是创新成果不断叠加的过程。创新是绝大多数商业活动成功的关键因素，是将新的构想体现到新产品、新服务、新流程中，获得消费者支持，进而创造和实现新的价值。除此之外，创新的执行方式是降低风险系数的有效措施。而新构想的产生、实施、实现及商业化，在进一步细化之后，创业过程其实质就是各个阶段技术、产品成果的累加过程。

3. 收益性

所有的创业活动都有为了获取回报收益才开展的特性。创业是创业者运用创新手段对价值的创造和累积过程。创业的主体是创业者，通过创业者对商业的洞察、判别和把握，通过自身素质及创业者个人能力与组织效能的有效融合，不断激发发展潜力，逐步在实现个人价值最大化的基础上完成个人和社会财富的创造与积累。

创业者承担了创业活动的风险，为个人和社会的一部分群体创造了价值，对社会产生了推动和影响。依据风险和收益的规律，这种过程伴随着创业活动的风险性，必然会相应地产生效用和收益。

创业获得的收益包括创业活动个人的收益，也包括社会的收益，如减轻就业压力、增加就业岗位、提升国家创造力等。这种收益可能是经济性的收益，也可能是非经济性的收益，如社会声誉和地位。获得收益是创业者从事创业活动应得的回报。创业活动的收益状况与整个社会创业的密集程度、创业活动类型及创业活动本身的科学性有着很大的关系。

4. 复杂性

创业是一项复杂的经济活动过程，是创业者与创业机会的结合体。变化的经济、技术和社会条件可以产生创业机会，具有创业精神的人能够将具有潜在价值的机会同价值不大的机会区别，并积极利用这些有价值的机会。

创业是一个随着时间而展开的过程。在这个过程中，一些因素与创业者相关，一些因素与其他人（如合作伙伴、顾客、风险投资家）相关，一些因素与整个社会相关（如政府调控、市场条件），还有其他因素，包括技术变化、社会革新等许多其他条件。任何一个创业都是逐渐成长的过程，在成长的过程中，不见得所有的创业都能走向最后的成功，因为太多的因素可以导致创业走向与原来预料的不同。创业者个人的原因，合作伙伴的分离，找不到投资者，以及融资困难、资金的回笼等，所有这些问题最后都可能导致创业失败。如何避免失败则成为创业者永远关心的话题。

四、创业的功能

1. 推动组织发展

组织是创业者为把商业机会转换成商业价值而整合资源配置的一种形式。不同的经济发展阶段和商业环境需要有相应的组织形式来开展这种创业活动，创业者为了适应外界不断变化的商业环境，就必须不断地调整组织的功能与形式，从而推动组织的发展。

2. 促进资源合理分配

创业有利于社会资源的合理分配。创业企业要能够生存并获得持续发展，必须具备比已存在企业更强的竞争力。从行业内的发展来看，创业企业的成功将会影响行业现有的经营格局，加剧行业经营的竞争，形成优胜劣汰的局面，维持市场的活力。竞争的加剧，有利于资源向经营良好、效率更高的企业流动，从而促进市场的发展，促使社会资源合理配置，产生更高的社会效益。

3. 推动社会发展进步

创业往往伴随着新技术、新工艺、新方法进入市场，催生大量科研成果转化型企业，这对创新驱动发展战略的实施、全社会创新能力和综合国力的提升起到巨大的促进作用。创新为经济不断注入活力，有利于促进生产力发展和社会进步。

4. 帮助创业者实现人生价值

创业为创业者创造了发展的机会和增加个人财富的可能性，对众多梦想着开创自己事业的人而言，创业不但是一个充分实现自我的机会，更是发挥个人潜能的舞台。在知识经济时代，智力已经成为关键性生产要素。拥有专业知识的人将更有能力通过创业实现自我价值。因此，大学生借助知识和创意创建企业，就有可能将自己的梦想变为现实。

五、创业的要素与过程

（一）创业的要素

人们研究创业活动的一个基本方法就是分析创业要素，即只要具备了哪些要素就可以进行创业活动了。尽管研究的成果很多，如三要素说：技术、创新模式和创业团队；产品、资金和团队；也有人认为是资金、策划和市场。四要素说：创业者、创业机会、创业组织和创业资源。五要素说：眼光、思想、魄力、资本和关系。但迄今为止，在人们对创业要素的认识和分析中，最为典型和公认的创业要素模型为蒂蒙斯模型。该模型提炼出了创业的三大核心要素，即创业机会、创业者及其创业团队、创业资源，如图 1-1 所示。这三大核心要素是创业活动中不可或缺的。

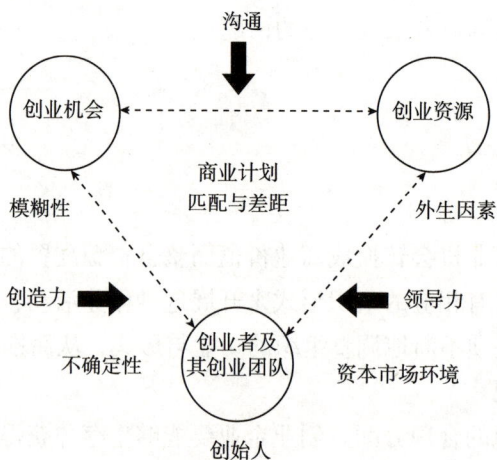

图 1-1　蒂蒙斯模型创业三要素

蒂蒙斯认为：

（1）创业机会是创业过程的核心驱动力，如果没有机会，创业活动就成了盲动，难以创造真正的价值。

（2）创始人及其创业团队是创业过程的主导者和核心，如果没有创业者及其创业团队的主观努力，创业活动是不可能发生的。

（3）创业资源是创业成功的必要保证，创业者及其创业团队把握住合适的机会后，还需要有相应的资金和设备等资源，如果没有必要的资源，机会也就难以被开发和实现。

蒂蒙斯模型具有动态性的特征，认为创业过程实际上是三个因素之间相互作用，由不平衡向平衡方向发展的过程。创始人及其创业团队的作用就是利用其自身的创造力在模糊、不确定的环境中发现企业机会，并利用企业网络和社会资本等外界因素组织与整合资源，主导企业利用搜寻到的创业机会创造价值。创业计划为创业者、创业机会和资源要素之间的匹配与平衡提供语言及规则。

创业过程是一个连续不断地寻求动态平衡的行为组合。团队必须做的核心工作是对创业机会的理性分析和把握，对风险的认识和规避，对资源的更合理利用和配置，对工作团队适应性的分析和认识。

（二）创业的过程

创业的过程通常可分为以下六个主要环节。

1. 产生创业动机

创业活动的主体是创业者，创业活动首先取决于个人是否有创业意愿，即是否希望成为创业者。创业动机就是有关创业的原因和目的，即为什么要创业的问题。创业动机是指引和维持创业者从事创业活动，并使活动朝向特定目标的内部动力，是鼓励和引导创业者发现与识别市场机会，为实现创业成功而行动的内在力量。

当然，也有不少人是因为看到了创业机会，由于潜在收益的诱惑，才产生了创业动机，进而成为一名创业者或创业团队成员。

2. 识别创业机会

识别创业机会是对可能成为创业机会的诸事件的分析和创业预期结果的判断。识别创业机会是创业过程的核心。识别创业机会包括发现机会和评价机会价值。其中包括以下几项：

（1）机会来自哪里？或者说创业者应该从何处识别创业机会？

（2）什么人更易于发现机会？为什么某些人能发现创业机会，而其他人却不能？或者说哪些因素影响或者决定了创业者识别创业机会？

（3）人们通常通过什么形式或途径识别创业机会？是经过系统收集信息和周密的调查研究，还是偶然的发现？

（4）是否所有的机会都有助于创业者开展创业活动，并创造价值？

围绕这些问题，可以看到创业者在识别创业机会阶段经常要采取的行动。为了识别创业机会，创业者可能需要多交朋友，并经常与合作者交流沟通，这样有助于创业者更广泛地获取信息。创业者还需要细心观察，从以往的工作和周边的事物中发现问题、看到机会。

3. 整合有效资源

资源是创业的基础性条件，整合资源是创业者并发机会的重要手段。强调整合资源，是因为创业者的可用资源往往很少，许多成功的创业者都有白手起家的经历。对于创业者来说，整合资源往往更强调整合外部的资源，即把其他人掌握的资源有效地用于实现自己的创业目标。

人、财、物是任何生产经营单位都要具备的基本生产要素，创业活动也是如此。对打算创业并发现了创业机会的创业者来说，要想成就一番事业，就要组建团队，凝聚一批志同道合的人。创业者所需要整合的另一种十分重要的资源就是资金，这在创业过程中被称为创业融资。不少创业者在创业初期乃至新企业成长的很长一段时间里，把主要精力都投入融资的环节中。另外，创业者还需要围绕创业机会设计出清晰且有吸引力的商业模式，向潜在的资源提供者陈述，有时还需要制订详细的创业计划。

4. 创建新的企业

企业是创业者行为的产物，是创业者实现创业梦想的实体基础。创建新企业包括选择适当的企业法律形式和经营地址、公司制度设计、企业注册、确定进入市场的途径，包括是选择完全新建企业还是采取加入或收购现有企业等。值得注意的是，许多创业者在创业初期迫于生存的压力，以及对未来缺乏准确预期，往往容易忽视这部分工作，给以后的发展埋下了隐患。

5. 实现机会价值

创业者整合资源、创建新企业的目的是实现机会价值，并通过实现机会价值来实现自己的创业目标。这是创业过程中的重要环节，确保新创建的企业生存是创业者必须面对的挑战，但创业者不能仅仅考虑生存，同时，还要考虑企业成长，企业不成长就无法生存得更好，在激烈的竞争环境中尤其如此。创业者需要了解企业成长的一般规律，预见企业不同成长阶段可能面临的问题，采取有效的措施予以防范和解决，同时不断地发现新的机会，把企业做活、做大、做强、做长。

6. 收获创业回报

对回报的正当追求是创业活动的目的，有助于强化创业者对事业的执着。对创业者来说，创业是获取回报的手段和途径，是一种载体。回报可能是多种多样的，对回报的满意程度在很大程度上取决于创业者的创业动机。在同样的条件下，实现职业理想的创业动机与追求物质财富的创业动机对回报的满意程度是不同的。

六、大学生创业的意义

随着高等院校数量和规模的扩张，大学毕业生的就业问题也日益突出。根据教育部消息，2023届全国普通高校毕业生规模预计达1 158万人，同比增加82万人，就业创业工作面临复杂严峻的形势。为了解决大学生就业难题，近年来从中央到地方都出台了一些应对措施，其中鼓励大学生创业被摆在了突出的位置。因此，大学毕业生创业具有十分重要的意义。

1. 大学生创业有利于大学生自我价值的实现

随着社会的不断发展，创办企业越来越需要创业者具有较高的知识水平和技术能力，而拥有专业知识的大学生更有能力通过创业来实现价值创造。大学毕业生通过自主创业，可以将自己的兴趣与职业紧密结合，做自己最感兴趣、最愿意做和自己认为最值得做的事情。创业为大学生创造了发展的机会，提供了增加个人财富的可能性，有利于提高自己的社会地位。对众多梦想着开创自己事业的大学生而言，创业不但是一种充分实现自我价值的机会，更是发挥个人潜能的舞台。

2. 以创业带动就业是缓解大学生就业难的有效途径

创业具有扩大就业的倍增效应。大学生创业不仅是就业的重要形式，而且能带动就业，为更多的人解决就业问题。调查结果表明，1 个大学生创业，平均可以带动 8 个大学生或社会待业人员的就业。因此，培养大学生创业精神和创业技能，提倡和鼓励大学生自主创业，通过创业来解决大学生就业问题无疑是一种可行且有效的途径。

3. 大学生创业有利于促进中小企业的快速发展

从国际经验来看，等量资金投资于中小企业所创造的就业机会是大企业的 4 倍。一个国家有 99.5% 的企业属于中小企业，65% ～ 80% 的劳动者在其中就业。美国对中小企业的发展一直比较重视，称其为"美国经济的脊梁"。美国企业创新产品中 82% 来自中小企业。因此，应鼓励大学生自主创业，促进中小企业的快速发展。

4. 大学生创业有利于培养其艰苦奋斗的作风

大学生在自主创业的过程中，遭遇困难和挫折，甚至失败都在所难免，这就要求自主创业的大学生具备顽强的意志和良好的品格，勇于承担风险，自立自强，艰苦拼搏；通过创业培养自立自强的意识、风险意识、拼搏精神和艰苦奋斗的作风。

5. 大学生创业有利于培养大学生的创新精神

创业的本质是创新，而创新是一个民族的灵魂，是国家兴旺发达的不竭动力。目前，我国技术创新总体水平较低，市场开发还不够充分，在国际分工中优势不大。要改变这种被动状态，就要发展创业型经济，而发展创业型经济的根本，取决于拥有创新创业人才的状况。青年大学生作为最具活力的群体，是社会未来的精英，如果失去了创造的冲动和欲望，那么国家最终将失去发展的动力。大学生的创业活动有利于培养其勇于开拓创新的精神，把就业压力转化为创业动力，培养出越来越多的各行各业的创新型人才，是我国实现发展创业型经济的最重要的途径，为创业型经济的发展提供根本性支撑。

任务四 认识创新与创业的关系

虽然创业和创新是两个不同的概念，但是两个范畴之间却存在着本质上的契合，以及内涵上的相互包容和实践过程中的互动发展。

一、创新价值体现于创业

从某种程度上说，创新的价值就在于将潜在的知识、技术和市场机会转化为现实生产力，实现社会财富增长，造福人类社会，否则创新也就失去了意义，而实现这种转化的根本途径就是创业。

历史上划时代的创新成果往往都是通过创业进入市场，进而催生出一个或若干个庞大的产业，为社会、企业和创业者带来巨额财富。例如，1876 年发明的电话，成就了全球通信产业的一大批跨国公司；1885 年发明的汽车，造就了一批世界级汽车业巨头；1903 年发明的飞机，开创了一批航空公司辉煌的业绩；1946 年研制出的第一台计算机，使一批计算机公司成了 IT 界的霸主；1995 年前后电子商务投入市场，使一批互联网企业应运而生。

二、创新是创业的动力和源泉

创新是创业的动力和源泉，是创业的本质。创业通过创新拓宽商业事业、获取市场机遇、整合独特资源、推进企业成长。创业必须具备一定的条件，创新能力、技术、资金、创业团队、知识和社会关系等都是重要的创业资本，创新能力是其中最重要的创业资本。创业者在创业过程中需要有持续旺盛的创新精神、创新意识，需要独特、活跃、科学的思维方式，这样才可能产生富有创意的想法或方案，才可能不断寻求新的思路、新的方法、新的模式，最终获得创业成功。创业企业的不断发展壮大，必须依靠持续创新。纵览世界，绝大多数工业巨擘之所以能够取得今天的辉煌，根本原因就在于其以创新开始创业，以不断创新追求卓越，从而推动企业持续快速发展。

三、创业精神的本质是创新

长期从事创业研究的美国学者加特纳（William B.Gartner）曾调查了 36 位学者和 8 位商业领袖，归纳出 90 个创业属性，最终发现对创业活动强调最多的属性是创新，如新事业的创造、新企业的创建与发展、新事业附加价值的创造、通过整合资源和机会的产品或服务创新，为了把握机会的资源筹集创新等。很多创业者依靠创新的产品或服务而创业，并努力将创新产品或服务推向市场，创造财富，造福社会。从这一点来看，创业实际上是一种不断挑战自我的创新过程。正如美国管理学者彼得·德鲁克（Peter F.Druker）所说："创业精神是一个创新过程，在这个过程中新产品或服务机会被确认、被创造，最后开发出产品并创造新的财富。"

可见，创业精神的本质是创新，是将新的理念和设想通过新的产品、新的流程、新的市场需求，以及新的服务方式有效地融入市场中，进而创造新的价值或财富的过程。缺乏创新，就不会有新企业的诞生和小企业的成长壮大，所以创业的本质就是创新。

综上所述，我们可以得出如下结论。

（1）创新和创业相辅相成。两者的动态融合及相互影响，对于创业成功和企业成长至关重要。

（2）创新与创业有着不可分割的内在联系。创业的关键是创新，创新是创业的源泉，持续创新必然推动和成就创业。创新成果的商品化、市场化要依靠创业，因而，创业使得创新的经济价值、社会价值得以实现。

（3）创业和创新的融合伴随着整个创业和企业成长过程。在这一过程中，创新精神、创业能力和市场意识始终是创业成功和企业持续成长的内在动力。

（4）创新与创业两者互不等同。创新是建立一种新的生产函数，引进生产要素的"新组合"，而创业则是这种"新组合"的市场化或产业化的实现过程。

任务五　认识创业教育与创业精神

一、创业教育的内涵

创业教育是对传统教育观念的一种挑战，是适应新时代的一种新的教育理念。21 世纪是我国国民经济快速发展的时期。经济的腾飞、科技的创新为青年学生自谋职业和出路、走开拓创业之路提供了可能。学生在选择职业和就业创业方面存在很大的盲目性。教师在教学过程中不仅是向学生传授知识，更重要的是激发学生的创新思维，培养学生的创业精神和能力，鼓励学生敢于张扬个性、勤于探索、勇于创新、善于与人合作等，这些通常是创业成功者所具备的素质。

开展创业教育，教会学生创业，使高职院校成为创业型人才成长的摇篮，是符合我国经济体制改革要求和国情的，是职业教育改革的一个重要方面。

创业教育（Enterprise Education），是培养人的创业意识、创业思维、创业技能等各种创业综合素质，并最终使被教育者具有一定的创业能力的教育。它是以培养大学生创业基本素质为目标，培养的是具有开拓性精神的个人，这种人具有首创、竞争意识，冒险精神，创新能力，独立工作能力以及技术、沟通和管理技能。创业教育的实质就在于要让受教育者成长为创业者，使他们"愿创""敢创""会创"，通过树立创业意识、培养创业精神、积累创业知识、增长创业技能，从而形成创业能力。在实施教育的过程中，必须结合专业知识及技能的学习，渗透创业意识，使大学生掌握选择、建立管理企业的知识体系，了解企业运作的规律，使他们在市场经济大潮中闯出一条属于自己的路。发展中、小企业是当今世界的一大趋势，也因此而成为各国职业指导工作的主要环节。

创业教育是创新教育的一个更高层次的分化，广义上是培养具有开创性的个人，比一般的创新教育有更高的要求。创业教育被联合国教科文组织赋予了与学术教育、职业教育同等重要的地位。联合国教科文组织于 20 世纪 80 年代末，在面向 21 世纪国际教育发展趋势研讨会上，提出了"创业教育"这一新的教育概念，并要求高等学校将学生创业技能和创业精神的培养作为高等教育的基本目标之一。同时，要求将它提高到与高校学术研究和职业教育同等重要的地位。从本质上说，创业教育是一种新的教育理念，旨在培养学生的创业意识、创业能力和创业人格。1999 年，联合国教科文组织在韩国汉城（今为首尔）

举行的第二届国际职业技术教育大会上特别强调：要培养学生的创业能力，创业能力是一种核心能力，这种能力对一个人在各种工作领域激发个体的创新能力至关重要。通过创业教育，培养大学生的财富意识和创业意识，强化创业动机，倡导冒险和探索精神，传授创业知识，训练创业基本能力，通过创业教育使学生具备创业所需要的意识、知识、能力和心理品质的储备，使其走上创业之路。

二、创业教育的意义

1. 创业教育可以避免很多创业中的误区

大学生创业会遇到很多问题。如没有社会阅历、缺乏经验、可供创业的启动资金不足等。通过创业教育，可以增加大学生的创业信心。创业教育带给大学生的是一种创业理念，一种创业思维方式，一种创业技巧。

开展创业教育可以传授创办企业的知识。有了创业知识，可以使大学生更早产生创业意识，提高自身素质和创业技巧，使大学生在创业过程中少走弯路。创业教育是在创业者创业之前进行的。创业教育可以在这些方面答疑解惑，帮助创业者或潜在的创业者解决创业方面的问题。

据了解，创业教育项目相比商学院其他培养模式而言，将学生培养成创业型人才的可能性提高了 25%，更重要的是，创业学专业的学生毕业后自我雇佣的比率比其他专业的学生提高了大约 11%。另外，创业学专业毕业生的总体年平均收入比其他专业高 27%，创业学专业学生毕业后聚积的个人财富比其他专业高 62%。另外，很多高校在开展创业教育的同时，在校园里成立了企业"孵化器"，为大学生开展创业实践创造了良好的条件。

2. 创业教育可以造就更多的创业者

传统的就业模式使高校毕业生都憧憬着"铁饭碗"或"金饭碗"。听从组织分配，缺乏主动性和创新性。所以，面对竞争激烈、就业紧张的社会状况无所适从。

国家提出"以创业带动就业"的政策，无法从根本上去除大学生的传统就业心理。所以，创业教育势在必行。创业教育不仅能够帮助大学生认清就业形势，转变就业观念，增强创业意识，提高创业能力，自觉地为自主就业打基础、做准备，创业能力作为一种"核心能力"，无论对工资形式的就业还是自谋职业都同等重要。

创业教育的兴起为我国教育事业增添了一项新的学科内容，预示着我国在高等教育的手段又有了新的发展。高等院校培养的大学生不仅是一个就业者，更应该是一个就业岗位的创造者。

3. 创业教育促进创新发展

创新是人类文明发展的不竭动力，也是一个国家和民族进步的灵魂与兴旺发达的不竭动力。创业教育有利于培养学生的创新意识和创新思维。1998 年 10 月，在巴黎召开的世界高等教育会议上，明确指出"高等教育必须将创业技巧和创业精神作为高等教育的基本目标"，创新型人才的培养才是高等教育的目的所在。创业教育本身也并不是要求学生去开办一个企业，而是教会学生具有创业的意识和精神，同时，具有企业家的思维方式。创业专业毕业生比其他专业的毕业生更善于从事新产品的开发工作。创业教育提高了大学生的创新能力及大学科技成果的转化，催生了更多以技术为基础的公司和产品，实现创业教育的目标。

当然，创业教育不是高等院校想搞就能搞起来的，创业教育的兴起和发展是社会经济发展的需要。任何一个国家都一样，当社会经济发展到一定阶段，为企业的创立创造了成熟的机会和条件时，创业教育就成为一种社会需要。大学校园为创业教育提供了得天独厚的条件，里面拥有充分的教育资源，这些资源为创业教育奠定了良好的基础，为创业教育的发展提供了保障。创业教育不是阶段性教育，也不是应时性的培训，而是可以长期设立的永久性教育。只要有创业者创业，创业教育在社会上就有市场，创业教育就不会枯竭。普及创业教育势在必行。

三、创业精神的内涵

创业精神是指在创业者的主观世界中，那些具有开创性的思想、观念、个性、意志、作风和品质等。创业精神有激情、积极性、适应性、领导力和雄心壮志五个要素。

无论是创业者，还是企业员工，都要具备创业精神。当人们拥有了奋发向上、积极进取、追求进步、建功立业的精神状态，就会做到无坚不摧。

那么，创业精神的内涵包括哪些内容呢？

1. 好奇的心

好奇心是对世界上所发生的任何事情的追逐和了解，是一种内在的渴望。人类失去了好奇心，就会被时代所抛弃。好奇心是一种愿意做出改变的态度，会使你面向未来时，努力去追寻这个世界的奥秘。不要因为一时的"没必要"，就放弃一种已经产生的行业模式，那样会错过世界的很多精彩。

2. 渴望的心

人人都渴望成功，但不必去计较成功程度的深浅，因为成功是没有终极定义的，它就是一种心态，让你愿意站在更高的高度看问题，愿意往前走，挑战原有的商业模式，变革和革新自己。仅抱着"玩一玩、试一试"的心态是要不得的，所以拥有一颗渴望成功的心非常重要。

3. 改变的心

这个世界每天都是新的，都在经历日新月异的发展。懂得改变的人，生意会越做越好。有些人不使用智能手机及各种社交媒体，就以为自己已经做到了本真，可是在信息接收方面，已经远远落后于周围的人，被时代抛在了后面。这些固守的人，慢慢会感觉自己越来越不好了，因为他们已经不知道如何与年轻一代进行有效的沟通了。创业的路上荆棘丛生，心理挑战随处可见，要随时做出调整和改变。

4. 伟大的心

在创业的路上，如果能做好一件事情，你就要去想如何让这件事情帮助到更多的人，思考这件事情对社会的良好影响，保持平常心，平常心也就是伟大的心。

5. 无畏的心

失败和艰难险阻遍布于创业的道路上，你会遇到各种各样的社会变革、颠覆和创新，如果没有一颗无畏的心是难以成功的。内心的无畏，会让你敢于面对未来，突破局限，打破规矩。其他人已经做好的事情，已经无须你去再做。因为没人做过，所以才要你做，不害怕、不恐惧，这是真正的无畏和伟大。

知识拓展："返乡'花式'创业"

知识拓展

推动教育与产业深度融合

在第八届中国国际"互联网＋"大学生创新创业大赛冠军争夺赛现场，参赛学生以强国有我的使命担当、深厚扎实的学识素养、积极昂扬的精神状态，展现出当代大学生创新创业的青春风采。

党的二十大报告提出："深入实施科教兴国战略、人才强国战略、创新驱动发展战略，开辟发展新领域新赛道，不断塑造发展新动能新优势。"站在新的历史起点上，如何实现教育、科技、人才培养一体化推进？如何切实提升大学生的创新精神、创业意识和创新创业能力？"互联网＋"大学生创新创业大赛提供了一种有益探索。

青年是社会上最富活力、最具创造性的群体，理应走在创新创造前列。我们欣喜地看到，一批有理想、有本领、有担当的青年，奔跑在创新创业的赛道上；在航空航天、新材料、立体视觉等硬科技领域，许多科技含量高、市场潜力大、社会效益好的项目应运而生，赋能传统产业转型升级，服务带动新经济发展；一大批学生走进革命老区、贫困山区、城乡社区，扎根中国大地了解国情民情，推动乡村振兴取得新进展……广大青年学生把自己的人生追求同国家发展进步、人民伟大实践紧密结合起来，在创新创业中展示才华、服务社会。

如今，大赛在广度和深度上迈出新步伐，更加注重将高校教育教学、科技创新转化、人才集聚等环节有机结合。如本届大赛面向新一轮科技革命和产业变革，设置产业赛道，实现了产业出题、高校揭榜、学生答题、同题共答，努力破解产、学、研脱节的问题；又如决赛期间，国家高等教育智慧教育平台正式上线"创课平台"板块，系统集聚整合创新创业要素资源，切实提高学生创新能力和知识转化能力……教育端与产业端的深度融合，创新链、产业链、人才链的有效沟通，推动着大学生创新创业向更高质量发展。

青春在创新创造中闪光。相信会有更多新时代青年把创新创业梦融入伟大的中国梦，以青春和理想谱写信仰与奋斗之歌。

四、创业精神的来源

创业精神的形成与发展，主要受文化环境、机制环境、生存环境、产业环境等方面的影响。

1. 文化环境

创业者是生活于现实文化环境中的学习者。作为学习者，其所在区域的文化价值观就是其学习的重要内容之一。在一个商业文化氛围浓厚的地方，容易培养潜在创业者的创业精神。以温州为例，早在南宋时期，温州的商业就十分发达，宋人戴栩所著的《江山胜概楼记》中记载："市声湏洞彻子夜，晨钟未歇，人与鸟鹊偕起。"宋人程俱所著的《北山小集》中记载："其货纤靡，其人多贾。"这种独特的地域文化传统孕育了当今温州商人的创业精神。

2. 机制环境

创业精神产生于特定的机制环境中，竞争的机制环境有利于创业精神的产生。

3. 生存环境

在资源贫瘠的地方，人们为了改善生存条件而寻求发展机会，整合外界资源更需要激发和形成创业精神。例如，我国历史上的徽商、晋商的形成，最初都源于生存环境的艰难。

4. 产业环境

不同的产业环境会对创业精神产生影响，对于垄断行业而言，企业缺乏竞争就容易抑制创业精神的产生。在一个完全竞争的市场结构中，由于企业间优胜劣汰、竞争激烈，往往能激发创业精神。

五、创业精神的养成

在强大的就业压力下，自主创业被越来越多的大学生所接受，这已经逐渐成为一种潮流和趋势。那么，怎样培养大学生的创业精神呢？

"追求超越现有资源控制下的机会的行为"是哈佛大学商学院对"创业精神"的定义，创业精神不是一个特别的经济现象或个人的特质表现，而是一个过程，它包括发现机会和调度资源去开发机会。其实创新精神中也包含着创新行为。

对于创业，人们的理解和追求大多是经历实践训练后从正确途径中获得的。因为优良的精神品质是创业的前提和条件，所以，对大学生创业精神的培养，以及创建良好的氛围，对大学生创业都会起到积极的作用。

培养大学生创业精神有以下五种基本途径。

1. 开展创业思想教育课程

有人曾经说过，理想是需要的，是人们前进的方向。现实有理想的指导才有前途；反过来，也必须从现实的努力奋斗中才能实现理想。有远大的目标才会有动力，有理想的人才会有更高的追求。在大学生的创业阶段，创业目标就是当前阶段的人生目标，也就是他们当前阶段的人生理想。通过对大学生进行理想教育，能更好地端正他们的创业目标，以免他们在商海中迷失自己，做出错误的行为，阻碍创业的成功。

开展创业教育的目的是使大学生更好地树立创业理想，增强创业意识，使他们在创业中获得乐趣和成就感。

大学期间，创业思想教育课程能帮助更多的大学生端正创业态度，明确创业目的和意义，自觉地树立正确的人生观和价值观，进而能积极主动地投身到创业实践中。也可以利用创业典型教育，激发他们的创业欲望和动力，使大学生有目标可寻、有理想可追。

2. 建设有利于创业的环境

学校要大力利用各种宣传工具，对创业的意义、创业的经验、创业的精神、成功创业的典型进行宣传，在校园内形成良好的校园舆论氛围，引导大学生积极投身创业。鼓励他们创新、开拓进取、团结合作，宽容他们在创业中的失败，使校园成为大学生创业的乐园。

3. 树立创业榜样进行引导

英国人认为："一个好的榜样，就是最好的宣传。""好人的榜样是看得见的哲理。"榜样的力量是无穷的。古往今来，成功的创业行为就是一笔不可多得的财富。后人能从创业成功者的身上学到自信、经验、不足，甚至探索精神，进而乐于独立思考，在创新中谋求发展和创业成就感。创业者都具有一些共性的特征：做事专注、不怕挫折、意志坚定、情绪平稳、敢想敢做。当大学生从他们身上感知并学习到这些共性特征时，其实就是做好了创业的打算，可以开始创业了。

学习的榜样有很多，可以借鉴历史人物，也可以在现实生活中寻找创业榜样，翻阅以往创业成功的案例，边学习边总结，边总结边实践。如果教师曾经有过创业成功的经历，更应该作为榜样对大学生起示范的作用，让他们耳濡目染，时时接受创业精神的熏陶，受到启示和感染。

4. 提供创业实践锻炼的机会

任何创业精神品质的形成，都重在创业实践训练。只有在实践中，才能总结经验，或者获取成功的喜悦。也只有在实践中，才能磨炼出坚毅的创业品质，从而在以后的创业中取得更大的成功。那么，学校要给大学生提供哪些创业的机会呢？

（1）学校需要构建创业园、创业见习基地、创业实习基地等创业实践基地，为广大学生提供创业实践的便利和机会，实现产、学、研一体化。

（2）需要社会的参与，社会要提供更多如勤工俭学岗位、社区服务岗位等创业岗位供大学生选择，使他们在创业实践这个大熔炉中磨炼自己。

（3）大学生需要主动参与创业实践，小到进行各种商品推销，大到自己开店，认识和熟悉各行各业的特点，从自身出发积累经验，减少盲目、盲从性。要在创业实践中，找寻与自己相匹配的创业机会去大展宏图。

5. 创业心理指导

心理指导是指在专门人员的指导下，参与者自己练习、实践、锻炼的方法，实质上是一种特殊的教育过程。

在校期间，对当代大学生进行必要的创业心理指导非常重要。学校开设心理课程，同时开展心理咨询活动，使大学生进行自我修养指导。只有他们把心理知识转化为心理品质应用到创业中，才能更好地实现创业活动。

总之，创业精神的培养是一个系统的工程，需要全社会的参与和关注。它是个体与创业机会有机结合的催化剂，也是民族精神的一部分，这方面的培养和传承，弥补了传统教育带来的弊端。

▶ 项目训练

（1）查阅最新的数据资料，谈谈你对创新创业的看法。

（2）简述创新的含义、类型、特性、性质与过程。

（3）简述创业的含义、类型、特性、功能、要素与过程。

（4）查阅最新的大学生创业实例，谈谈你对大学生创业的看法。

（5）简述创新与创业的关系。

（6）简述创业教育的内涵与意义。

（7）简述创业精神的内涵、来源与养成。

项目二

"家有千金，不如薄艺随身"
——大学生创新思维与创新能力

知识目标：

（1）了解创新思维的相关概念。

（2）了解创新能力的相关概念。

能力目标：

（1）能够掌握创新思维与一般思维的区别。

（2）能够掌握拓宽思维视角的方法。

（3）能够掌握创新方法并能灵活运用。

素养目标：

培养并提升大学生创新思维与创新能力的意识。

名人箴言

创新不是由逻辑思维带来的，尽管最后的产物有赖于一个符合逻辑的结构。

——爱因斯坦

案例导入

锅和灶的思维定式

一个年轻的摄影记者带着家人到海边度假。因为职业的习惯，他总是留心观察那些有意义的生活画面。他连续几天在海边散步时都发现，有一位老渔夫总是会在这个时候打上一网鱼，并且总是将网里面的大鱼都重新扔到海里，而只留下一些很小的鱼带回去。年轻的摄影记者觉得很奇怪，决定去问问老渔夫其中的原因。

"请问你为什么总是把费尽力气捕到的鱼扔回海里呢？如果是因为发善心，那你应该将小鱼放生呀！我实在想不明白你这样做的原因。"

"有什么好奇怪的，因为我家的锅太小了，大个的鱼根本没法下锅，所以我才把大鱼都扔回海里。"

摄影记者感到不可思议，于是说："那你们为什么不换一口大一点的锅呢？这样一家人不是每天都可以吃到美味的大鱼了吗？"

老渔夫说："那怎么可以呢？我家的锅是和灶相配套的，灶只有那么大，锅太大了岂不是没法烧火做饭？"

年轻的摄影记者仿佛找到了事情的根源。他对老渔夫说："这还不好办？重新垒一个灶，然后换一口大一点的锅，这样一来，问题不就全部解决了吗？这不是比每天都要花时间把好不容易捞上来的大鱼扔回海里强百倍吗？"

可是当听到老渔夫接下来的话时，他再也无法得意，而且实在不知道该说些什么好。老渔夫是这样说的："这灶和锅都是我爷爷留给我父亲的，然后我父亲又留给了我，我只知道如何靠这口锅灶来做饭，可是却从来不知道怎样垒一个新灶、换一口大锅。即使有人帮我换一个锅灶，我也不知道如何使用新的锅灶做饭，因为父亲当年没告诉我。"

任务一　认识创新思维

一、创新思维的内涵与特征

（一）创新思维的内涵

创新思维是人类思维的高级过程，是指人类在探索未知领域的过程中，能够打破常规，积极向上，寻求获得新成果的具有社会价值的新颖而独特的思维活动。

创新思维不是创意，更不是创造力。创新思维的运行过程就是创意的认知过程，创意的输出过程就是创造力产生的过程。也就是说，创新思维是创意的组成部分，也是创造力产生的"工具"。因此，创新思维是在抽象思维和形象思维的基础上与相互作用中发展起来的，抽象思维和形象思维是创造性思维的基本形式。

创业思维的内涵主要包括以下五个方面。

1. 进取意识

进取意识就是带着积极向上的理想和追求主动去做应该做的事情。海伦·凯勒说过："当一个人感觉到有高飞的冲动时，他将再也不会满足于在地上爬。"人生成就的大小，多半会取决于进取心的强烈程度。因此，当人们有了进取心后，也就有了把事情做好的决心，不会停下奋斗的脚步，不再满足于平庸的生活了。

2. 事业心

事业心是一个人的美好梦想，促使人们不停地提升自我价值，追求成功后的成就感。

3. 责任意识

责任意识是一种自觉意识，也是一种传统美德，可以使创业者意识到自己对他人的责任，正确地行使权利和对待金钱。

4. 机会意识

机会无处不在，但都是留给有准备的人的，好好把握机会是成功的关键。改革开放以来，很多人赚到了自己人生的第一桶金，也有人成了富豪，从此开始在商海遨游。创业成功的事例说明，成功与机遇是紧密相连的。

5. 自信心

自信心是指个体对自身成功应付特定情境的能力的估计。人对这个陌生世界的认识和经验是有限的，在忐忑不安的心理过程中尝试认同自己，相信自己具有解决问题的能力。拥有了自信，就拥有了战胜创业途中各种艰辛的勇气和力量。

知识拓展：创新意识自评

（二）创新思维的特征

1. 灵活性

创新思维没有现成的思维方法和程序可循，所以它的方式、方法、程序、途径等都没有固定的框架。进行创新思维活动的人在考虑问题时可以迅速地从一个思路转向另一个思路，从一种意境进入另一种意境，多方位地试探解决问题的办法。这样，创新思维活动就表现出不同的结果或不同的方法、技巧。例如，面对世界经济趋于一体化、竞争日趋激烈的格局，企业的领导者不能无动于衷或沿用老思路，否则只能面临失败。他必须考虑或是进行技术革新，生产具有自主知识产权的产品；或是引进外资，联合办厂；或是改组企业的人力、财力、物力的配置结构；或是加强产品宣传，并在包装上下功夫；或是上述几种方式并用。

企业的领导者也可以考虑企业的转产，或者使某一大型企业兼并，成为大企业的一个分厂。这里提到的思路不仅包括了方法、技巧的创新，也包括了结果的创新。这两种不同的创新都是创新思维在拯救该企业问题的应用。创新思维的灵活性还表现为，人们在一定的原则界限内的自由选择、发挥等。一般来说，原则的有效性体现在它的具体运用上，否则，原则就变成了僵硬的教条。

2. 对象的潜在性

创新思维活动从现实的活动和客体出发，但它的指向不是现存的客体，而是一个潜在的、尚未被认识和实践的对象。例如，在改革浪潮席卷全球的今天，无论是发达国家，还是发展中国家，都在寻求适合本国国情的改革之路，那么，这条路究竟怎么走，各国正在探索，即各国分别依据本国所面临的各种现实情况，进行创造性的思索，并做大胆试验，所以，这条路至今还不太清晰，还是潜在的，至多是处在由潜在向现实的不断转变之中。

因此，创新思维的对象或刚刚进入人类的实践范围，尚未被人类所认识的客体，人们只能猜测它的存在状况，或者是人们虽然有了一定的认识，但认识尚不完全，还可以从深度和广度上加以进一步认识的客体，这两类客体无疑带有潜在性。

3. 艺术性

创新思维活动是一种开放的、灵活多变的思维活动，它的发生伴随"想象""直觉""灵感"之类的非逻辑、非规范的思维活动，如"思想""灵感""直觉"等往往因人而异、因时而异、因问题和对象而异。所以，创新思维活动具有极大的特殊性、随机性和技巧性，他人不可以完全模仿、模拟。

创新思维活动的上述特点同艺术活动有相似之处，艺术活动就是每个人充分发挥自己才能，包括利用直觉、灵感、想象等非理性的活动，艺术活动的表面现象和过程可以模仿，如凡·高的名画《向日葵》，人们都可以去画"向日葵"，且大小、颜色都可以模仿，甚至临摹。然而，艺术的精髓和内在的东西及凡·高的创造性创作能力只属于个人，他融于作品中的思想与精、气、神是无法仿照的。任何模仿品只能是"几乎"以假充真，但毕竟不是真的，所以，才有人愿意冒生命危险，设法盗窃著名画家的真迹。

同样，创造性的思维活动也是不可模仿的，它无法像一件物品，摆放在人们面前，任人临摹、仿照。一旦谈得上可以模仿，所模仿的只是活动的实际实施过程，并且自己是跟在他人后面，一步一个脚印地学习他人。因此，创新思维被称为是一种高超的艺术。

4. 独创性或新颖性

创新思维贵在创新，或者在思路的选择上，或者在思考的技巧上，或者在思维的结论上，具有"前无古人"的独到之处，具有一定范围内的首创性、开拓性。一位希望事业有成或生活有意义的人，就要在前人、常人没有涉足，不敢前往的领域"开垦"出自己的一片天地，就要站在前人、常人的肩上再前进一步，而不要在前人、常人已有的成就面前踏步或仿效，不要被司空见惯的事物所迷惑。因此，具有创新思维的人，对事物必须具有浓厚的创新兴趣，在实际活动中善于超出思维常规，对"完善"的、平稳有序发展的事物进行重新认识，以求新的发现，这种发现就是一种独创的、新的见解，新的发明和新的突破。

二、创新思维与一般思维的区别

创新思维之所以有别于一般思维而成为一种新的思维形式，其主要特点是思维过程的辩证性、思维形式的反常性、思维空间的开放性、思维主体的能动性和思维成果的独创性。

1. 思维过程的辩证性

思维过程的辩证性主要是指它既包含逻辑思维（抽象思维），又包含非逻辑思维；既包含发散思维，又包含收敛思维；既有求同思维，又有求异思维等。由此形成创新思维的矛盾运动，从而推动创新思维的发展。创新思维实际上是各种思维形式的综合体。

2. 思维形式的反常性

思维形式的反常性经常体现为思维发展的突变性、跨越性或逻辑的中断，这是因为创新思维主要不是对现有概念、知识的循环渐进的逻辑推理和过程，而是依靠灵感、直觉或顿悟等非逻辑思维形式。

3. 思维空间的开放性

思维空间的开放性主要是指创新思维需要从多角度、全方位、宽领域地去考察问题，而不再局限于逻辑的、单一的、线性的思维，形成开放式思维。

4. 思维主体的能动性

思维主体的能动性表明了创新思维是创新主体的一种有目的的活动，而不是客观世界在人脑中简单、被动的直映，充分显示了人类活动的主动性和能动性。

5. 思维成果的独创性

思维成果的独创性是指创新思维的直接体现或标志，常常具体表现为创新成果的新颖性及唯一性。

三、创新思维的过程

很多人对创新思维有一个很大的误解，似乎创新思维都是偶然的、直觉的、瞬间的灵感浮现。其实，很多创新过程都是一个精心设计的、复杂而漫长的过程。创新思维需要经历若干阶段的探索，才可能得到预期的想法和创意。大量的实例已经证明，与偶然、直觉、一瞬间的灵光乍现相比，系统的创新思维过程所产生的新想法，无论是数量还是质量都要高很多。大学生尤其需要认真地学习和总结创新思维的过程与规律，有意识地应用创新思维的方法，而不是只凭直觉守株待兔。

英国心理学家格林汉姆·沃勒斯（Graham Wallis）提出了经典的"准备—酝酿—顿悟—验证"四阶段创造思维模式。

1. 准备阶段

创新思维是从发现问题、提出问题开始的。"问题意识"是创新思维的关键，提出问题后必须为着手解决问题做充分的准备。这种准备包括必要的事实和资料的收集，必需的知识和经验的储备、技术与设备的筹集，以及其他条件的提供等。同时，必须对前人在同一问题上所积累的经验有所了解、对前人尚未解决的问题做深入的分析。这样既可以避免重复前人的劳动，又可以使自己站在新的起点从事创造工作，还可以帮助自己从旧问题中发现新问题，从前人的经验中获得有益的启示。准备阶段常常要经历相当长的时间。

2. 酝酿阶段

酝酿阶段要对前一阶段所获得的各种资料和事实进行消化吸收，从而明确问题的关键所在，并提出解决问题的各种假设和方案。此时，有些问题虽然经过反复思考、酝酿，但仍未获得完美的解决，思维常常出现"中断"、想不下去的现象。这些问题仍会不时地出现在人们的头脑中，甚至转化为潜意识，这样就为第 3 阶段（顿悟阶段）打下了基础。很多人在这一阶段常常表现为狂热和如痴如醉，令常人难以理解，如人们非常熟悉的牛顿把手表当鸡蛋、陈景润在马路上与电线杆相撞等。这个阶段可能是短暂的，也可能是漫长的，甚至延续好多年。创新者的观念仿佛是在"冬眠"中等待着"复苏""醒悟"。

3. 顿悟阶段

顿悟阶段也称豁朗阶段，经过酝酿阶段对问题的长期思考，创新观念可能突然出现，思考者大有豁然开朗的感觉，真是"山重水复疑无路，柳暗花明又一村"。这一心理现象就是灵感或灵感思维。灵感的来临，往往是突然的、不期而至的。例如，德国数学家高斯，为证明某个定理，被折磨了两年仍一无所得，可是有一天，正如他自己后来所说："像闪电一样，谜一下解开了。"

4. 验证阶段

思路豁然贯通以后，所得到的解决问题的构想和方案还必须在理论与实践中进行反复论证及试验，验证其可行性。经验证后，有时方案得到确认，有时方案得到改进，有时方案甚至完全被否定，再回到酝酿期。总之，灵感所获得的构想必须经过验证。

任务二 训练创新思维

一、突破思维定式

所谓思维定式，就是根据已有的知识、经验，在头脑中形成的一种固定的思维模式，也就是思维习惯，遇到问题会自然地沿着固有的思维模式进行思考。

思维定式是一种按常规处理问题的思维方式，也称为常规思维。一提到思维定式，很多人认为它就是思维障碍，这是片面的。事实上，在日常生活中，绝大多数人的行为90%以上都是依赖思维定式思考的结果。换而言之，这种思维习惯既可能成为人们良好的"助手"，帮助他们形成正确的行为，缩短思考的时间，提高效率；也可能成为人们最坏的"敌人"，把人们的思维拖入特定的陷阱。思维定式就如同一把双刃剑，它有利于常规思考，却不利于创新思考、不利于创造。

突破思维定式是指人们在进行创造活动时，在思考有待创新的问题时，要有意识地抛开以往思考这些问题时的习惯（思维程序和模式），警惕和排除它对寻求新的设想所可能产生的束缚作用，敢于怀疑，敢于打破条条框框，敢于开发新思路，努力寻求创新。

思维定式有以下四种表现。

1. 书本思维定式

书读百遍，其义自见。人们从学习知识的那一天起，似乎就对书本产生了一种崇拜之情，也相应地产生了某些依赖。生活中经常有人这么说："书上就是这么写的。"这种对书中的内容不假思索与质疑就全盘接受的现象就是书本思维定式。相关知识的积淀是发展创造思维，进行创造性活动的基础。在对书本知识进行学习的同时，不仅要接受书本知识理论的指导，更要防止对书本内容的全部无条件接受，要敢于质疑、活学活用。正如古人所言："尽信书不如无书。"在不断发展变化的现实世界中，虽然人们经常碰到与书本中相同的问题，但是由于问题所处的情境、产生问题的前提，以及问题所指向的对象发生了变化，问题本身的解答也就发生了变化。如果不考虑已经变化的因素，依然按照书本思维定式去求索问题，可能会走很多弯路，甚至走错路。

2. 权威思维定式

在日常生活、学习与工作中，很多人会把自己的长辈、老师、领导、专家或名人等当作权威人物，并以他们的观点与思想作为自己为人处世、学习与工作的信条。权威人物具有自身优越性。一般情况下，他们确实拥有比其他人更多的成功经验与声望，对相关问题也更具发言权，更能够使他人信服。但是，权威人物的观点与思想并不一定完全正确，也并不一定适合每一个人。所以，自己要具有足够的分辨能力，不能将其全部奉为信条。

3. 模式思维定式

模式思维定式是指固守以往成功经验所总结、固化的一套方式、方法。在生产、经营、科研及生活等领域中有很多模式化的东西，如烹饪、生产流水线、操作规程、试验方法、商业模式等。众多大大小小的模式是经验的总结、优化，对实践有很好的指导作用，很多商业上的成功正是模式的成功，然而，"成也萧何，败也萧何"，很多商业上的失败也是由于模式的失败。例如，柯达、诺基亚等公司就是固守原来的成功模式不能适应新的变化，而导致失败的。模式思维定式的缺陷是趋于保守，不能主动求变或顺应外界的变化，如果能够打破某种模式的定式，可能带来重大的突破和收益。

4. 从众思维定式

从众思维定式是一种个体缺乏自身判断、容易受外界环境影响的思维定式。在这种思维导向下，个体往往会缺乏怀疑精神和自主判断的能力，受外界影响较大，在决策时，即使外界判断错误，也会迫于外界压力同意错误的判断。例如，"股市的从众心理"就可以看作一种典型的从众思维定式现象。

概而言之，人们之所以依照从众思维行事，一方面是由于在认识论层面上缺乏批判的精神和勇气；另一方面往往是由于怀着节约成本甚至是逃避责任的心理。在封闭、僵化并缺乏安全感的社会环境中，比较容易滋生从众思维。从众思维的滋生和流行容易造成社会人格的平均化、平庸化趋向。在这种思维的主导下，显然不利于创造思维的发展。

总之，思维定式是创新的主要障碍。要进行创新创造活动，必须摆脱思维定式的束缚。一个重要的方面就是掌握创造性思维的方法，提高思维求异、发散、联想、变通的能力，以突破思维定式。

二、激发创新思维

1. 要解放头脑——敢想

世界上许多发明创造都是从"想"开始的。俗话说，"不怕办不到，就怕想不到"，从某种意义上说，"想"比"办"更为重要。科学家也曾经说过，人们认为"不可能"完成的事，往往不是由于缺乏金钱和力量，而是由于缺乏想象。

合情合理的想象往往蕴含着创造性思维。古希腊哲学家亚里士多德指出："我们的思维是从与正在寻求的事物相似的事物、相反的事物或与它相接近的事物开始进行的。以后，便追寻与它相关联的事物，由此产生联想。"联想的作用在于寻求规律、发现真理，预见解决问题的方法和思路，是属于创造性想象。实际上，人们的创造思维和创造活动都离不开联想。联想是创造思维的重要品质之一，联想不是一般的思考，而是一种由此及彼的扩展，是使不同概念相接近，并从中引出结论的能力。新奇的联想，可使问题别开生面、妙趣横生，并给人以美感。它是一种较好的创造性思维的训练方法。

2. 要解放束缚——敢说、敢问

学起于思，思源于疑。爱因斯坦说过，"提出一个问题往往比解决一个问题更重要"。法国大作家巴尔扎克曾言，打开一切科学的要素都是毫无疑义的问号，我们大部分的伟大发现，都应归功于"如何"，而生活的智慧大概就在于问"为什么"。质疑是创造性学习的一种表现，心理学研究表明，怀疑易引起人的定向探究反射，有了这种反射，思维便应运而生。所以，要培养创造性思维能力，首先要打破思维上的桎梏，鼓励自己多发问。而发现问题和解决问题的过程，通常会提高人们的思维能力。

三、拓宽思维视角

"视角"就是思考问题的角度、层面、路线或立场。仅从一个视角思考问题，得到的结论往往是不全面的。大学生要想训练自己的思维能力，就应该拓宽视角，学会从多角度观察问题，从而提升发现新事物的能力或找到解决问题的新方法。

1. 运用发散思维

发散思维是指在创新过程中，充分发挥想象力，突破原有的知识圈，从一点向四面八方想开去，通过知识、观念、信息的重新组合，找出更多更新的可能的答案、设想或解决办法。这种思维既无一定的方向，也无一定的范围，可以"海阔天空""异想天开"，从已知的领域去探索未知的领域。在创新的初始阶段，科学构想往往会由于"思维定式"的强烈作用，使人们总是在一个固有的思维框架中挣扎，而采用发散思维，则能使人们摆脱束缚。由于发散的思路广阔，选择余地大，这就为最终敲定某一种方案创造了条件。以砖为例，在讲到砖的用途时，一般人们只能想到砖可以造房子、砌墙、铺路等，总离不开"建筑材料"这一功能范围。而一个发散思维好的人，则可以讲出更多用途，如可以当榔头敲东西、作武器自卫、叠起来当凳子、吊线当直尺、在水泥地上当笔用、当枕头、压毛毡等。

2. 运用联想思维

联想思维是指人们通过一事物联想到另一事物的思维过程。联想事物可以是当前的两个事物，也可以是当前的一些事物与回忆的另一事物，还可以是头脑中想到了一事物又想到的另一事物。联想以记忆为前提条件，是把"记忆库"中的两个记忆元素提取出来，再通过想象活动把它们"联"在一起，形成联想。所以，联想不是单纯的回忆，而是通过想象力，在两个不同的表象之间建立起联系，由此及彼形成的意象运动，为进一步地创造性想象奠定基础。联想能够克服两个概念意义上的差距，并在另一种定义上把它们连接起来，由此可以产生一些新颖的思想。联想是大脑跳跃式的信息检索。联想是人皆有之，人均用之，只是不同的人，其联想思维的广度、深度、速度与层次不同而已。按联想物之间的关系可以分为相似联想、接近联想、对比联想、仿生联想和仿形联想等多种联想思维。

3. 运用类比思维

类比思维是一种或然性极大的逻辑思维方式，它的创造性表现在发明创造活动中人们能够通过类比已有事物开启创造未知事物的发明思路，其中隐含着触类旁通的含义。它把已有的事和物与一些表面看来与之毫不相干的事和物联系起来，寻找创新的目标和解决的方法。例如，飞机与鸟类和蜻蜓，人们由鸟的飞行运动制成了飞机，飞机高速飞行时机翼产生强烈振动，有人根据蜻蜓羽翅的减振结构设计了飞机的减振装置；天津一名学生根据小狗爬楼的运动方式发明了狗爬式上楼车等都是类比联想的结果。

4. 运用逆向思维

逆向思维是指朝着与固定思维相反的方向进行思考的思维模式，它是一种从问题的对立面出发进行思考、从问题的相反面进行分析的方法。例如，人们熟知的吸尘器，它就是发明者运用逆向思维进行研究而发明的事物。

逆向思维的主要目标是形成一种观念，即在思维的过程中，并不局限于一条思维通道，而是从相反的方向分析、思考客观事物，从而改变传统的立意角度，产生全新的见解。训练逆向思维的方法包括以下几种。

（1）要以怀疑的眼光看待事物。

（2）在思考问题时，既要看到事物之间的差异，又要看到因事物之间存在差异而产生的互补性。

（3）要积极主动地从正、反两个方面进行思考，以便发现问题中的悖论。

（4）对问题进行分辨、评断和剖析，以发现客观事实。

5. 运用转换思维

转换思维的特点是以多路思考代替单路思考来对待问题（或某一发明创造的实施方案），要准备一套办法，这种办法不行，就用另一种办法；当发现路走不通时，要灵活多变，及时转换，而不是"钻牛角尖"，一条道走到黑，碰了壁才调头。在实践中，要自觉地培养"自变性因子"，打破自我圈定的框框对自己思路的束缚，要能主动否定自己，不断修正前进的方向。构思问题要举一反三、触类旁通，学会应变，及时转换与替代。转换思维可分为以下三种类型。

（1）方法转换。古代一位智者测量金字塔的高度，他站在阳光下，当自身影子与身长相等时，他就让助手赶快去量金字塔的影长，这时影长就是金字塔的高度了。

（2）目标转换。目标转换是指对用途、功能、计划指标值的修正、改变或放弃。天津某制呢厂在一次生产过程中，由于投料成分比例有误，使这批呢子出现了白花点，商家拒收。该厂的工艺人员注意观察和研究并多次试验，找到了问题的关键，并将错就错，有计划地、人为地按照"错误"方法投料，于是才有了雪花呢。

（3）元素转移。元素转移是指构成研究对象的元素、物品、材料、构件，在主观、客观条件或因素之间的替代。我国古代流传下来曹冲称象的故事，反映了曹冲在关键时刻显示出的聪明才智，利用的是元素转移的思维。

总之，事物的发展往往有多种可能，但人们受习惯思维的影响，往往只看到一种可能，而看不到其他可能。如果人们尽可能转换思维，思路就会"阔"起来，成功的机会也就增加了。

四、避开思维误区

在创新思维过程中，我们应当尽量避免以下几个误区。

1. 思维过度发散，舍近求远

有一个很经典的例子，就是用高度表测量楼房高度的问题。实验者提出了如以高度表为单摆，通过单摆在楼顶的摆动率计算楼房高度；将高度表从楼顶自由垂直下落，通过高度表下落所用时间计算楼房高度等十几种方法，就是没有使用高度表直接读出楼房高度的方法。虽然这只是一个体现利用发散思维解决问题的例子，但是创新思维应当尽量避免这种思维方式。我们要牢记：创新的目的就是要以最简单、最直接的方法解决问题。解决问题时舍近求远不利于创新思维。

2. 过度求新，忽视创新成本

在创新过程中，还应当避免过度求新，而忽视了创新的实现代价与实现的价值之间的关系。某些人在创新活动中一味求新，似乎不采用最新技术，不使用最新方法，就不能体现出创新水平。但是，创新毕竟还属于社会活动，与社会条件密切相关，太"超前"的创新技术，如果实现的成本太高，远超它实现的价值，就不会在短时间内得到社会的认可和应用。

20世纪90年代初，某食品厂从国外引进了一套蔬菜、水果脱水技术，用来生产脱水蔬菜和水果。这种技术在当时很先进，既保持了蔬菜、水果的营养，又可以使其长期存放，应当很有市场竞争力。但厂家忽视了这套技术及设备的高额引进成本。由于引进成本高，产品价格超出当时人们的消费承受力，导致产品卖不出去，引进的设备长期闲置，最后成了一堆废铁。20年后，技术成熟了，脱水蔬菜、水果的生产成本已接近消费者的承受力，但最先引进这项技术的那家食品厂已经从市场上消失了。

任务三　巩固创新能力

一、创新能力的含义及构成

（一）创新能力的含义

创新能力是技术和各种实践活动领域中不断提供具有经济价值、社会价值、生态价值的新思想、新理论、新方法和新发明的能力。创新是企业发展最核心的竞争力，与其说是人才的竞争，不如说是人的创造力的竞争。

类人猿因为有创新能力才能从攀爬觅食的原始生活中挣脱出来，进而开启了人类文明的发展史，也可以说没有创新能力就没有人类今日的文明。伟大的科学家爱因斯坦和爱迪生等人的创新能力，为人类社会创造了巨大的进步。不具备创新能力的人，他的一生将会碌碌无为，注定是一个平庸的人。一个民族失去了创新人才，会成为一个落后的民族，只能被动挨打。

创新能力的作用极其重要，同时创新能力也需要整个社会去悉心培养。

（二）创新能力的构成

创新者、创新团队、创新机构乃至更大的经济或社会实体，都是创新能力的载体，人们通过不同的途径去造就创新能力。创新能力的构成既简单又复杂，一般由以下能力构成。

1. 创造能力

所谓创造能力，就是善于运用前人经验并以新的内容和形式来完成工作任务的能力。这种能力将会为人们提出新的概念、方法、理论、工具、解决方案、实施方案，它综合体现在创新型人才的禀赋、知识、经验、动力和毅力等方面。

创造能力是创新能力的核心，它要求人们既遵循一定规律，又不能囿于固定的模式。社会的进步和发展，环境的变化和更改，需要人们对工作内容和形式不断地进行创新、补充和完善，使之更加丰富多彩。

2. 实践能力

实践能力特指社会实践能力。在完成创新活动的第一阶段——提出创造发明成果之后，要使成果得到广泛的应用，使其具有学术价值、经济价值和社会价值，就必须付诸社会实践。实践能力就是为实现这一目标而进行的各种社会实践活动的能力。

3. 学习能力

学习能力就是获取、掌握知识、方法和经验的能力，其中涵盖了阅读、理解、收集资料、使用工具、写作、表达、对话、讨论和记忆等能力。

4. 分析能力

事物的组成要有不同要素、不同层次和不同属性，统一为一个整体，再把事物的整体分解成若干个部分进行研究，得出正确的结论。

5. 综合能力

综合能力就是将事物的各个要素、层次和属性用一定的线索联系起来，从中发现它们之间的本质关系和发展的规律。研究对象的组成不一定是单一的，很多时候需要将各个部分结合成一个有机整体，再进行考察和认识，这种技能和本领就是综合能力的体现。

6. 想象能力

莱辛认为："缺乏幻想的学者只能是一个好的流动图书馆和活的参考书，他只掌握知识，但不会创造。"想象的能力需要用丰富的知识和经验作为基础，通过直觉、形象思维或组合思维去整合构想，提出新设想、新创意。这一过程不会受任何已有结论、观点、框架和理论的束缚。正如法拉第所说，一旦科学插上幻想的翅膀，它就能赢得胜利。

7. 批判能力

毛泽东同志在《实践论》一文中指出："要完全地反映整个的事物，反映事物的本质，反映事物的内部规律性，就必须经过思考作用，将丰富的感觉材料加以去粗取精、去伪存真、由此及彼、由表及里的改造制作工夫。"其中，"去粗取精、去伪存真"说的就是人的批判能力，它保证人们不盲从，批判性地、选择性地吸收和接受现存事物。

8. 解决问题的能力

在工作中，人们常常会遇到很多尚待解决的问题，首先要有人提出和凝练问题，针对相应问题做出选择，调动已经成熟的经验、知识和方法，设计与实施相应的方案。即使遇到难题，也能创造性地组合已有的方法，提出新的方法来解决问题。

9. 组织协调的能力

组织协调能力的实质是通过合理调配系统内的各种要素，发挥系统的整体功能，以实现目标。如果想完成一项创新活动，协调各方的能力必须强大。拥有了一定的资源，就可能采用沟通、说服、资源分配和荣誉分配等手段去组织协调各个方面，以最终达成创新人才实现创新目标的目的。

10. 整合多种能力的能力

创新型人才本身拥有多种才能，还能做到将多种才能有效地整合在一起，发挥一定的社会作用。在能力增长和人格发展中，整合多种能力的能力尤其难得，这是长期学习、实践和人生历练的结果，是完成重大创新的关键。

二、创新方法的概念与运用

（一）创新方法的概念

1. 创新方法的内涵

方法一般指的是为了达成某个目的（目标）而采用的手段或行动。而在人们这些有目的的行动中，所采用的方法往往与工具有关，使用工具的一系列具有特定逻辑关系的动作来完成特定任务。"事必有法，然后可成"，出自朱熹为《孟子·告子上》第二十章所作的注解，这强调了方法的重要性。人们也常说："授人以鱼，不如授人以渔。"只有掌握了获取物质的方法，才能不断地获得物质。达尔文说："最有价值的知识是关于方法的知识。"当人们掌握了方法，就自然能获得更多的知识解决更多的难题。方法的选择很大程度上决定了效果与效率，而高效的方法离不开工具的选择和使用。

同样的，创新也需要方法和工具：如果没有工具可以选用，创新实践将是低效，甚至难以完成的；如果有工具可以用，那么将会实现更高效的创新。

采用不同的方法、选择不同的工具，完成同一"创新"实践的效果和效率常常会存在较大的差别。这就意味着需要掌握创新的方法，学会应用创新的工具，只有这样，才能提高解决问题的效率，获得更好的结果。然而，方法并不是万能的，并非学习了解了创新的方法就一定可以做出创新的成果，相关的训练和应用也是非常重要的。这就如同教师教给了你游泳的方法，你下水之后也需要经过反复的训练才能熟练地掌握游泳技巧。而且每个人的基本素质不同，方法的训练也并非对每个人都有效，这类似于我们学习了唱歌的方法，也不可能每个人都成为歌唱家。因此，应该合理看待学习创新方法的效用。但无论如何，学习创新方法一定是有益的。

前人总结了客观世界运行的大量规律，其中也包括通过对大量创新成果的分析和总结，由此获得了创新过程可以被借鉴和效仿的方法。创新方法就是为了达成创新的目的或目标而采用的手段或行动。创新方法必然包括创新所使用的工具。据统计，创新方法有数百种之多，而我们常用的创新方法包括头脑风暴法、5W2H 法、奥斯本检核表法、六顶思考帽法、TRIZ 法、菲利普斯 66 法、缺点列举法等。

2. 创新方法的作用

（1）推动培养创新思维。思维惯性是决定创新能力的关键因素，思维模式不同带来的结果也大相径庭。每个人都有一种思维惯性，习惯将思维方式局限在已知的、常规的解决方案上，从而阻碍新方案的产生。

通过学习创新方法，人们可以掌握各种创新思维的特征和规律，打破固有的思维模式，学会用"新的眼光"去发现问题和解决问题，敢于否定、质疑和超越常规去思考、实践，养成创新思维的习惯，形成变通性思维。

（2）促进高效解决问题。人类在征服自然、改造自然的过程中遵循着一定的客观规律，创新方法就是对人类解决问题、实现创新的共性方法的高度总结和概括，运用创新方法可以使解决问题的方案更科学，从而更高效地解决问题。

（3）科学指导创新实践。在不同时期、不同领域里出现的创新问题及为了解决这些问题所使用的创新原理与方法是有规律的。通过学习创新方法，人们可以根据实践活动的具体情况，科学地运用创新方法中实用和适用的创新原理，在实际工作中实现创新，尽快、尽早地剔除那些复杂而效率不高的解决方案，找出更高效的解决方案，使实践活动的方案更具方向性、有序性和可操作性。

（二）创新方法的运用

1. 头脑风暴法

头脑风暴法又称智力激励法，是由"创新技法和创新过程之父"亚历克斯·奥斯本提出的一种激发性思维方法。它是指一群人（或小组）围绕一个特定的兴趣或领域，无限制地自由联想和讨论，进而产生新观念或激发创新设想的一种方法。

头脑风暴法应遵循以下四个原则：

（1）庭外判决原则（延迟评判原则）。对各种意见、方案的评判必须放到最后阶段，此前不能对别人的意见提出批评和评价。认真对待任何一种设想，而无论其是否适当和可行。

（2）自由畅想原则。欢迎各抒己见，自由鸣放，创造一种自由、活跃的气氛，激发参加者提出各种荒诞的想法，使与会者思想放松，这是智力激励法的关键。

（3）以量求质原则。追求数量，意见越多，产生好意见的可能性越大，这是获得高质量创造性设想的条件。

（4）综合改善原则。探索取长补短和改进办法。除提出自己的意见外，鼓励参加者对他人已经提出的设想进行补充、改进和综合，强调相互启发、相互补充和相互完善，这是智力激励法能否成功的标准。

2. 5W2H 法

5W2H 法是对选定的项目或操作，都要从原因（Why）、对象（What）、地点（Where）、时间（When）、人员（Who）、方法（How）、数量（How much）七个方面提出问题进行思考。它们反映一个事物的几个方面。从不同的角度来思考问题，往往能够得出比较完善，甚至是意想不到的效果。

（1）Why：为什么要做？是否可省去？为什么要这样做？是否有其他更简单的方法？（对 Where、When、Who、How much 合并改变，对 How 简化）为什么出现这样的结果？

（2）What：要做什么？要准备什么？需要协助什么？要预防什么？

（3）Who：由谁来做，是一个人还是一个组织？由谁来主管？由谁来监督？由谁来协助？

（4）When：什么时间开始？什么时间结束？什么时间是关键节点？

（5）Where：在什么地方做？协助的工作在什么地方做？从何处开始做？到何处结束？

（6）How：工作的流程和方法是什么？如何才能更省力、更高效？（考虑前面的When、Where、Who）过程如何监控？

（7）How much：做到什么程度？数量如何？质量水平如何？费用产出如何？

3. 奥斯本检核表法

所谓检核表，就是围绕需要解决的问题或者创新的对象，把所有的问题罗列出来，然后一个个来讨论，以促进旧的思维框架的突破，引向创新设想。

检核表法几乎适用于任何类型与场合的创新活动，因此，其享有"创新方法之母"的美称。目前，在不同的领域流传着许多检核表，但知名度最高的还是要数奥斯本检核表，而且后来许多的方法都来源于这张表。

虽然奥斯本检核表是围绕产品设计进行的，但也可广泛应用于各个领域。下面是奥斯本检核表的内容。

（1）现有的东西有无其他用途？保持原状不变，能否扩大用途？稍加改变，有无别的用途？这需要运用发散思维的方法，想方设法广泛开发现有东西的用途。

（2）能否从别处得到启发？能否借用别处的经验和发明？过去有无类似的东西可供模仿？谁的东西可模仿？现有的发明能否引入其他的创造设想之中？

（3）现有的东西是否可以做某些改变？可否改变形状、颜色、声音、味道？是否可能改变型号模具或运动形式？改变之后，效果如何？

（4）现有的东西能不能增加一些东西？能否添加部件、拉长时间、增加长度、提高强度、延长使用寿命、提高价值或加快转速？

（5）缩小一些怎样？现在的东西能否缩小体积、减小质量、降低高度，使之变小、变薄？能否省略？能否进一步细分？

（6）可否用别的东西代替？能否由别人代替，或用别的材料代替？用别的方法、工艺代替？用别的能源代替？可否选取其他地点？

（7）有无可互换的成分？可否变换模式？能否更换顺序？可否变换工作规范？

（8）上下是否可以倒过来？左右、前后是否可以对调位置？里外可否对调？正反可否倒换？可否用否定代替肯定？

（9）组合起来怎样？能否装配成一个系统？能否把几个目的进行组合？能否将各种想法进行组合？能否将几个部件进行组合？

4. 六顶思考帽法

六顶思考帽是英国学者爱德华·德·博诺博士开发的一种思维训练模式，它提供了"平行思维"工具，避免将时间浪费在无谓的互相争执上。六顶思考帽分别如下：

（1）白色思考帽：关注客观的事实和数据。

（2）绿色思考帽：代表创造力和想象力，即提出解决问题的建议。

（3）黄色思考帽：代表价值与肯定，即从正面考虑问题，评估建议的优点。

（4）黑色思考帽：运用否定、怀疑和质疑的看法，合乎逻辑地进行批判，尽情发表负面的意见，找出逻辑中的错误。

（5）红色思考帽：通过直觉、感受和预感等进行判断。

（6）蓝色思考帽：负责规划和管理整个思考过程，并得出结论。

以下是六顶思考帽法的应用步骤：

（1）陈述问题（白帽）。

（2）提出解决问题的方案（绿帽）。

（3）评估该方案的优点（黄帽）。

（4）列举该方案的缺点（黑帽）。

（5）对该方案进行直觉判断（红帽）。

（6）总结陈述，做出决策（蓝帽）。

六顶思考帽法是革命性的，因为它把人们从思辨中解放出来，使其可以理清思考的不同方面，帮助他们把所有的观点并排列出，然后寻求解决之道。

5. TRIZ 法

TRIZ 是俄文"发明问题解决理论"的词头缩写，是一种系统化的发明问题解决理论，用来帮助发明家通过有系统、有规则的方法来解决发明过程中所可能遇到的各种问题。

1946 年，以苏联海军专利部阿利赫舒列尔为首的专家开始对数以百万计的专利文献加以研究，经过 50 多年的收集整理、归纳提炼，发现技术系统的开发创新是有规律可循的，并在此基础上建立了一套系统化的、实用的解决发明创造问题的方法，即 TRIZ 法。到目前为止，该理论被认为是最全面、最系统地论述解决发明问题、实现技术创新的理论。

TRIZ 法解决创新性问题的思路在于它采用科学的问题求解方法，具体办法就是将特殊的问题归结为 TRIZ 的一般性问题，然后运用 TRIZ 带有普遍性的创新理论和工具寻求标准解法，在此基础上演绎形成初始问题的具体解法。这种从特殊到一般的方法，充分体现了科学的解决问题的思想，具有可操作性。

6. 菲利普斯 66 法

菲利普斯 66 法是以发明者的名字和该方法的特点结合在一起而命名的，它是一种适用于小团队的创新方法。

菲利普斯 66 法也称小组讨论法，该方法以 BS 法为基础，采用分组的方式，限定时间，即每 6 人一组，围绕主题限定只能进行 6 分钟的讨论。该方法是由美国密歇根州希尔斯达尔大学校长 J.D. 菲利普斯发明的，因此，命名为菲利普斯 66 法。

菲利普斯 66 法的最佳应用环境是大会场，因人数很多，可通过分组形成竞争，使会场气氛热烈，犹如"蜜蜂聚会"，因此，也有人把这种方法称为"蜂音会议"。

7. 缺点列举法

所谓缺点列举法，就是通过对已有的、熟悉的事物进行深入的分析，在对其缺点一一列举的基础上，找出相应的解决方案，从而完成创新的方法。

缺点列举法可以帮助人们突破"问题感知障碍"，启发他们发现问题，找出事物的缺点和不足，从而有针对性地进行创新和发明。而对于企业来说，如果能站在消费者的立场上，切实解决产品的缺点，就能进一步满足消费者的需求，赢得市场的认可，从而为企业带来可观的经济效益。

缺点列举法的具体操作步骤如下：

（1）列举缺点阶段。通过会议、访谈、电话调查、问卷调查、对照比较等方式，广泛调查和征集意见，尽可能多地列举事物的缺点。

（2）探讨改进方案阶段。对收集到的缺点进行归类和整理，并对每类缺点进行分析，在此基础上提出改进方案。

任务四　培养创新能力

当今社会的竞争，与其说是人才的竞争，不如说是人的创造力的竞争。培养创新能力，争当创新人才为即将到来的职业生涯做好准备。

对大学生创新能力的培养，应从以下三个方面入手。

一、提高创新思维能力

创新思维能力是可以通过有意识地培养和训练提高的。大学生在学习生活中要注重突破思维障碍，自觉提高创新思维能力。

（1）对所学习或研究的事物要有追求创新的欲望。如果没有强烈追求创新的欲望，那么无论怎样谦虚和好学，最终都是模仿或抄袭，只能在前人划定的圈子里周旋。要创新，大学生就要坚持不懈地努力，勇敢跳出前人划定的圈子，勇敢面对困难，同时要有克服困难的决心，不要怕失败，要相信"失败乃成功之母"。

（2）对所学习或研究的事物要有冒险精神。创造实质上是一种冒险，因为否定人们习惯了的旧思想可能会招致公众的反对。这种冒险不是那些危及生命和肢体安全的冒险，而是一种合理性冒险。大多数人都不会成为伟人，但人们至少要最大限度地挖掘自己的创造潜能。

（3）对所学习或研究的事物要做到永不自满。一个有很多创造性思想的人如果就此停止，害怕去发现另一种可能比这种思想更好的思想，或已习惯了一种成功的思想而不能产生新思想，那么这个人就会变得自满，停止创造。

（4）对所学习或研究的事物要抱有怀疑态度。不要认为被人验证过的都是真理，要用发展的眼光看问题。许多科学家对旧知识的扬弃、对谬误的否定，无不是从怀疑开始的。伽利略正是从对亚里士多德"物体依本身的轻重而下落有快有慢"的结论开始怀疑，发现了自由落体规律。因此，怀疑是发自内在的创造潜能，它激发人们去钻研、去探索。

（5）努力学习科学知识，构建合理的知识结构。一颗苹果砸到牛顿头上，使他发现了万有引力；伽利略看到小孩玩玩具发明了温度计；门捷列夫玩纸牌发现了元素周期表。真理并非永恒不变，我们要用发展的眼光看问题，跳出思维定式和已有知识的束缚，永远行走在寻找真理的路上，从纷繁复杂的表象中，找到真理存在的一角，则为创新。但是，创新思维不是某天的突发奇想，牛顿、伽利略、门捷列夫哪一个不是知识渊博、对所研究事物殚精竭虑不懈探索的人？所以，大学生应该努力学习，广泛涉猎，以丰富的知识和广博的学科视野撑起创新思维的翅膀，以不断提高的创新思维能力助推创新能力的起飞。

（6）对所学习或研究的事物要有求异的观念，不要"人云亦云"。创新不是简单的模仿，要有创新精神和创新成果，必须有求异的观念。求异实质上就是换个角度思考，从多个角度思考，并将结果进行比较。求异者往往要比常人看问题更深刻、更全面。

二、积极开展创新实践

实践对认识具有决定作用。实践是认识的来源，是认识发展的动力，是认识的最终目的和检验认识正确与否的唯一标准。大学生只有积极投身创新实践，才能培养创新能力、提高创新水平。

（1）注重参加创新创业实践平台练兵活动。目前各级高等院校大力开展创新创业教育活动，他们积极搭建大学生创新创业平台，在夯实基础教育的同时，潜心培育、建设大学生创新实践基地，设立特色鲜明的学科竞赛项目，引导大学生开展创新创业实践。大学生可以在学校积极参加活动，在实践中练兵，培育和提高创新能力。

（2）在日常学习生活中开展创新实践。创新是一个不断发现问题、解决问题的复杂过程。大学生在日常学习生活中，可在教师引导下，或学生自觉有意识地，本着不唯书、不唯上的科学探索精神，不断发现问题、分析问题、解决问题，在实践中提高创新能力。

（3）顺应时代潮流，走向社会开展创新创业实践。知识经济时代，信息技术的发展深刻改变了人们的学习、生活和社会环境。2015年3月11日，国务院办公厅印发《国务院办公厅关于发展众创空间推进大众创新创业的指导意见》，意见指出推进大众创新创业要坚持市场导向、加强政策集成、强化开放共享、创新服务模式。在用户创新、大众创新、开放创新、协同创新的创新2.0新形势下，我国涌现出一大批各具特色的众创空间。例如，上海的新车间、深圳的柴火创客空间、杭州的洋葱胶囊、南京的创客空间等。知识经济时代良好的政策环境和各种便利的创新要素的支持，为大学生创新实践提供了良好的生态环境。大学生要勇于把握时代脉搏，积极投身到"大众创业、万众创新"的时代洪流中，开展创新实践活动。

三、树立自觉创新意识

创新意识是人们对创新与创新的价值、重要性的一种认识水平、认识程度及由此形成的对待创新的态度，并以这种态度来规范和调整自己活动方向的一种稳定的精神态势。

创新意识是创新的前提和条件，只有在自觉自愿的创新意识的强力催动下，才可能有创新实践活动的产生。在知识经济时代，创新包括了技术创新、制度创新、管理创新、文化创新等，涉及社会生活的方方面面。就大学生个人而言，创新既是前进的动力，又是发展的必经之途，所以，在就业和创业过程中，必须牢固树立创新意识。

（1）保持高涨的创造兴趣能促进创造活动的成功。对所学习或研究的事物要有好奇心，好奇心能使人们产生强烈兴趣。牛顿在少年时期就有很强烈的好奇心，他常常在夜晚仰望天上的星星和月亮，并思考星星和月亮为什么悬挂在天上？星星和月亮都在天空运转着，它们为什么不相撞呢？这些疑问激发着他的探索欲望。后来，经过专心研究，牛顿终于发现了万有引力定律。

能提出问题，说明在思考问题。在学习过程中，自己如果提不出问题，那才是最大的问题。正像爱因斯坦说的那样："我没有特别的天赋，只有强烈的好奇心。"

（2）激发自身的创造动力。寻找真正感兴趣的学习或工作，或者在现在从事的学习、工作中找到兴趣点；寻找学习、工作中的自我满足点；接受更具挑战性的任务；设立自己的目标，并努力达到目标。通过以上一系列措施，激发自身创造活力。

（3）培养创造意志。创造意志是在创造中克服困难，冲破阻碍的心理因素。创造意志具有目的性、顽强性和自制性。爱迪生在1 600多次试验的失败后，仍能坚持不懈，在竹丝灯泡能够使用以后，还能继续研发，改进为钨丝灯泡。在日常学习生活中，大学生只有培养出严谨求实、坚持不懈、一丝不苟的优良品格才能取得创新的成功。

（4）具有正确的创造情感。创造情感是引起、推进乃至完成创造的心理因素，只有具有正确的创造情感才能使创新成功。

知识拓展

创新是第一动力

党的二十大报告提出，必须坚持"创新是第一动力""坚持创新在我国现代化建设全局中的核心地位"。把握发展的时与势，有效应对前进道路上的重大挑战，提高发展的安全性，都需要把发展基点放在创新上。只有坚持创新是第一动力，才能推动我国实现高质量发展，塑造我国国际合作和竞争新优势。为此，要让创新贯穿党和国家一切工作，让全面创新真正成为加快社会主义现代化建设、实现中华民族伟大复兴的强大动力。

创新是一个国家、一个民族发展进步的不竭动力，是推动人类社会进步的重要力量。世界经济发展史表明，一个国家率先成为世界科学中心和创新高地，就能快速实现现代化，跻身于世界强国之林。而一些传统强国衰落，与其失去或缺乏创新精神和创新能力密切相关。21世纪以来，全球科技创新进入空前密集活跃期，新一轮科技革命和产业变革突飞猛进，全球经济结构正在重塑，各主要国家纷纷把科技创新作为国际战略博弈的主战场。在激烈的国际竞争中，唯创新者进，唯创新者强，唯创新者胜。抓创新就是抓发展，谋创新就是谋未来。党的二十大报告对完善科技创新体系、加快实施创新驱动发展战略进行具体部署，体现了我们党对历史发展规律和当今国际竞争形势的深刻把握，展现了我们党赢得优势、赢得主动、赢得未来的信心和决心。

然而，我们也要清醒认识到，关键核心技术存在短板、产品附加值偏低、产业链供应链韧性不足等问题仍然是我国实现高质量发展的主要制约因素。实现中国式现代化目标的艰巨性和复杂性前所未有，迫切需要发挥创新激励经济增长的乘数效应，把高水平科技自立自强作为国家发展的战略支撑，依靠创新加速开辟发展新领域新赛道，不断塑造发展新动能新优势，持续向全球价值链中高端攀升。

创新是多方面的，包括理论创新、制度创新、科技创新、文化创新等。坚持创新在我国现代化建设全局中的核心地位，既要重视科技创新，也要重视与生产关系有关的制度创新，还要重视理论创新、文化创新等，全面发挥创新的第一动力作用。党的二十大报告提出："完善党中央对科技工作统一领导的体制。"要进一步将党的领导落实到创新发展的制度安排、能力建设等各方面各环节，不断健全新型举国体制。深化科技体制改革，坚持科技创新和制度创新"双轮驱动"，着力解决谁来创新、如何激发创新动力等问题。完善科研经费管理、科技成果转化、科技人才评价等方面的体制机制，不断优化创新人才发展环境，提升创新人才服务水平。强化企业科技创新的主体地位，更好把科技力量转化为产业竞争优势。

自主创新是我们攀登世界科技高峰的必由之路。基础研究、原始创新和关键核心技术攻关是艰苦复杂的创造性劳动。要增强创新自信，坚定不移走中国特色自主创新道路，发扬敢于斗争、敢于胜利的精神，增强自主创新的志气和骨气。要把握大势、抢占先机，直面问题、迎难而上，瞄准世界科技前沿和国家重大需求，敢于走前人没走过的路，努力突破"卡脖子"关键核心技术，着力解决一批影响和制约国家发展全局和长远利益的重大科技问题，更多实现原始性、引领性创新，在实现高水平科技自立自强上不断取得新的进展。

❖项目训练

（1）简述创新思维的内涵、特征及过程。

（2）结合身边实例，谈谈创新思维与一般思维的区别。

（3）简述拓宽思维视角的方式。

（4）请结合身边实例，谈谈你是如何避开思维误区的。

（5）请简要叙述创新能力的含义及构成。

（6）请结合身边实例，运用一种创新方法进行阐述。

（7）请简要谈谈如何培养创新能力。

项目三

"要作惊天动地事，须得绝古别今人"
——创业者的行为养成

📝 学习目标

知识目标：

（1）了解创业者与创业动机的相关概念。

（2）了解创业意愿的影响因素。

（3）了解创业者的驱动因素。

能力目标：

（1）能够掌握市场调整与分析的相关内容。

（2）能够掌握市场调查的方法。

（3）能够掌握做好创业者的准备工作。

素养目标：

培养大学生树立成为一名合格创业者的意识。

👤 名人箴言

创新应当是企业家的主要特征，企业家不是投机商，也不是只知道赚钱、存钱的守财奴，而应该是一个大胆创新敢于冒险，善于开拓的创造型人才。

——熊彼特

👤 案例导入

"用视频记录新疆美好的一切"

"希望大家来新疆旅游，交个新疆朋友，跳一段新疆舞蹈，跟我们一起用视频记录新疆美好的一切，一起讲述中国新疆故事！"今年全国两会，全国政协委员、新疆维吾尔自治区新的社会阶层人士联谊会副会长海尼扎提·托呼提在"委员通道"上向大家发出邀请。

从北京回到乌鲁木齐后，他比往常更忙碌了。到社区宣讲全国两会精神，走访新媒体企业，与同事商量最近的拍摄计划……"新身份就意味着新责任，现在身上的担子更重了。"海尼扎提说，"希望通过自己的努力，让更多人看到新疆群众用视频记录的真实的新疆，感受新疆的美好。"

"希望用视频展示真实立体的新疆"

海尼扎提是一名"80后"青年创业者。这些年，他和团队拍摄了一系列具有新疆特色的网络短剧、微电影、宣传片等各类视频，吸引了大量网友的关注。海尼扎提说："我希望用视频展示真实立体的新疆。"

创业始于热爱。从十二三岁起，海尼扎提就喜欢用摄像机在院子里拍小伙伴们的各类趣事。"当在院子里放映电影时，大人小孩都来看，觉得很有意思。"他说，"这样的经历让我想用视频记录新疆美好的一切。"

2014年，海尼扎提创办了一家电商公司。他发现团队里有些成员颇具表演天赋，于是他着手成立视频剧组，开始制作短视频。海尼扎提说，在为剧组起名时，他想到习近平总书记的一句话，"促进各民族像石榴籽一样紧紧抱在一起"，所以剧组名就叫"石榴熟了"。

2015年1月，"石榴熟了"第一集短视频正式在网络上发布。"没想到一下子火了。"海尼扎提说。之后"石榴熟了"系列越做主线越清晰，就是要讲述新疆各民族团结友爱的故事，让更多人了解新疆。他们的视频中有极具当地特色的故事，也有年轻人的潮流文化，剧中的人物都真实可感。该系列视频在互联网上大受欢迎，也捧红了一批新疆"草根"演员。

"我们希望能承担起更多社会责任。"海尼扎提和他的团队也更多地参与公益视频制作。2016年，他带领团队开展禁毒宣传，相继录制3部禁毒题材作品。2022年，他又带领团队奔赴于田县创作了短剧《于田亚克西》，广受好评。"我们的作品就是要展示在党和国家的关怀下，新疆各族群众的幸福生活和积极向上的阳光心态。"海尼扎提说。

"用我擅长的方式，让爱党爱国的种子在更多青年人心里生根发芽"

"爸爸，我是海尼。今天，我以全国政协委员的身份向全世界讲述了我的故事，您一定很为我骄傲。我想，如果您在，一定会说：'孩子，要感恩党和人民给你的这次机会。'"3月7日，在人民大会堂参加完"委员通道"后，海尼扎提给今年1月刚刚去世的父亲写了一封信，字字句句，令人动容。他的父亲托呼提·巴拉提出生于中华人民共和国成立前夕，是一名有着近60年党龄的维吾尔族老人。13年的军旅生涯中，呼提·巴拉曾在自然条件恶劣的喀喇昆仑山驻守多年。

海尼扎提回忆，父亲有一间小书房，书架上摆放最多的就是红色书籍。"那时候我年纪太小，还看不懂那些书。爸爸常常点亮那盏小小的台灯，伏书桌前坐到深夜……"

海尼扎提的手机里至今保存着一段拍摄于2018年3月的视频。"那天父亲刚做完全麻手术，为保持清醒，他唱起了一首老军歌，激励自己和病魔抗争。"海尼扎提说，

"父亲的顽强意志和爱国情怀深深影响着我，鞭策我不断努力，用我擅长的方式，让爱党爱国的种子在更多青年人心里生根发芽。"

"期待将来能有更多的年轻人加入宣传新疆的队伍"

海尼扎提说，走下"委员通道"后，有记者找到他，提出想看一下他拍的剧，并表示想到新疆来。回到乌鲁木齐后，网约车司机从后视镜里认出了他，并感谢他向全国人民发出来新疆旅游的邀请。这让海尼扎提特别感动，"我觉得自己所做的一切，特别有意义。"

除了为新疆"打广告"，在今年的全国两会上，海尼扎提也提交了一份有关建立新疆新媒体产业基地的提案。

"新疆新媒体的发展在理念创新、技术力量、资金投入、人才保障等方面还存在一些问题。建立新媒体产业基地，将会吸引更多直播平台、文创企业等入驻，拉动经济增长。"海尼扎提说，新疆位于"一带一路"枢纽位置，新媒体产业基地能够更好地帮助新疆讲好发展故事，向外界真实展现新疆人民的美好生活。"这一想法，我其实从三四年前就开始酝酿了。"海尼扎提告诉记者，为了解新媒体产业发展情况，他多次到喀什、和田等地的新媒体企业走访，也曾到沿海城市参观交流。

"期待将来能有更多的年轻人加入宣传新疆的队伍，一起创作优质内容，一起传递正能量。"对于自己未来的履职之路，海尼扎提信心满满，"我要讲好更多新疆故事，让更多的人了解新疆、爱上新疆。"

任务一　认知创业者的准备

一、创业者的能力储备

创业者的能力是决定创业前途的重要条件，总体来说，创业能力可以概括为专业能力、方法能力和社会能力三种，它们对创业的作用也有所不同。

（一）专业能力是创业的前提能力

专业能力是指企业中与经营方向密切相关的主要岗位或岗位群所要求的能力。劳动者在创办自己的第一个企业时，应该从自己熟悉的行业中选择项目。当然，创业者也可借助他人特别是雇员的知识技能来办好自己的企业，但在创办自己的第一个企业时，如果能从自己熟知的领域入手，就能避免"外行领导内行"的尴尬局面，大大提高创业的成功率。创业者应具备的专业能力主要体现在以下 3 个方面：

（1）接受和理解与所办企业经营方向有关的新技术的能力。

（2）创办企业中主要职业岗位的必备从业能力。

（3）具备将环保、能源、质量、安全、经济、劳动等知识和法律、法规运用于本行业实际的能力。

（二）方法能力是创业的基础能力

方法能力是指创业者在创业过程中所需要的工作方法，是创业的基础能力。创业者应具备的方法能力主要体现在以下九个方面。

1. 分析与决策能力

通过消费者需求分析、市场定位分析、自我实力分析等过程，根据自己的财力、关系网、业务范围，依据"最适合自己的市场机会是最好的市场机会"的原则，做出正确决策，才能实现自己的创业目标。

2. 信息的接受和处理能力

收集信息、加工信息、运用信息的能力是创业者不可缺少的能力。创业者不但应具备从一般媒体中收集信息的能力，随着科技进步和网络技术的普及，还应该具备从网络中获取信息的能力。

3. 申办企业的能力

创办一个企业，需要做好哪些物质准备，需要提供什么证明材料，到哪些部门办理哪些手续，怎样办理等，均为创业者应具备的能力。

4. 控制和调节能力

成功的创业者，要对规划、决策、实施、管理、评估、反馈所组成的企业管理的全过程，具有控制和运筹能力。

5. 捕捉市场机遇的能力

发现机会、把握机会、利用机会、创造机会，是成功企业家的主要特征。

6. 联想、迁移和创造能力

通过联想、迁移和创造，使自己的企业别具特色，并通过这种特色使自己的企业在同业市场中占有理想的份额。

7. 确定企业布局的能力

怎样选择企业的地理位置，怎样安排企业内部布局，怎样界定企业性质等，都是创业过程中不可回避的问题。

8. 理财能力

理财能力不仅包括创业实践中的奖金筹措、分配、使用、流动、增值等环节，还涉及采购能力、推销能力等。

9. 发现和使用人才的能力

一个成功的创业者，他不但能对雇员进行选择、使用和优化组合，而且能运用群体目标建立群体规范和价值观，形成群体的内聚力。

（三）社会能力是创业的核心能力

社会能力是指创业过程中所需要的行为能力，与情商的内涵有许多共同之处。其是创业的核心能力，也是创业成功的主要保证。创业者应具备的社会能力主要体现在以下六个方面。

1. 自我约束能力

创业者要善于根据本行业的行为规范，来判断、控制和评价自己与其他人的行为；要善于根据自己的创业目标，约束和控制自己与目标相悖的行为和冲动。

2. 合作协调能力

创业者不但要与自己的合作者、雇员合作，也要与各种和企业发展有关的机构合作，还要与同行的竞争者合作。创业者要善于站在对方的角度，理解对方、体谅对方，要善于与他人合作共事，和睦相处。在创业团队运作过程中，创业团队与竞争者之间、创业团队与客户之间都存在这样或那样的摩擦，高超的协调能力能够化解矛盾，使创业团队能够获得良好的形象，提高可信程度，为合作打好基础。

3. 企业形象策划能力

在激烈的市场竞争中，在公众中树立良好的企业形象，是创业成功的主要条件。创业者应善于借助各种新闻媒体和各种渠道，宣传自己的企业，提高企业知名度。

4. 谈判能力

谈判能力是指能够权衡利弊、随机应变，能够确认双赢方案和对方达成协议的能力。一个成功的企业，必然有繁忙的商务谈判，谈判内容可能涉及供、产、销和售后服务等多个环节，创业者必须善于抓住谈判对手的心理和实质需求，运用"双胜原则"，即自己和对方都能在谈判中取胜的技巧，使自己的企业获利。

5. 人际交往能力

创业者不但要与消费者、本企业员工打交道，还要与供货商、金融和保险机构、本行业同仁打交道，更要与各种管理部门打交道，因此，创业者必须具有较强的人际交往能力。交际能力包括表达能力和反应能力。尤其作为管理者，对客户进行充分有效的表达能够使客户充分理解企业的产品情况和企业文化，有利于推销自己；对本团队进行充分有效的表达能够使员工领悟企业的目标、面临的环境和要采取的对策，从而更加有效地为完成共同的目标而努力。在交际过程中，良好的反应能力能够帮助表达者随时领会和把握表达对象的需求与对表达内容的理解，有效调整表达的方式和内容。

6. 适应变化和承受挫折的能力

一个企业要想在竞争激烈、变化多端的市场中立足并发展，创业者就必须具有适应变化、利用变化、驾驭变化的能力。在经营过程中，有赔有赚、有成有败，创业者必须具有承受失败和挫折的能力，具有能忍受局部、暂时的损失，而获取全局、长期收益的战略胸怀。

作为创业者，不仅要了解自己具有哪些创业能力，而且要从自己的实际情况出发，通过不断地学习和锻炼，积累自己的创业经验，提高自己的创业能力，在实践中促进创业成功。

吕梁山上的"新农人"雷星星：小木耳带来好光景

走进山西心言生物科技有限公司，映入眼帘的是成片的木耳大棚和系统化、规模化的生产流水线。"我们公司是中阳县黑木耳产业综合体开发项目建设龙头企业，中阳木耳色泽黑、肉质厚、口感好、品质优，营养成分高于普通木耳，是绿色天然的保健食品。"说到黑木耳，山西心言生物科技有限公司总经理雷星星如数家珍。

今年39岁的雷星星，是吕梁中阳人，眼睛炯炯有神，阳光帅气，精神抖擞，他坦言自己是一名敢于冒险的自主创业者。

万事开头难，没有足够的创业启动资金，让雷星星一筹莫展。父亲为了支持他创业，果断卖掉了家里的羊为他筹措了启动资金。2002年，雷星星创立山西艺达广告装饰工程有限公司，业务遍及吕梁、忻州、晋中、临汾、榆林等地区，其工程质量、创意效果、艺术形象得到了社会的一致好评。2014年，他创立山西心言工艺品有限公司，传承传统工艺和民俗文化。主要从事木梳、柏籽枕等名贵木材系列保健用品的研发生产，2016年投产，当年主营收入达到600万元。

中阳县是省委统战部的帮扶联系点。帮扶以来，省委统战部整合各方资源，与中阳县委、县政府达成共识，把周期短、见效快、效益高的新兴产业——黑木耳产业作为巩固提升脱贫成果、促进乡村振兴的新型农业产业项目重点扶持。2020年，中阳县委、县政府为了把正在势头的黑木耳产业做大做强，在全县民营企业中筛选牵头企业，雷星星主动请缨，由山西心言生物科技有限公司承担此项工作。

承接该项目后，按照中阳县委、县政府制定的《关于支持民营经济发展的若干措施》要求：工业反哺农业、大企业帮扶小企业、老企业家带小企业经营者发展。项目得到中阳钢铁有限公司的大力支持。

经过几年的发展，黑木耳产业已经成为中阳县乡村振兴的希望产业、持续长久的富民产业。目前，山西心言生物科技有限公司黑木耳项目是中阳县全力打造的集黑木耳科技研发、生产种植、技能培训、精细加工、废弃菌棒利用、科普体验、观光旅游、生态康养等为一体的全产业链项目，项目占地3 000余亩，概算投资达6.8亿元，可吸纳就业600余人，年带动临时就业6万余人次。

在雷星星的带领下，公司以实实在在的政策红包让种植户享受到发展红利，推进木耳产业提质增效。今年1月19日，山西心言生物科技有限公司召开2022木耳种植户表彰大会暨2023菌包订货大会。为了进一步激发农户的种植热情，提振种植信心，公司针对合作种植、大棚租赁、菌包销售、废菌棒回收等环节出台多项惠民政策，通过垫资、减租、返利补贴等多种形式让利于民，以真金白银奖补农户，助力木耳产业高质量发展。雷星星表示："减大棚租金这一项能为种植户节省750余万元，奖励补贴能为种植户让利700余万元，我们还提前为农户垫资1 800余万元购买菌包，运费也能节省4 000余万元，极大地调动农民发展黑木耳产业的积极性，以此帮助农民增加收入。我们公司在当地建的 1 000 个黑木耳大棚，种植一季可帮助农民增收 4 000 余万元。"

作为吕梁市政协委员，雷星星以强烈的担当精神和真挚的为民情怀，在协商议政中当好"智囊团"，在增进共识中画好"同心圆"，在凝聚力量中搭好"连心桥"，积极资政建言，认真参加市政协各项会议活动，努力交出高质量履职答卷。

作为一名民营企业家，雷星星积极投身公益事业。2016 年，参与中阳县政协组织的捐助贫困大学生活动，资助了 3 名大学生，2018 年，在中阳县慈善总会"送温暖，献爱心"公益晚会现场捐赠 10 000 元。多年来，他累计投入公益事业资金达数十万元，资助困难群众渡过生活难关，帮助贫困学子顺利完成学业等。

雷星星说："作为民营企业，我们要深入学习贯彻党的二十大精神，学习宣传贯彻习近平总书记在全国两会期间重要讲话和全国两会精神，在科技研发上持续下功夫，不断推进黑木耳提质增效，全力满足种植户生产需求，进一步提高产品附加值，打造黑木耳上下游全产业链，为实现农业高质量发展做出贡献。"

二、创业者的创业意愿与动机

（一）创业意愿的含义

意愿是一种心理状态，引导个人的注意力甚至是经验和行动，为了获得某件东西（某种方法），而指向一个特定的目标（目的）或道路。意愿表明了行动者对于行为有目的的和自发的状态，行动者可以意想他的行为，但是没有办法意想行为的结果。创业者的欲望与普通人欲望的不同之处在于，他们的欲望往往超出他们的现实，往往需要打破他们现在的立足点、打破眼前的樊笼，才能够实现。

在创业意愿的理论研究中，创业意愿是潜在创业者对从事创业活动与否的一种主观态度，是人们具有类似创业者特质的程度，以及人们对创业的态度、能力的一般描述。创业意愿旨在创立一家新公司或是在已有的公司中创造出新的价值增长点。美国学者 Bird（1988年）认为，创业意愿有两个维度，一是内源/外源维度，即创业者的意愿（内源）和利益相关者、市场等的意愿（外源）；二是理性/直觉维度。理性的、分析的和因果导向的心理过程是创业计划、机会分析、资源获取、目标设定和大多数目标指导行为的基础。直觉的、鉴体的和情景性的思维，如愿景、预感等，同样驱使着创业者坚定不移地去追求创业目标。

（二）影响创业意愿的因素

（1）创业环境的影响。首先，包括经济、社会、文化、政治等因素；其次，涉及便利创业过程的来自外在环境的所有支持或帮助服务。

（2）从学生接受的创业教育的角度看，个人背景、在校经历、前瞻性人格、创业能力、具备的创业知识都会影响个体的创业意愿。

（3）个体特质对个体的创业意愿具有重要的影响，它在很大程度上决定了个体的创业意愿。影响创业意愿的心理特征有成就欲望、内控信念、风险承担倾向、识别和利用机会的能力、模糊性承受能力、处理问题的风格、企业家的个人价值观选择等。

（4）在计划行为理论中，对创业意愿的研究发现，创业意愿主要由三个方面决定：一是态度，是指个人对行为所抱有的积极或消极评价；二是感知行为控制力，即个体感知到的执行某种行为的控制能力；三是主观规范，即影响个体决策的外界因素，根据个人感知到的来自配偶、家属、朋友、教师、同事等重要参照个人或群体对行为的期望。

（三）创业动机的定义

创业动机是指引起和维持个体从事创业活动，并使活动朝向既定目标发展的内部动力，是鼓励和引导个体为创业成功而进行的内在力量，对企业行为产生促进作用。创业动机是创业者愿意冒各种风险去创立新的企业的激励因素。

（四）创业动机的类型

多数人因在现实中受到物资匮乏或精神空虚的刺激而创业，这种对物质的追求和精神需求则是创业的内在动力。世上做任何一件事情首先必须具备动机，创业亦然。归纳起来，主要有以下五种创业动机类型。

1. 生存的需要

大学生创业群体的学费和生活费是很多家庭不小的开支。国家的助学贷款、奖学金制度只能解决部分问题。为了顺利完成学业，大学生中的一部分人利用课余时间打工赚取生活费来维持正常的学习和生活。在打工的过程中，具有创业素质的人会发现商机并且能够把握机会，走上创业的道路。

现今社会上有一定数量的下岗或无业人员，他们为了改善生活状况，或已有工作但不满于现状，为了争取更多生存资金而"下海"。

2. 自由的需要

（1）决策自由。有些人由于性格使然，他们不甘心屈居他人之下、受他人支配。拥有自己的企业，可以独立自主，按照自己的意愿行动。

（2）时间自由。创业可以为自己争取一个较自由、较灵活的时间和空间，可以无拘无束地享受生活，这也是一部分创业者创业的动机之一。

（3）财务自由。就业者工作期间花费时间和精力所取得的报酬毕竟有限，希望通过创业能够实现财务自由，虽然收入多少不定，也能促进创业者对财务的统筹安排、合理规划。

3. 积累的需要

当代大学生随着年龄的增长，学历层次逐步提升，对于成长的需要会逐渐强烈。大学生为了提升自己的实践经验和社会阅历，或者为自身发展或实现某个目标做好经济上的准备，压力相对较小。在条件成熟的情况下也会利用课余时间走上创业的道路。这种类型的创业者往往以锻炼自己为目的，承受失败的能力较强。

4. 就业的需要

创业也是为了提供更多就业岗位、就业机会。当前，我国的大学生和无业群体就业形势相当严峻，一方面表现为需求不足；另一方面表现为工资待遇较低。在这种情况下，为了找到一份自己满意的工作，有一部分人走上了创业之路。

5. 自我实现的需要

20～35岁的人思维活跃、创新意识强烈，同时所受的约束和束缚较少。另外，一些掌握一定专业技能或管理经验的专门人才，或者本身拥有自主知识产权的人士，不满足于现状，为了最大限度地发挥自己的潜能和特长，实现自身价值，实现自己成功的目标，获得个人在事业上的成功，从中得到满足，选择自创企业谋求发展。

（五）创业者的驱动因素

创业动机驱动创业行为的产生。根据需求层次理论，准创业者一般会受经济需求激励和社会需求激励而生发创业动机。创业动机的驱动因素主要包括内部因素和外部因素两个方面。

1. 内部因素

（1）个性因素。与从事稳定工作相比，在创业的过程中存在的风险和挑战更大，创业者必须承担这些风险和挑战。创业者的雄心壮志、冒险精神较为突出，风险倾向强的个体更容易产生创业动机。所以，拥有强烈的内在热忱，想要打造一个有价值的企业，证明有价值、有雄心壮志的自己，是首要的内部因素。

（2）经验因素。对于创业项目熟悉的程度，也是创业动机的驱动因素之一。如果创业者曾接触过、实践过，对项目或技术各环节比较熟悉、有经验，在工作中会比较自信、顺利，驱动性较强；如果本身没经验，则驱动性弱。

（3）资源因素。个体拥有较多的创业资源，能够增强创业者创业认知的渴望性，对创业认知的可行性也产生积极的正面影响，从而产生创业倾向，想在一个特别好的领域或机遇到来的时候做点什么。个人所能调配的创业资源越多，创业动机越强烈。

（4）认知因素。

1）个体相信自己能够成功扮演各种创业角色，并完成各项创业环节的信念和自信。创业需要面临很多风险和挑战，当面对挫折时，这种自信不仅能影响人们的选择、努力和坚持，同时，也影响成功实现目标的信念，这是非常关键的认知变量。

2）通过教育和家庭环境的熏陶，认知层次和知识结构各有不同，个体对创业的认知也有不同。对创业认知全面准确，掌握创业基础，驱动力则较强；对创业接触少，认知不够，无法脱离现有的安逸圈，不敢冒险，驱动力则较弱。

2. 外部因素

（1）收入水平。创业者作为有理性思维的个体，短期内的收入变化不会对创业者的需求层次产生显著作用，对创业动机的形成没有太大影响；而长期收入提高有利于创业者需求层次的提高，从而影响创业动机的形成。

（2）就业压力因素。创业不但可以帮助自己就业，还可以提供更多的就业岗位，帮助更多人就业。大学生择业、下岗职工再就业压力大，家庭生活经济负担重，加之个人需求层次不同，高水平的社会保障可以提高人们的需求层次，由需求层次决定创业动机。

（3）政府加大创业优惠政策。对于大学生来说，从创业基础课、大赛、创业贷款，到创业孵化基地的扶持、相关政府部门便捷的绿色通道，再到税收和各项费用上的贴息、减免政策等方面，都是在外部环境中对个体的刺激，从而产生创业动机。

任务二 认知创业者的行为

一、市场调查与分析

创业者在创业之前要弄清楚自己看中的或掌握的创业项目的产品或服务在当地有没有市场，才能决定做还是不做。无论是选择做还是不做，都要把调查的数据、调研的材料摆到桌面上来，然后说服自己为什么能做，又为什么不能做，而这些都需要体现到市场调查上。所以，一次科学的市场调查可以决定某个项目（产品）的生或死，也可以决定创业者此次创业的成或败。

市场调查不仅仅在创业阶段是重要的，企业开办后，市场调查也应成为企业生命周期的一部分。简单地说，市场调查贯穿于整个创业过程。

（一）经营环境调查

这里的经营环境主要是指市场所在地的政治法律环境、经济环境、社会文化环境、科学技术环境，以及地理气候环境等因素的总称。这些环境直接决定了市场所在地的市场生态，也是创业者进行新产品开发，尤其是为产品开拓新的市场时必须考虑的因素，不能不加以考察。

事实上，不仅国与国之间的宏观市场环境是不相同的，即使在同一个国家，例如，我国就存在南北之间的地理气候差异，东西之间的经济科技差异，以及几乎所有地区都存在的历史文化差异，这些都会造成不同省市、地区甚至县一级的市场环境的较大区别，所以，创业者准备将目标市场定位在某一地区时，对本地区的政治、经济、科技、文化、地理等因素的了解就显得尤为重要。

在进行宏观市场调查时，创业者要详细考察目标市场所在地有关创业以及创业所在行业的政策及法律法规，例如，对于创业及创业项目是否有优惠政策或措施，是否有法律法规禁止进入的事项等；考察在市场所在地的经济科技水平下，创业具有多大的发展空间，例如，当地的经济发展水平、消费水平、科技水平等是否能为创业提供广阔的市场和相关支持；考察当地历史文化长期积累的社会心理对于自己创业所在行业的心理接受程度，例如，当地人的消费习惯和偏好如何，多少人可以成为自己的现实消费者和潜在消费者等；另外，还要考察当地的地理和气候对于自己的创业有什么样的影响，例如，一般情况下，在险峻崎岖的山区销售自行车未必能赚取大钱，而在热带地区销售羽绒服也并非一个明智的选择。

当然，创业者所面对的市场环境各不相同，有的可能局限于一条街道、一个社区，有的可能面向一个县城或一个地市，而有的可能辐射一个省区、一个国家，甚至整个世界。但无论创业者面对怎样的市场环境，都必须对所在地的宏观环境进行考察分析，人们平常讲的"因地制宜"，其实就是这个意思。

（二）市场行情调查

创业者总是以一种产品或服务进入某个目标市场，进行自己的掘金活动，那么对于创业者而言，必须了解自己的产品及产品所在行业的状况，深入调查目前市场的容量和产品在当地的消费方式、增长情况。

在行情调查时，一般需要了解以下信息：

（1）了解同类产品在目标市场中销售的具体数字和品牌、规格、来源、生产厂家、价格，并根据当地的有关统计人口、社会经济数据，寻找出过去和现在发生的变化情况，预测将来可能发生的变化。

（2）了解当地市场有关产品的消费变化，主要调查当地同类产品的生产数量和可能发生的变化、当地产品的销售数量、当地的经济收入水平、消费习惯等，在此基础上分析产品今后可能出现的消费变化趋势。

（3）调查同类产品在当地的年消费量、消费者数量和产品的消费方式、产品消费范围的大小、消费频度、产品用途，以及具有什么竞争性代用品等因素。

（4）为了预测产品未来的消费变化趋势，还应了解产品在当地市场上的生命周期状况，并结合相关因素进行综合分析和判断。如前所述，产品的生命周期一般分为五个阶段，并总是以某种形式在流通当中反映出来：

1）萌芽期：产品刚进入市场，销售增长缓慢。

2）增长期：产品销路渐开，如果产品适销对路，在今后一定时期内销售将会有迅速的增长。

3）成熟期：产品销售增长势头不明显，并有迹象表明产品销售即将下降。

4）停滞期：产品销售已达顶点，并逐渐出现缓慢下降的趋势。

5）衰退期：市场对产品的需求减少，产品销量持续下降。

即使可能形式不同，但几乎所有的产品都必然经历生命周期的五个阶段，不同类型的产品或同类产品中不同品牌的产品的变化速度各不相同，因此，调查产品在市场周期中所处的阶段十分必要。另外，按照经济学的观点，产品销售利润的下降通常要比销售量下降得早，也下降得更快。

同时，在进行行情调查时，还应该对产品市场进行细分，从而了解在当地市场上什么类型的消费者可能会购买自己的产品，准确地估计当地市场的发展潜力，正确地选择产品销售的目标市场，并进而了解不同类型的消费者对各种产品的需求，有针对性地采取改进产品的策略和措施，使之适销对路，以扩大产品的销路。

（三）热门行业分析

稍有商业眼光的人也许都会注意到生活中的这样一种现象：工业制成品如彩电、微波炉、空调、计算机等的价格一降再降，早些年属于奢侈品的手表、自行车、半导体等更成"明日黄花"，与此相反，一些服务行业的价格却节节攀升，例如，幼儿入托费一涨再涨，各旅游景点的门票涨价的风潮也一浪高过一浪。这一现象至少带给我们这样一种启示：我国产业利润正悄悄转移，而在商海的浮浮沉沉中，各行业境遇早已三十年河东三十年河西。

那么哪边为河东？哪边为河西呢？对大多数创业者来说，进入一个热门行业或者潜在的热门行业会是一个不错的选择，那么何谓热门行业？

"热门行业"是一个相对模糊的概念，而且具有明显的地域和时代特征，不可一概而论，但总体而言，"热门行业"一般具有以下特征：

（1）热门行业是新兴的朝阳产业，发展迅速，机会较多。

（2）热门行业顺应市场经济发展趋势，具有巨大的市场需求或潜在市场需求。

（3）热门行业竞争激烈，人才需求量大。

（4）热门行业的收入水平较高，工作环境较好。

（5）热门行业具有良好的发展前景。

根据以上热门行业特点及我国市场经济的发展和经济结构的调整方向，人们可以预测未来蓬勃发展的热门行业。

值得注意的是，行业的热门与否只是一个相对的概念，随着时间的推移，旧的行业格局可能被打破，行业间利润的分配面临重新洗牌，而且就创业而言，也并非所有的创业者都适合在热门行业摸爬滚打。所以对创业者来说，与盲目追求热门行业相比，选择一个适合自己的行业也许更有意义。

（四）消费者情况调查

这里的消费者可以是原有的客户，也可能是潜在的消费者。消费者情况调查包括以下两个方面的内容。

（1）消费者的需求调查。例如，购买某种产品（或服务）的消费者大都是些什么人（或社会团体、企业），他们希望从中得到哪方面的满足和需求（如效用、心理满足、技术、价格、交货期、安全感等），现实的产品（或服务）为什么能够较好地满足他们的需要等。

（2）消费者的分类调查。重点了解消费者的数量、特点及分布，明确目标消费者，掌握他们的详细资料。如果是某类企业或单位，应了解其基本状况，如进货渠道、采购管理模式、联系电话、办公地址，某项业务负责人的具体情况和授权范围，对某种产品和服务项目的需求程度、购买习惯与特征；如果是消费者个人，应了解消费群体的种类，即目标消费者的大致年龄范围、性别、消费特点，对产品或服务能接受的价格范围，对产品或服务的需求程度、购买动机、购买心理、使用习惯。掌握这些信息，将为有针对性地开展业务做准备。

知识拓展：消费者的调查内容

(五)竞争对手调查

在开放的市场经济条件下，做独家买卖太难了，在创业者开业前，也许已有人做相同或类似的业务，这些就是其现实的竞争对手。也许创业者开展的业务是全新的，有独到之处，在刚开始经营的时候，没有对手，一旦生意兴旺，马上就会有许多人学习其业务，竞相加入，这些就是其潜在对手。了解竞争对手的情况，包括竞争对手的数量与规模、分布与构成、优缺点及营销策略，做到心中有数，才能在激烈的市场竞争中占据有利位置，有的放矢地采取竞争策略，做到人无我有、人有我优、人有我独、人独我精。

(六)销售策略调查

销售策略调查是指创业者要重点调查了解目前市场上经营某种产品或开展某种服务项目的促销手段、营销策略和销售方式，如销售渠道、销售环节、最短进货距离和最少批发环节，广告宣传方式和重点，价格策略，有哪些促销手段，是有奖销售还是折扣销售，销售方式有哪些（批发还是零售，代销还是直销，专卖还是特许经营）等，调查这些经营策略是否有效，有哪些缺点和不足，从而为自己采取什么经营策略、经营手段提供依据。

调查对象一般为消费者、零售商、批发商。在以消费者为调查对象时，要注意到有时某一产品的购买者和使用者不一致，如对婴儿食品的调查，其调查对象应为婴儿的母亲。另外，还应注意到一些产品的消费对象主要针对某一特定消费群体或侧重于某一消费群体，这时调查对象应注意选择产品的主要消费群体。例如，对于化妆品，其调查对象主要为女性；对于酒类产品，其调查对象主要为男性。

二、市场调查的方法

创业者在进行市场调查时，可以根据创业的类型和实际情况，采用科学的市场调查方法。常见的市场调查方法如下。

(一)现场观察法

现场观察法是创业者凭借自己的眼睛、耳朵等感官或借助摄像器材，在调查现场直接记录正在发生的市场行为或状况的一种有效的收集资料的方法。其特点是被调查者在不知晓的情况下接受调查。例如，市场调查人员到被调查者的销售场所观察商品的品牌及包装情况。

为了尽可能地避免调查偏差，创业者在采用现场观察法收集资料时，首先要选择具有代表性的调查对象和合适的调查时间与地点，并且持不偏不倚的态度，即不带有任何看法或偏见地进行调查。

(二)询问法

询问法是指就所调查的问题以电话或书面的形式向被调查者提问，以获得所需调查资料的调查方法。调查者可以与被调查者进行广泛的交流，如直接询问被调查者对商品的看法，也可以采用问卷法调查的形式，使被调查者填写调查表以获得相关信息。

采用问卷法调查的形式需要在调查前将调查的内容设计成问卷，然后使被调查者将自己的意见或答案填入问卷中。一般可选择问卷星、腾讯问卷等在线问卷调查工具设计并发布问卷，进行大范围的问卷调查。

（三）资料分析法

资料分析法是收集一些现有的市场、行业和产品的相关资料，通过分析得出所需结论的方法。该方法要求收集的资料必须新颖、完整、正确和公正，否则分析得出的结论将不具有参考意义。收集资料的方法很多，如网上收集和报刊收集。

1. 网上收集

互联网本身就是一个巨大的数据信息库，其中包括各种各样的信息和资源，但这些资料的信息量大，质量也参差不齐，真实性、可靠性、代表性等难以判断。因此，若通过这种方法收集资料，一定要访问比较权威的网站，如政府部门、行业协会的官方网站等。

2. 报刊收集

一些专业的图书、报刊会对近期的市场数据进行分析，这些数据一般较为准确，创业者可以直接参考。

（四）试验调查法

试验调查法是指市场调查者有目的、有意识地改变一个或几个影响因素，来观察市场现象在这些因素影响下的变动情况，以认识市场现象的本质特征和发展规律。试验调查既是一种实践过程，又是一种认识过程，并将实践与认识统一为调查研究过程。企业在经营活动中经常运用这种方法，如开展一些小规模的包装试验、价格试验、广告试验、新产品销售试验等，来测验这些措施在市场上的反应，以对市场形成一个总体的认识。

三、创业者自身评估

创业是一个充满风险和挑战的过程。在这个过程中，创业者需要具备许多品质和能力，如创新思维、领导力、团队管理、市场营销等。因此，创业者需要对自己进行评估，以了解自己的优势和不足，并采取相应的措施来提高自己的能力和实现自己的目标。

（1）创业者需要评估自己的创新思维能力。创新是创业成功的关键因素之一。创业者需要有敏锐的洞察力和创造力，能够发现市场机会并提供创新的解决方案。因此，创业者需要评估自己的创新思维能力，了解自己在这方面的优势和不足，并采取相应的措施来提高自己的创新能力。

（2）创业者需要评估自己的领导能力和团队管理能力。创业者需要领导和管理一个团队，确保团队成员的合作和协调，实现公司的目标。因此，创业者需要评估自己的领导力和团队管理能力，了解自己在这方面的优势和不足，并采取相应的措施来提高自己的领导能力和团队管理能力。

（3）创业者需要评估自己的市场营销能力。市场营销是创业成功的关键因素之一。创业者需要了解市场需求和竞争情况，制定有效的市场营销策略，提高产品的知名度和销售额。因此，创业者需要评估自己的市场营销能力，了解自己在这方面的优势和不足，并采取相应的措施来提高自己的市场营销能力。

（4）创业者需要评估自己的资产。这里所说的资产既包括有形资产，也包括无形资产。其中，有形资产包括现金、股票、债券、银行存款、房地产等，无形资产包括个人的学历水平、技术才能、业务能力、人际关系等。大学生的有形资产自然是有限，但可以通过无形资产的弥补，让创业有坚强的后盾。"一言九鼎""言出必行"的诚信，"高瞻远瞩""指点江山"的魄力，"松弛有度""奖罚分明"的管理，"游刃有余""四海皆友"的交际和过硬的专业技能都是创业过程中一笔丰富的资产，充分了解自身潜力和所拥有的创业资产，才能选择适合自己的创业项目，做到"胸有成竹"。

总之，创业者需要对自己进行全面的评估，了解自己的优势和不足，并采取相应的措施来提高自己的能力和实现自己的目标。创业是一个充满挑战和机遇的过程，只有具备足够的能力和品质，才能在竞争激烈的市场中获得成功。

四、做好创业者的准备

1. 做好保持个人主见的准备

做好保持个人主见的准备是创业者必备素质之一。在创业的过程中，不免会有各种不同的说法与意见，不可人云亦云，亦不可盲目照搬。此时应当保持镇定，认认真真地做好自己的事情，切勿左右摇摆。商场如战场，创业者面对竞争的残酷，要时刻保密经营中的战略战术，不可随意报出自己的商业机密。成功模式是不可重复的，只有找出一条适合自己的路，踏踏实实走好每一步才是实现自我价值的方法。如果今天看到其他人说创业不好，明天看到其他人创业失败就心里气馁，那就不要选择创业了。

2. 做好心理的准备

创业不是一时之念，而是一场持久的心理战。创业者在开始进行创业之前，要做好"持久战"的心理准备。找准项目，整合好自身资源，大胆进行尝试，将眼光放长远。创业初期，首先要能承受"生活质量与水准偏低"的心理准备。其次创业者要准备好"吃大苦耐大劳"的心理准备。创业过程不可能一帆风顺，偶遇困难与失败的时候要有不退缩、不达目的不罢休的斗志。

3. 做好持续学习的准备

如今的社会发展变化迅猛，每天都有许多新事物、新名词涌现。国家各种政策、法律法规、财经资讯、互联网络、尖端技术等层出不穷，不断变革创新。所以，创业者要时刻保持进步，紧跟时代步伐，不断接受新观念、新事物，不断学习新理论、新技能，这样才能在创业路上少受磨难。

4. 做好筹备团队的准备

团队的力量是不可阻挡的。任何一个企业都需要靠一个团结的队伍协调完成工作。团队伙伴要同心协力，要有一个统一的价值核心理念，注重发挥个人的特长与作用。每个创业者不是一个人在创业，背后必定有一个团队在支持，要学会发挥团队的作用。

创业初期，在实力还不够稳固的情况下，要有相对稳定的团队。在开始创业的时候，要积极储备人才，每个人在社会中只有通过自身的努力才能获得稳固的位置。招兵买马是企业进步的源泉之一，企业要通过优秀的团队来巩固未来事业的发展。经过时间的洗礼，待到商业项目相对成熟之后，再扩展合作关系，有利于项目站稳脚跟。

5. 做好失败的准备

创业是存在竞争关系的，"无竞争不市场"，有竞争才会有正向循环。所以，创业者需凭借满腹的激情与满脑的想象力，使自己在创业的过程中能够保持一种干劲与活力，并能够时时自发地鼓励自己、安慰自己。创业风险无处不在，当人们在创业某一环节遭遇困难或资源不足时，在做好失败准备的同时，还要奋力一搏，保持希望与梦想才能渡过难关。

❯ 项目训练

（1）简要叙述创业者的内涵与类型。

（2）查阅有关资料，并结合身边的实例，谈谈创业者与就业者的区别。

（3）查阅有关资料，谈谈该创业者具有哪些人格品质和素质。

（4）简要叙述创业者应有的能力储备。

（5）简要叙述影响创业者创业意愿的因素。

（6）简要叙述创业动机的类型。

（7）除项目任务中所述的市场调查方法外，还有哪些市场调查方法？

（8）结合自身实际，谈谈如何做好当一名创业者的准备。

项目四

"树多成林不怕风，线多成绳吊千斤"
——创业团队的组建与管理

📋 学习目标

知识目标：

（1）了解创业团队的相关概念。

（2）了解创业团队的组建原则。

（3）了解创业团队管理工作的内容。

能力目标：

（1）能够掌握创业团队与一般团队的区别。

（2）能够掌握创业团队的组建步骤。

（3）能够掌握创业团队的基本原理及方法。

素养目标：

（1）培养大学生具备组建创业团队并进行管理的意识。

（2）培养大学生具备创业团体领袖应具备的品质。

👤 名人箴言

企业需要的管理原则是：能让个人充分发挥特长，凝聚共同的愿景和一致的努力方向，建立团队合作，调和个人目标和共同福祉的原则。

——德鲁克

👤 案例导入

安徽广德：长三角腹地聚集四方产业 文旅茶融合助力乡村振兴

2018 年 11 月，习近平总书记在首届中国国际进口博览会上宣布，支持长江三角洲区域一体化发展并上升为国家战略。5 年来，长三角地区已经成为中国经济发展最活跃、开放程度最高、创新能力最强的区域之一。

处于长三角腹地的广德，东临杭嘉湖，北倚苏锡常，交通便利，人文相亲。随着长三角一体化、长江经济带以及 G60 科创走廊、苏皖合作示范区等众多国家和区域发展战略叠加推进，广德全力抢抓重大发展契机，争当长三角一体化高质量发展安徽县域排头兵。

兴产业富百姓"竹乡画廊"活力彰显

初夏的皖南满目青绿、生机盎然。在广德的欢溪原自然公社，90 后主理人双怡佳一头短发，动作干练地打理客人刚采摘的鲜笋。

"周边游、亲子游和半日游是我们的主打项目，前不久我们推出'住店可免费挖笋'的活动，结果，闻讯而至的客人们让我们忙得一刻不得闲。"双怡佳说，由于交通便利、贴近自然，越来越多的长三角客人选择来广德度假。

"欢溪原"与广德的缘分，始于"一见钟情"。"2021 年，我来广德四合乡出差调研时，一眼看中了这里的自然山水和发展前景。"公社创始人李永刚告诉记者，返回上海后，他很快就与妻子王胜蓝达成共识——来广德，用心经营这片土地。

"项目正式开工时，创业团队已经扩展到了 6 人，平均年龄不过 30 岁，都是在上海不同行业奋斗的白领。"说起创业，李永刚津津乐道。从画图到施工，大家"各显神通"，全部亲自上手，把投身乡村当作乐业的方式，让这一方皖南乡村焕发出不一样的活力。

双怡佳就是这个团队中的一员。出于对乡土的热爱，她从上海辞了职，在广德全职打理起公社。"五一假期的客房在 4 月中旬就满员了，60% 的住宿订单来自长三角地区。"她告诉记者，自今年春节至今，所有的周末和节假日，公社的露营房车几乎都会被订满。

这群上海年轻人来广德创业的初衷并不止步于单纯盈利。位于凤凰山水库边的柏垫镇大刘村是他们团队在广德的第三个项目。保存完好的明清时代老建筑让这里充满了山水与历史文化"混搭"的潜力。双怡佳说，"未来，我们将在老宅改造的基础上，运营餐厅、图书馆，以大刘村为'圆心'，逐渐辐射周围更多村落，挖掘出更多当地文化，激发人们对'田园和远方'憧憬的乡土情怀，为当地的文旅产业赋能升级。"

"建一条路、串一路景、兴一方产业、富一域百姓。"提到广德正在打造的"竹乡画廊"旅游风景道，当地人更是耳熟能详。

依托"竹乡画廊"，广德已推出竹乡画廊天然氧吧呼吸之旅、长宜广"鸡鸣三省"生态养生之旅等 5 条精品线路。这条风景廊道，不仅串起笄山竹海、太极洞等 8 个 A 级旅游景区，连起 291 个规模休闲农业与乡村旅游点，更引来新业态文旅项目 12 个，也同时带动珀泹山庄、雨燕谷等精品民宿 48 家和 140 余家农家乐。

2022 年，"竹乡画廊"接待游客 886 万人，实现旅游收入 27.3 亿元，同比分别增长 12.8% 和 11.6%。"快进慢游"的文旅慢生活图景正在这里徐徐展开。

绿色赋能"黄金芽"成致富"黄金叶"

谷雨之后，广德新杭镇金鸡笼村终于安静了一些。不久前，因为正值新茶采摘的黄金期，村里的茶叶交易中心被来自浙江、江苏等地区的茶商们挤满，稍微晚到一点，停车就一位难求。

让茶商们趋之若鹜的是拥有国家地理标志商标的"广德黄金芽"。金鸡笼村万亩茶园连绵青翠，正是"广德黄金芽"的优质产区。

党的二十大报告指出，要发展乡村特色产业，拓宽农民增收致富渠道。作为当地乡村振兴的优势产业，广德现有黄金芽种植面积 5 万余亩，综合产值达 15 亿元，种植面积、产值均居全国前列，有"中国黄金芽第一县"之称。

"广德现建有设备完善、功能齐全的黄金芽培训教育基地 2 个，累计取得茶叶专业技能证书人员 245 人，其中取得初级、中级、高级品茶员资格 60 余人，并建成了宣城全市首家长三角黄金芽交易市场。"广德市茶产业发展中心主任吴纪忠告诉记者。

"我们这里的地形、气候特别适合种茶，品质也高。但我们茶农以前要到江浙一带的茶叶市场销售，来回奔波劳累不说，还利润微薄。"东亭乡村民魏鑫告诉记者，为进一步打开销路，2022 年乡里建设了长三角黄金芽交易市场，一举解决了售卖鲜叶难的问题。每到采茶季，市场里人声鼎沸，有大批来自长三角的茶商来此蹲守。目前，市场已入驻茶企茶商 40 余家，茶叶交易数量达 16 万斤，2021 年以来，交易额超 7 000 万元。

如今在广德，"黄金芽"不仅装扮了这里的山山水水，也致富了一方百姓，成为村民们发家致富的"金叶子"、美好乡村建设的"金招牌"。

"好山好水出好茶"。绿水青山的背后，是长三角区域环保协作机制的日趋完善。广德市生态环境分局副局长陈有志告诉记者："为合力推动区域生态环境持续改善，广德先后与浙江长兴和安吉、江苏溧阳、安徽郎溪等地环保部门建立了环境污染联合防治机制。"

从曾经煤炭资源富饶的工业重镇，到青山环抱、植被茂盛的天然氧吧，新杭镇境内每一处都是如诗如画的乡村美景图。近年来，丰富的生态资源滋养了"万亩茶园"，并进一步转化为特色产业优势，让"绿水青山"成为"金山银山"，有力推动乡村振兴。

1995 年，一篇《山这边，山那边……》的热文介绍了位于伍员山两边的江苏省和安徽省的差异，引发当地深思。如今，广德正加快长三角一体化发展步伐，让"山那边"和"山这边"的小伙伴串门越来越方便、合作更加紧密、人文更相亲，书写着长三角高质量一体化发展的广德篇章。

任务一　认知创业团队

一、创业团队的概念与类型

（一）创业团队的概念

创业也许一个人就能开始，但非一人能将其发展下去。创业团队对创业成功和企业发展起着至关重要的作用。没有一个优秀的团队，再完美的创业计划、商业模式也无济于事。所以，创业最重要的是团队，其次才是产品，有好的团队才有可能做出好的产品。

1. 团队的概念

美国管理学家斯蒂芬·P.罗宾斯认为，团队就是由两个或两个以上的，相互作用、相互依赖的个体，为了特定目标而按照一定规则结合在一起的组织。团队是由基层和管理层人员组成的一个共同体，有共同理想目标，愿意责任共担、荣辱共享，它合理利用每个成员的知识和技能协同工作，在团队发展过程中，经过长期的学习、磨合、调整和创新，形成主动、高效、合作且有创意的团队，解决问题，达到共同的、高品质的目标。一个班级可以成为团队，一个寝室、一个家庭、一个旅行团的成员都可以称为团队（或团体）。

2. 创业团队的概念

创业团队不同于上述团体，是由技能互补、责任共担、价值观一致，为达到高品质的创业结果而努力的集体。各成员在行为上形成彼此影响的交互作用；在心理上与其他成员存在相互归属感和团队协作意识。这种集体存在于企业之中，因创业的关系而连接起来，却又超乎个人、领导和组织之外。

（二）创业团队的类型

从不同的角度、层次和结构，可以将创业团队划分为不同的类型，而依据创业团队的组成者来划分，创业团队有星状创业团队（Star Team）、网状创业团队（Net Team）和虚拟星状创业团队（Virtual Star）。

1. 星状创业团队

一般在团队中有一个核心人物（Core Leader），充当了领队的角色。这种团队在形成之前，一般是核心人物有了创业的想法，然后根据自己的设想进行创业团队的组建。因此，在团队形成之前，核心人物已经就团队的组成进行过仔细思考，根据自己的想法选择相应人员加入团队。这些加入创业团队的成员也许是核心人物以前熟悉的人，也有可能是不熟悉的人，但这些团队成员在企业中更多时候是支持者的角色（Supporter），如图4-1所示。

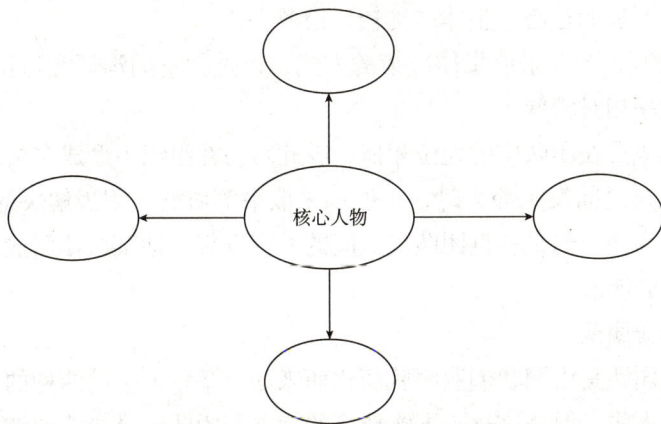

图4-1 星状创业团队示意

星状创业团队具有以下几个明显的特点：

（1）组织结构紧密，向心力强，核心人物在组织中的行为对其他个体影响巨大。

（2）决策程序相对简单，组织效率较高。

（3）容易形成权力过分集中的局面，从而使决策失误的风险加大。

（4）当其他团队成员和核心人物发生冲突时，核心人物的特殊权威使其他团队成员在冲突发生时往往处于被动地位，在冲突较严重时，一般都会选择离开团队，因而对组织的影响较大。

2. 网状创业团队

网状创业团队的成员一般在创业之前都有密切的关系，如同学、亲友、同事等。他们一般都是在交往过程中，共同认可某一创业想法，并就创意达成共识以后，开始共同进行创业。在创业团队组成时，没有明确的核心人物，大家根据各自的特点自发地组织角色定位。因此，在企业初创时期，各位成员扮演的是协作者或者伙伴角色（Partner），如图 4-2 所示。

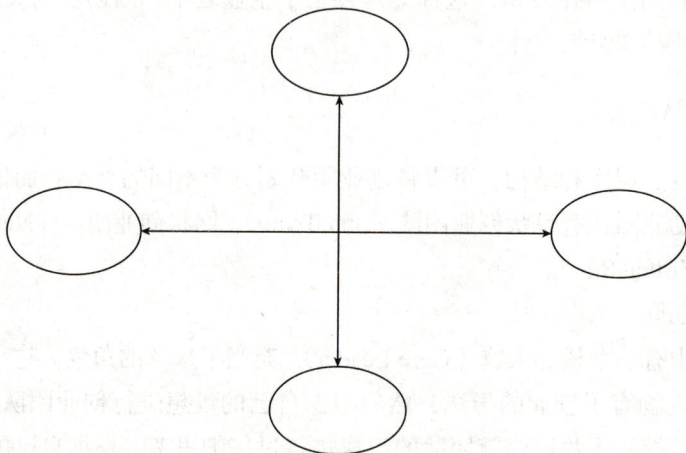

图 4-2　网状创业团队示意

网状创业团队具有以下特点：

（1）团队没有明显的核心，整体结构较为松散。

（2）组织决策时，一般采取集体决策的方式，通过大量的沟通和讨论达成一致意见，因此组织的决策效率相对较低。

（3）由于团队成员在团队中的地位相似，因此容易在组织中形成多头领导的局面。

（4）当团队成员之间发生冲突时，一般都采取平等协商、积极解决的态度消除冲突。团队成员不会轻易离开。但是一旦团队成员间的冲突升级，使某些团队成员撤出团队，就容易导致整个团队的涣散。

3. 虚拟星状创业团队

虚拟星状创业团队是由网状创业团队演化而来的，基本上是前两种的中间形态。在团队中，有一个核心人物，但是该核心人物地位的确立是团队成员协商的结果，因此，核心人物从某种意义上说是整个团队的代言人，虽然不如星状创业团队中的核心主导人物那样有权威，但在团队中有一定的信服力，能充分考虑和听取其他团队成员的意见。决策既集中又民主，是一种比较理想的创业团队类型，如图 4-3 所示。

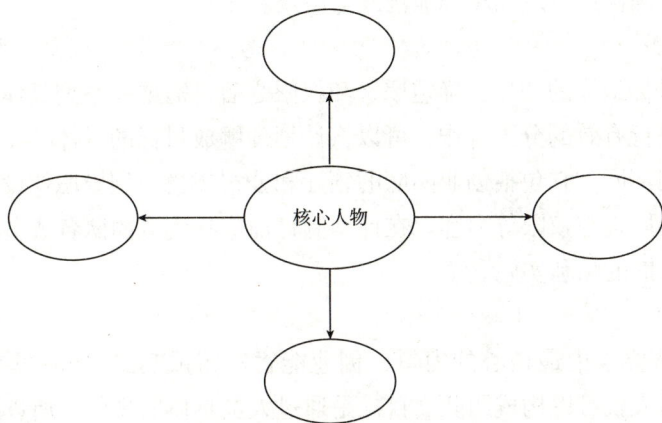

图 4-3 虚拟星状创业团队示意

二、创业团队的要素及作用

（一）创业团队的要素

任何团队都包括五个必不可少的要素，即目标、定位、权限、计划、人，简称"5P"。对于创业团队来说，更要明确这些要素，以加强企业的凝聚力和抗风险能力。

1. 目标（Purpose）

人们日常学习、生活、工作都有小团体，每个团体都有目标，创业团队也不例外，它可以被看成一个特殊的项目团队。创业目标使人们明白为什么要建立团队及希望通过它达到什么样的目的，为团队成员导航，知道要向何处进发。团队的目标一定要具体化，不能仅凭一个好的创意而冲动创业。如果没有目标，这个团队就没有存在的价值。

2. 定位（Place）

团队的定位，若让来自不同领域的人真正成为更具合作性的团队伙伴，就要打破传统定位的惯性思维。具体来说，包含以下两个层次：

（1）团队层次定位。确定创业团队在企业中处于什么位置，由谁选择和决定团队的成员，团队最终应对谁负责，采取何种措施激励团队成员等。

（2）成员层次定位。即确定成员在创业团队中扮演的具体角色，将他们安置到创业组织中，使人尽其才，在其位、谋其政、尽其用。

3. 权限（Power）

创业团队的工作范围涵盖企业活动的各个领域，且影响新创企业的现状和未来的成败，所以，创业团队的权限往往比较大，这就更加要求创业团队成员的权限一定要明确。团队当中领导人的权力大小与团队的发展阶段相关。一般来说，团队越成熟，领导者所拥有的权力相应越小。而在团队发展的初期阶段领导权是相对比较集中的。但一定要避免权限的重叠和交叉，确保成员之间顺畅地沟通与协调。

4. 计划（Plan）

计划关系到目标最终的实现。确定职责和权限之后，需要一系列具体的行动方案，明确成员之间如何进行有效的分工合作，可以将计划理解成目标的具体工作程序。创业团队的计划与创业计划不同，它包括创业团队的领导和公司规模、领导职位设立的方式、团队领导者和各成员的职责与权限等内容。在计划制订前应在创业团队各成员之间开展广泛的讨论，才能保证后期的顺利实施。

5. 人（People）

人是构成团队要素中最核心的力量，创业能否获得成功最终还是取决于人员本身。两个及两个以上的人就可以构成团队。目标是通过人员具体实现的，所以初创时期非常重要的一项工作就是选择和确定团队人员。在选择人时，要认真细致地从多方面考察候选人，内容大致包括候选人的技能、学识、经验和才干。更重要的是，以上这些要素尽量符合团队的目标、定位、职权和计划要求。一个优秀的创业团队不仅是多名优秀的人的简单集合，更是能够产生协同作用的人员的合理搭配。在一个团队中，成员各司其职。创业团队成员之间既要注重知识与能力的匹配，又要关注价值的统一。

（二）创业团队的作用

1. 创业团队可以吸引投资家的目光

创业团队通常包括创业企业的创业经理人或创业企业家和其他专业人员及给企业提供指导和帮助的其他关键人物。一个好的团队不仅对于创业企业的成功具有重要影响，而且会吸引更多风险投资家的目光。风险投资家十分看重创业团队及其团队成员的素质，这些潜在投资者的态度十分明确，他们认为创业企业的管理质量是他们决定在一个新企业投资与否的唯一重要因素，而企业的管理质量取决于创业团队的素质。创业企业有了风险资金的投入，企业生存率会大大提高。

创业团队对创业成功的重要作用已得到风险投资家的广泛认同。在美国，有风险投资支持的企业成活率比全国企业成活率的平均水平要高，而且投资回报也高。一项对 20 世纪 60 年代创立的高技术企业的研究指出，年销售额达 500 万美元或更多的高成长公司中的 83.3% 是由团队创立的，而夭折的公司中只有 53.8% 拥有几个创业者。这种情形在一项"128 号公路 100 个企业"的研究中表现得更为明显。该项研究的对象是美国波士顿地区沿 128 号公路构成新企业群的顶级 100 个企业。这些企业中的典型是，已有 5 年历史的企业年销售额平均是 1 000 万美元。有 10 年历史的企业是 4 900 万美元。通常是企业越成熟，销售额越高。研究发现，其中 70% 的企业有多个发起人。在几个企业中，实际上 83% 有 3～4 个发起人，17% 的企业有 4 个或更多的发起人，9% 的企业有 5 个或更多发起人。

不仅拥有团队是重要的，而且团队的素质也同样重要。正因为如此，风险投资者在帮助组建和重组管理团队中已变得更加积极。一项研究表明，在 20 世纪 80 年代风险投资业繁荣期，这种趋势十分明显，这与 20 世纪 70 年代的做法形成鲜明对比，那时风险投资者并不积极参与管理团队的组建。

因此，合适的合伙人作为团队成员在一个新创企业中可以充当一个重要的角色。另外，不断上升的证据表明创业者面临孤独、紧张和其他压力。发现合适的合伙人至少可以有缓解压力的作用。关键是确认合适的合伙人并与之共事。找到合适的合伙人并与这个团队成功地合作通常涉及预料和处理某些非常重要的问题与障碍，既不能太早也不能太晚。

2. 没有完美的个人，只有完美的创业团队

喜欢篮球的朋友通常都会收看美国 NBA 的比赛，人们发现任何一个夺得年度总冠军的球队，都是一支完美的团队，尽管每场比赛都有一个人曾有完美的发挥，但指望一个人每场比赛都发挥完美是不可能的，所以，总是不同的球员在不同的场次中出色发挥，最终形成团队的完美发挥，才成就了诸多 NBA 球队的总冠军梦。因此，在篮球这个项目中，美国梦幻球队总是赢得金牌。为什么梦幻球队在奥运篮球比赛中总是得金牌？理由只有一个，就是他们拥有全世界最好的、最优秀的球员。

假设把我们的公司或企业想象成一个梦幻球队，作为老板要负责选择人才，让这个团队趋近完善。毕竟世界上没有完美的个人，只有完美的团队。

优秀的创业者总是相信团队合作能产生奇迹，并且总是致力于去创造团队合作的奇迹。他们总是能自觉地找到自己在团体中的位置，能自觉地服从团体运作的需要，他们把团体的成功看作发挥个人才能的目标。他们是一个个充满合作激情，能够克制自我、与同事共创辉煌的人。在自然界中，有精彩的团队合作案例，例如，每年秋天，大雁都会从寒冷的北半球飞往温暖的南半球，其飞越的路程竟有 20 000 多千米。在秋天，其他的候鸟也像大雁一样南飞，但只有大雁能成功地飞越千山万水。为什么会这样呢？事实上，每只单个的大雁是飞不到南半球的。大雁的生理条件远远不如其他候鸟。可是它们是怎样到达目的地的呢？原来大雁们是通过团队合作来实现的。大雁在天空飞翔时，处在领头位置的大雁会承担很大的气流阻力，后面位置的大雁按照"人"字形排列，可以形成局部真空，大大减少气流的阻力，节省体力。科学家发现，大雁以这种形式飞行，要比单独飞行多出 12% 的距离。过一段时间后，领头大雁会排到后面，由另一只大雁接替它带头领飞。这样，大雁们通过交替领飞来节省体力，共同飞向目的地。在晚间休息的时候，大雁们则轮流放哨，维护大家的安全。原来大雁是通过团队合作来克服自然界的一切困难的。

对于创业企业来说，团队的重要性日益凸显。最新的一些研究表明，一个好的创业团队对创业是否能够成功具有决定性的作用；一个新企业的增长潜力，以及吸引私人资本和风险投资的能力，与创业团队的素质之间呈现很强的正比例关系。无论是一个年富力强的创业者、足智多谋的创业经理人还是英明果断的创业企业家，都应该在企业创建一开始就组建一支强有力的团队，毕竟个人的才能总是有限的，都需要别人的经验和能力的补充。一个优秀的创业团队意味着有较好的发展潜力，也蕴含着有对潜在的投资者较高的吸引力。

3. 集体的智慧是无穷的

一家创业企业是否拥有较高的发展潜力，最重要的一点就是企业是否拥有一支高素质的创业团队。一个喜欢独立奋斗的创业者固然可以谋生，然而一个创业团队的营造者却能够创建一个好的企业。没有团队的创业企业也许并不一定会失败，但是要建立一家没有团队却具有很高成长潜力的创业企业是很困难的，甚至是不可能的。

一个高素质管理团队的存在是一个私人企业与一个高成长企业的区别之一，前者提供给创业者的只是一种工作替代和可能雇佣几个家庭成员及其他人的能力。这个孤军奋战的创业者仅仅可以谋生，但团队建立者要创建一个组织和一个公司，在这家公司中产生巨大的价值和收获。

在企业的创业过程中，创业者经常面临各种各样的压力，有时会感到孤独，有时会遇到这样那样的问题，而这些压力、孤独和问题经常会超出了创业者独自承担的界限，所以必然要求有合适的人来分担压力、消除孤独、解决问题。因此，合适的团队成员在创业企业的发展过程中能够起到积极的作用，这些团队成员在一起不仅能够减轻相互之间的创业压力，排解创业路上的孤独，而且有助于促进对创业企业发展进程中各种深层次问题的思考。中国有句俗语，"三个臭皮匠顶个诸葛亮"，讲的正是这个道理。

另外，一支好的创业团队比一个企业家更能够增强创业企业的优势，因为一个创业企业如果只有唯一的一个创业企业家，他将是这个创业企业人才核心的唯一的代名词，那么他的离开将会对这个创业企业产生破坏性的影响，甚至可能导致企业的倒闭。而创业团队往往拥有各种不同专业知识和不同实践经验的人才，每个成员都只能够满足创业企业对某种方面的需求，某个团队成员的离开对创业企业产生的影响就不会那么大，所以一个创业团队的存在，能够保证创业企业管理的连续性。

再者，一支强有力的创业团队能够使创业企业的理念得到充分发挥，俗话说"众人划桨开大船"，集体的智慧是无穷的，一支好的创业团队，它的团队成员会努力从各个不同角度、不同方面去诠释企业的理念，使企业的员工、顾客、潜在投资者、银行家等能够更好地理解企业的发展理念，从而把大家的力量积聚起来，共同为企业的发展服务。

三、成功创业团队的特征

一支好的创业团队对于创业企业的成功起着举足轻重的作用，创业企业的发展潜力与创业团队的素质之间具有十分紧密的联系。对于任何一个有发展后劲的创业企业而言，无论是创业者、创业经理人还是创业企业家，他们的个人才能总是有限的，都需要其他人的经验和能力的补充。一个年富力强、足智多谋、英明果断的创业企业的领导者，会在企业创建一开始就组建一支强有力的团队。一支强有力的创业团队，对于那些潜在的投资者来讲具有很大的吸引力。

一个创业企业是否拥有较高的发展潜力，很重要的一点就是企业是否拥有一支高素质的创业团队。一个喜欢独立奋斗的创业者固然可以谋生，然而一个创业团队的营造者却能够创建一个好的企业，一个能够创造重要价值并有收益选择权的企业。没有团队的创业企业也许并不一定会失败，但是要建立一个没有团队却具有很高成长潜力的创业企业是很困难的，甚至是不可能的。

一支优秀的创业团队需要一个集教育背景和管理经验于一身的创业经理人或创业企业家。因为创业企业家在评价一个关键管理人员的资历时，需要能够十分清楚地判断他们是否具有相关企业的工作经验，他们的工作经验是否包括管理经验，他们是否曾经是企业家。一个好的创业团队所需要的所有成员不都是全才，关键的问题是团队成员相关知识和管理经验的平衡，例如，有的具有很好的财务专长，有的具有很深的市场营销背景，有的能够有效地对雇员进行监督管理等。因此，一个好的创业团队成员之间要有很强的互补性。

创业者的创业理念和创业态度是创业企业实现未来发展目标的关键。一个创业企业的创始人必须将企业努力想达到的目标和企业中一些不成文的行动准则与创业者本身的创业理念和创业态度联系起来。创业理念和创业态度是指导创业团队成员之间如何精诚合作、荣辱与共，使创业企业获得成功的基础。一个优秀的创业者所具有的能够取得团队成员认同并不断地向团队成员灌输的团队理念和团队态度，对创业团队的建设发挥着重要的作用。这些促使创业企业走向成功的团队理念和团队态度虽然各不相同，但是也有共同之处，这些共同点也就是优秀创业团队的特征。

1. 团队的敬业精神

对于创业企业而言，团队成员的敬业精神是企业兴衰成败的主要因素。一个有着敬业精神的创业团队，其成员就会朝着企业的长远目标努力，就会都非常热爱自己的企业，为了企业的长远发展，他们愿意牺牲个人的一切，有时甚至是生命。在企业内部，团队成员互相之间都会严格遵守企业的行为准则，爱护企业的一草一木，团队成员都尽职尽责。在他们眼里，企业的发展与每个人的利益息息相关，企业的发展进程是一场能够持续五年、十年甚至更长时间的体育竞赛，每个队员都会深受鼓舞，都能够在其中不断奋斗直到取得最后的胜利。在企业外部，无论是顾客、潜在投资者，还是企业现在的合伙人，对团队成员爱岗敬业、无私奉献的精神都十分钦佩，都为创业团队的敬业精神所感动、折服，都愿意为企业的长期发展继续贡献力量。

2. 团队的凝聚力

任何一支优秀的创业团队都有很强的凝聚力，这种凝聚力使所有的团队成员紧紧地团结在一起，无论是企业发展最辉煌的时候，还是企业发展遇到最大挫折的时候，这个创业团队中的每个成员都能十分清醒地认识到，企业的这种凝聚力是一股紧密联系而又缺一不可的力量。正是凝聚力使所有团队成员紧紧地团结在一起，从而最大限度地发挥出自己的作用，促使组织目标的实现，形成组织发展的强大的生命力。团队成员之间的相互理解和团结协作，在企业发展过程中非常重要，一个具有发展潜力的企业一定会拥有一支能够协同合作的创业队伍，而不仅仅是一两名杰出的企业家或管理者。拥有正确团队理念的成员相信他们处在一个命运共同体中，共享收益，共担风险。优秀的创业团队往往注重成员之间的相互配合，提高团队的整体效率，而且通过彼此之间的合作来发展团队成员之间的友谊，扩大团队成员的合作基础。团队并非简单的几个人的集合，它是由一群有共同理想、能同甘共苦的人组合在一起的。在这个组合中，他们知道，只有企业整体获得了成功，才能使企业中的每位成员都获益，企业中的任何个人都不可能撇开企业的整体利益而单独获得什么利益；同样，团队中任何一名成员的损失也将会对整个企业的利益造成损失，进而影响到每位成员的利益。因此。团队的所有成员只有拧成一股绳，心往一处想，劲往一处使，将每名团队成员的力量内化成整个企业的凝聚力，企业才会有发展潜力，才会有强大的生命力。

3. 团队的合作精神

尽管许多企业家都认识到如果团队成员具有多种专长将有利于形成一个互补性很强的团队，这对企业的未来发展很有必要，但是，企业家在选择团队成员时通常会寻求符合自己个性和管理风格的成员，因为他们知道团队成员之间的相互忍让和团结协作在企业的未来发展过程中显得更为重要。一个具有发展潜力的企业一定会拥有一支能够整体协同合作的创业团队，而不仅仅只有一两名杰出的企业家或管理者。那些优秀的创业团队注重成员之间的相互配合，提高团队的整体效率，在整个团队成员中培养核心人物，通过合理的奖酬制度对企业员工进行有效的激励。可以说，合作精神是企业发展的关键，创业企业要在企业的工作实践中不断加深团队成员之间的友谊、扩大团队成员合作的基础。只有团队成员之间精诚合作，企业才会形成合力，才会有发展后劲。

4. 团队的公正性

创业者或创业企业家作为创业团队的领袖，在处理企业发展进程中的所有问题时都必须保持公正，这种公正有利于在企业中形成一种良性的竞争机制。有了公正性，团队成员的工作质量才会有保证；有了公正性，企业员工的身心健康才会像企业的利润一样受到企业领导者的关注。在创业企业里，既不能搞完全的民主主义，也不能搞盲目的平均主义，必须实行公平竞争。企业领导者应该关注如何选定能胜任关键工作的适当人选，关注这些关键工作的岗位职责。一个创业企业家，是负责制定创业企业的基本行动准则、决定创业企业的发展环境和企业文化的关键人物，他的一言一行、一举一动是否能够保证"公正的权威性"，关系到团队成员积极性的发挥，关系到创业企业发展的后劲。特别是当创业企业收获时，一定要公平公正地分配所获得的利益。创业企业家对关键员工的奖酬、股权计划的设计都应该与个人在一段时期内的贡献、工作业绩和工作成果联系。由于贡献的大小在事前只能做估计，而且意外和不公平的情况往往在所难免，因此，创业企业家必须随时做相应的增减调整，力争在企业内部营造一种有利于公平竞争的良好环境，形成一种公平竞争的良性发展机制。

5. 团队的共同目标

目标在团队组建过程中具有特殊的价值。首先，目标是一种有效的激励因素。如果一个人看清了团队的未来发展目标，并认为随着团队目标的实现，自己可以从中分享到很多的利益，那么他就会把这个目标当成是自己的目标，并为实现这个目标而奋斗。从这个意义上讲，共同的未来目标是创业团队克服困难，取得胜利的动力。其次，目标是一种有效的协调因素。团队中各种角色的个性、能力有所不同，只有"步调一致才能得胜利"。创业团队对所要达到的目标有清楚的了解，并坚信这一目标包含重大意义和价值，这样建立在愿景之上的共同目标，既能使团队成员为之振奋而又切实可行，又能激励团队成员把个人目标升华到企业目标中去。在创业团队中，每个成员清楚企业希望他们做什么工作，以及他们怎样共同工作以完成任务，才能步调一致，达成目标。

一支好的创业团队一定要有一个共同的目标，一个能够令所有团队成员都为之振奋而又切实可行的目标。为了这个目标，团队的所有成员都会全心致力于企业价值的创造，通过各种不同的途径想办法把创业企业这块蛋糕做大做好，从而使所有的员工都能获利。这个目标绝对不能是以功利主义为目的，仅仅为了团队创始人或团队部分成员的利益，狭隘地从个人或部门需求的角度来衡量。创业团队的共同目标还应着眼于为企业的顾客提供更多的价值，帮助企业的供应商等也能从团队的成功中分享价值，使团队的所有投资者、支持者及企业的持股人获得更大的收益。如果团队的目标能够成为企业创始人、投资者、顾客、供应商、商业银行代表等共同的目标，那么在实现这个目标的过程中，创业团队就能够得到更多的来自各方面的支持，这种支持在企业处于困难时期时显得更为重要。团队成员立足于企业长期利益和目标的实现，正确平衡和处理长期利益与短期利益的关系，反对用牺牲长远利益的办法来换取短期利益。尤其在创业之初，每位成员均了解企业在成功之前将会面临一段艰苦的挑战，团队成员要发扬艰苦奋斗精神，不计较眼前的短期薪金、福利、津贴，不会因为一时利益或困难而退出。拥有正确团队理念的成员相信他们正在为企业的长远利益工作，正在成就一番事业，而不是把企业当作一个快速致富的工具，他们追求的是最终的资本回报及带来的成就感，而不是当前的收入水平、地位和待遇。团队中的每个成员都必须认识到他们是一股紧密联系而又缺一不可的力量，坚信"唯有公司整体的成功才能使其中所有的人都获益"。除此之外，任何成员都不可能撇开公司的整体利益而单独获益，反之亦然，团队中任何一个成员的损失也将对整个公司的利益造成损失，从而影响每位成员的利益。

四、创业团队与一般团队的区别

创业团队有别于一般团队，表现在以下五个方面。

1. 团队的目的不同

初创时期的创业团队建设的目的是成功地创办新企业，随着企业成长，创业团队可能会发生成员的变化，新组建的高管团队是创业团队的延续，其目的是发展原来的企业或开拓新的事业领域。然而，一般团队的组建只是为了解决某类或某种特定问题。

2. 团队关注的视角不同

创业团队成员关注的往往是企业全局性的、战略性的决策问题，而一般团队成员只关注战术性或执行层面的问题。

3. 团队成员的权益分享不同

创业团队成员往往拥有公司股份，以便团队成员负有更高的责任，而一般团队未必要求成员拥有股份。

4. 团队成员的职位层级不同

创业团队的成员往往处在企业高层管理的位置，对企业重大问题产生影响，其决策甚至关系到企业的存亡。而一般团队的成员往往是由一群能解决特定问题的专家组成的，其绝大多数也并不处于企业高层位置。

5. 成员对团队的组织承诺不同

创业团队成员对公司有一种浓厚的情感，其连续性承诺（由于成员对组织投入而产生的一种机会成本，足以让成员不离开组织的倾向）、情感性承诺（个体对组织的认同感）和规范性承诺（个人受社会规范影响而不离开组织的倾向）都较高，而一般团队其成员的组织承诺则并不高。

大学生创业团队应该具有较强的资源整合能力，能通过团队成员之间的技能互补来提高驾驭环境不确定性的能力，从而降低新创企业的经营风险，增加创业成功的概率。

五、创业团队的社会责任

1. 法律责任

现实中，不少企业存在着一些问题，如劳动合同的不尽完善；工时和加班问题没有很好地解决——有的大企业，虽然不直接要求员工加班，但隐性加班也比较常见；有的企业生产安全、职业健康问题时有发生，这样许多问题存在的企业，即便管理者经常有捐赠的义举，也很难说真正全面履行了社会责任。创业团队应时时刻刻树立自觉守法的意识，保持对法律的尊重和敬畏，勇于承担责任。

2. 公益责任

襄助弱势群体，扶持公益事业。这当然属于较高层次的责任，需要企业家具有一定的精神境界。但是，这些义举之所以能够落到实处，事实上还是依赖企业家拥有的财富资源。

在本源的意义上，企业家的财富增长与从事慈善行为并不相悖。合法的财富增长本身就是对社会的一种回报，就是对社会责任的一种履行。一个即将破产的企业是不可能谈及捐赠问题的；一个被经营问题搅得筋疲力尽的企业是没有心思从事慈善事业的。社会责任从来不需要夸大，也不能回避。

3. 经济责任

创业团队需要办好自己的企业，发展经济，使股东的投资获得回报，使雇员获得真正公正的雇佣条件，使消费者能够用合理的价格获得更高质量的产品，为解放和发展社会生产力，为增强社会主义国家综合国力和巩固社会主义政权，为提高人民群众的生活水平，作出自己的贡献。只有当每个人包括企业家都能够自觉地为建设经济社会顺利发展、人际关系诚信友爱、国家制度法纪严明、公益慈善事业完善、社会环境安定有序的社会环境而努力的时候，这样的社会环境，这样的和谐社会，才会变成活生生的现实。

经济责任是其他社会责任的基础。做好企业的标准是利润，所以，企业家追求利润的最大化并不是利欲熏心，而是在履行着自己的社会责任。市场经济是一个法制经济，也是一个讲道德的经济。企业家遵纪守法，追求利润的过程与他们实现社会责任的过程是完全一致的。企业家只有提供更多更好的产品和劳务才能实现利润最大化。这些产品与劳务满足了社会的需求，增加了社会财富，实现了社会责任；利润增加了，企业扩大了，提供的就业机会增加了，向政府缴纳的税收也增加了，也就实现了社会责任；追求利润与社会责任是统一的，那些自己致富，又促进了经济发展，增加了社会财富，带动其他人致富的企业家就是承担了最大社会责任的企业家。

任务二　组建创业团队

一、创业团队的组建原则与成员选择

（一）创业团队的组建原则

现在的世界联系紧密，文化多元，思维全球化。在这样的环境中，如果只从相似的人中寻找支持，不太可能成功。针对初创企业，团队的组建原则如下。

1. 价值观相同原则

没有相同的价值观，很难保证一个团队可以共同度过创业初期的艰难和坎坷，也很难共同分享成功的喜悦和成果。所谓价值观，是指一个人对周围的人或客观事物的意义、重要性的概括总结或评价。价值观存在于人的潜意识里，一般不易从表面看出来，但是人的价值观一旦形成很难改变。所以，我们在组建团队时就要选择价值观相同的人，而不要去试图改变某一个人的价值观来强求一致，否则到最后会发现这一切都是徒劳的。团队成员有一个共同的目标、相同的价值观是特别重要的，也是首要考虑的因素，是组建团队最重要的因素。

2. 目标明确原则

目标必须明确，这样才能使团队成员清楚地认识到共同的奋斗方向是什么。与此同时，目标也必须是合理的、切实可行的，这样才能真正达到激励的目的。

3. 精减高效原则

为了减少创业初期的运作成本，最大比例地分享成果，创业团队人员构成应在保证企业能高效运作的前提下尽量精减。

4. 协作互补原则

创业者之所以寻求团队合作，其目的就是弥补创业目标与自身能力间的差距。只有当团队成员相互间在背景、知识、技能、经验等方面实现互补时，才有可能通过相互协作发挥出更大的协同效应。

5. 动态开放原则

创业是一个充满了不确定性的过程，团队中可能因为能力、观念等多种原因不断有人在离开，同时也有人在要求加入。因此，在组建创业团队时，应注意保持团队的动态性和开放性，使真正完美匹配的人员能被吸纳到创业团队中。

(二) 创业团队成员的"四个了解"

1. 了解创业团队成员加入的目的

马斯洛的需求层次论将人的需求大体上分为五个层次，即生理的需要、安全的需要、社交的需要、尊重的需要、自我实现的需要。团队成员是基于哪个层次的需要而加入团队，对其在组织中的行为方式起着决定性的作用。对于一个目前还缺乏生活保障的人来说，他可能更加注重的是组织的获利能力，这可能导致企业以短期逐利为目的。而对基于自我实现需要的成员来说，他可能更注重企业的长远发展，目的是充分发挥自己的能力，实现自己的抱负。

2. 了解团队成员的知识结构

在创业团队成员的选择中，成员知识结构越合理互补，创业越容易成功。纯粹技术人员组成的公司容易形成技术为王、产品导向的情况，产品的研发有可能会与市场需求脱节。而全部是市场和销售人员组成的创业团队由于缺乏对技术的领悟力和敏感性，也会迷失方向。因而，在团队成员的选择上，必须全面考虑人员的知识结构、技术、管理、市场、销售等各个环节，并充分发挥个人的优势。

3. 了解团队成员的性格、个性和兴趣

团队成员的性格特征、个性倾向和兴趣爱好等都会影响团队的稳定性。在创业起始阶段，成员之间同甘共苦，共同奋斗，性格、个性和兴趣上的差异与处理问题的不同态度很容易被掩盖，而企业发展到某个阶段的时候，由于个性冲突导致的矛盾就会激化，使创业团队出现裂痕，甚至导致团队分裂。

4. 了解团队成员的价值观念

团队成员的价值观念和道德品质决定了今后企业文化的形成。有人以诚信为本，有人

认可利益至上；有人具有极强的社会责任感，有人独善其身。企业创始人不同的价值观念和道德品质其实就是企业文化的最初源头。选择团队成员时，必须对其有深入了解，观念相近、个人素质较高的人一起组成团队，这样创业成功的可能性更大。

知识拓展：公司起步时的员工管理

（三）创业团队"不可或缺"的成员

没有团队的创业并不一定会失败，但要创建一个没有团队而具有高成长性的企业却极其困难。

英国学者贝尔宾曾经考察过1 000多支团队，最后提出了"九种角色"论，即成功的团队必须包含九种不同角色的人。这九种角色如下。

（1）将思想语言转化为行动的实干者。

（2）促进决策实施的推进者。

（3）强调任务的时效性并完成任务的完美主义者。

（4）分析问题与看法并评估别人贡献的监督者。

（5）具有专业技能和知识的专家。

（6）给予个人支持并帮助他人的凝聚者。

（7）提出创新观点并做出决策的创新者。

（8）将目标分类，进行角色、责任与义务分配的协调者。

（9）引进信息与外部谈判的联络者。

1. 创业团队的组成成员

创业要找最合适的人，不一定要找最成功的人。创业团队一般由两个或两个以上的成员组成。在团队组建时，需要根据团队类型及结构物色成员，实行分工协作。一般来说，创业团队由战略管理者、技术主管、生产主管、营销主管和财务主管等组成。在创业初期，成员较少的情况下，不需要过多能力一样的成员，这是一种成本的浪费。所以，要跨领域、跨学校、跨专业、跨能力、跨资源、跨性格，多渠道寻找合适的团队成员。

创业团队一般需要以下组成成员：

（1）技术主管。技术主管是为团队提供技术支持的人，主要负责技术研发、引进。技术主管需要具备较高的科研开发能力、善于发现和跟踪科技发展的新动向、将科学技术迅速转化为生产力三种素质。

（2）生产主管。生产主管是生产活动的组织者，管理团队的生产过程。生产主管需要有丰富的管理经验、超群的工艺技术，以及现场组织、指挥、协调和控制能力。

（3）营销主管。营销主管负责产品销售的管理。营销主管需要有高度的市场敏感性，善于沟通和交流。

（4）财务主管。财务主管是财务活动的组织者，负责资金的运作和管理。财务主管需要有财务会计的专业知识，善于低成本高效益地使用资金，工作细致，遵纪守法。当然，也要看企业规模大小，在创业之初，规模小、业务少的企业，完全可以自己担当财务工作。

（5）战略管理者。战略管理者是创业团队的带头人，引导团队的创业行为，为团队设计创业路线、行为方式、行动步骤。战略管理者需要有战略眼光，有较强的创业意识和团队意识，有创新能力和凝聚能力，以及具有高度理性的思维和行动力。

2. 创业团队不可或缺的成员

（1）激情四射的成员。

（2）战略意识强的成员。

（3）沟通力强的成员。

（4）执行力强的成员。

（5）坚毅勇敢的成员。

（6）不同思维方式的成员。

（7）凝聚力强的成员。

（8）思维缜密的成员。

每个成员的脸上都没有标签，成员的性格也是复杂多变的，这就需要创业管理者去认真分析、细心挑选。具体团队成员需要几个？都是什么样的？这需要结合企业创业阶段和企业当下实际情况而定。

二、创业团队的组织形式与组织架构

（一）创业团队的组织形式

组建创业团队的形式主要有合伙制、公司制两种。

1. 合伙制

合伙制由合伙人订立合伙协议，共同出资、合伙经营、共享收益、共担风险，并对债务承担无限连带责任。创业团队采取合伙制是一种过渡型创业模式，有利于将创业中的激励机制与约束机制有机结合起来。合伙人执行合伙企业事务，有全体合伙人共同执行合伙企业事务和委托一名或数名合伙人执行合伙企业事务两种形式。这种创业模式比较自由灵活，启动资金少，创业者可抓住消费群体特点来确定行业，降低了创业风险。

2. 公司制

公司制是采取设立有限责任公司或股份有限公司的形式组建创业团队，运用公司的运作机制及形式进行创业。公司制能有效集中资金进行投资活动，以自有资本进行投资有利于控制风险；投资收益可以根据自身发展需要，做必要扣除和提留后再进行分配；随着业务的快速发展，可以申请进行改制上市，使投资者的股份可以公开转让而以所得资金用于循环投资。

（二）创业团队的组织架构

对于创业企业而言，可以选择的企业组织结构主要有职能型、动态网络型、直线型、直线职能型组织结构。

1. 职能型组织结构

在职能型组织结构中，除主管负责人外，企业将会从上到下按照相同的职能将各种活动组织起来设立一些职能机构，主管负责人会把相应的管理职责和权力交给这些相关的职能机构，即各职能机构在自己业务范围内可以向下级行政单位发号施令。因此，下级行政负责人除接受上级行政主管人指挥外，还必须接受上级各职能机构的领导。

2. 动态网络型组织结构

动态网络型组织结构是依靠其他组织以合同为基础进行制造、分销、营销或其他关键业务的经营活动的结构，是当前十分流行的一种新的组织设计形式，使管理层对于新技术或来自海外的低成本竞争能具有更大的适应性和应变能力。

3. 直线型组织结构

直线型组织结构没有职能机构，最高级管理者直接管理若干个作业人员，整个组织形式如同直线，纵向领导和集权。

4. 直线职能型组织结构

直线职能型组织结构又称为"U形组织""简单结构""单一职能型结构""单元结构"。该组织结构将企业管理机构和人员分为两类：一类是职能机构和人员按专业化原则，从事组织和各项职能管理工作，作为直线指挥的人员，只能进行业务指导，不能对直接部门发号施令；另一类是直线领导机构和人员，按统一指挥原则对各级组织行使指挥权，其在自己的职责范围内有一定的决定权和对所属下级的指挥权，并对自己部门的工作负全部责任。

各种企业组织结构的优点、缺点和适用性见表4-1。

表4-1　各种企业组织结构的优点、缺点和适用性

企业组织结构	优点	缺点	适用性
直线型	结构简单，责权明确，决策集中迅速，内部容易协调	对经营者要求高，要求经营者不仅要具备全面的业务知识和管理能力，还要能够直接管理各项事务	是一种最简单的高度集权式的组织结构形式，较适合处于创业初级阶段的小企业
动态网络型	动态网络型组织结构极大地提升了企业的经济效益，实现质的飞跃（1）降低管理成本，提高管理效率（2）实现企业全世界范围内供应链与销售环节的网络型组织结构整合（3）简化了机构和管理层次，实现了企业充分授权式的管理	（1）可控性差。这种组织的有效动作是通过与独立供应商的广泛而密切的合作实现的，这也相应地增加了一定的风险，如果组织所依存的外部资源出现诸如质量问题、提价问题、不能及时交货问题等，组织就会陷入十分不利的被动局面。（2）网络组织还要求建立较高的组织文化以保持组织的凝聚力，但由于项目本身是临时的，也就意味着员工不是固定的，所以员工对组织的忠诚度也比较低	较适合于玩具和服装制造公司，也适合于那些制造活动需要低廉劳动力的公司
直线职能型	具备直线型和职能型的优点。既保证了集中统一的指挥，又能发挥各专家业务管理的作用	各职能机构自成体系，不重视信息的横向沟通，工作易重复，导致效率不高。若授权职能部门权力过大，容易干扰直线指挥命令系统。职能部门缺乏弹性，对环境变化的反应迟钝，可能会增加管理费用	对产品单　、销量大、决策信息少的企业非常有效

续表

企业组织结构	优点	缺点	适用性
职能型	有助于减轻经营者负担，实现专业化管理	管理费用高，统一指挥困难，权力分散且职责不清	较适合于产品和技术都较为稳定的中小企业

三、创业团队的组建方法与组建步骤

（一）创业团队的组建方法

1. 做高效创业团队领导者

创业团队中带头人的作用更加重要，创业者的能力决定了团队的核心竞争力，带头人正如大海航行中的舵手，指引着创业团队的方向。创业初期的困难和挫折是不可避免的，核心人物不仅要解决各种矛盾与困难，更重要的是作为团队成员的精神支柱，要不断地鼓舞他们的斗志，调整他们的心态。

2. 树立正确的团队理念

（1）凝聚力。拥有正确团队理念的成员相信他们处在一个命运共同体中，共享收益，共担风险。

（2）诚实正直。这是有利于顾客、公司和价值创造的行为准则。

（3）相似的价值观。拥有相似的价值观比较容易获得一致的行为方式。

（4）共同的愿景。只有拥有共同的愿景，团队成员才会有奋斗目标和战胜困难的勇气，才会为顾客增加价值，使供应商随着团队成功而获益，为团队的所有支持者和各种利益相关者谋利。

3. 确立明确的团队发展目标

目标是一种有效的激励因素，如果一个人看清了团队的未来发展目标，并认为随着团队目标的实现，自己可以从中分享到很多的利益，那么他就会把这个目标当成是自己的目标，并为实现这个目标而奋斗。

4. 建立责、权、利统一的团队管理机制

（1）创业团队内部需要妥善处理各种权力和利益关系，团队要确定谁适合于从事何种关键任务和谁对关键任务承担什么责任，以使能力和责任的重复最小化。

（2）善于处理创业团队内部的利益关系。每个团队成员所看重的并不一致，这取决于其个人的价值观，有些人求的是长远的资本收益，而另一些人不想考虑那么远，只关心短期收入和职业安全。

5. 制定创业团队的管理规则

要处理好团队成员之间的权力和利益关系，创业团队必须制定相关的管理规则。

（1）治理层面的规则，主要解决剩余索取权和剩余控制权问题，关键是明确合伙关系与雇佣关系。在合伙关系下大家都是老板，大家说了算；而在雇佣关系下只有一个老板，一个人说了算。

（2）文化层面的管理规则，主要解决企业的价值认同问题。

（3）管理层面的规则，主要解决指挥管理权问题。

（二）创业团队的组建步骤

创业团队的组建是一个复杂的过程，不同类型的创业项目所需的团队往往不同，创建步骤也不完全相同。概括来讲，组建创业团队要完成以下工作。

1. 明确创业目标

创业团队的总目标就是要通过完成创业阶段的技术、市场、规划、组织、管理等各项工作，实现企业从无到有，从起步到成熟。总目标确定之后，为了推动团队最终实现创业目标，再将总目标加以分解，设定若干可行的、阶段性的子目标。

2. 制订创业计划

在确定了一个个阶段性子目标及总目标之后，紧接着就要研究如何实现这些目标，这就需要制订周密的创业计划。创业计划是在对创业目标进行具体分解的基础上，以团队为整体来考虑的计划。创业计划确定了在不同的创业阶段需要完成的阶段性任务，通过逐步实现这些阶段性子目标来最终实现总目标。

3. 招募合适的人员

招募合适的人员是创业团队组建最关键的工作。具体可参见前面关于创业团队成员选择的部分。

4. 职权划分

为了保证团队成员执行创业计划，顺利开展各项工作，必须预先在团队内部进行职权的划分。创业团队的职权划分就是根据执行创业计划的需要，具体确定每个成员所要担负的职责及相应所享有的权限。团队成员之间职权的划分必须明确，既要避免职权的重叠和交叉，也要避免无人承担造成工作上的疏漏。由于处在创业过程中，团队成员可能不断进行更新，创业团队成员的职权也应根据需要不断进行调整。

5. 构建创业团队制度体系

创业团队制度体系体现了创业团队对成员的控制和激励，主要包括了团队的各种约束制度和各种激励制度。

一方面，创业团队通过各种约束制度指导其成员避免做出不利于团队发展的行为，实现对其成员进行有效约束，保证团队的稳定秩序；另一方面，创业团队要实现高效运作，必须有有效的激励机制（主要包括利益分配方案、奖惩制度、考核标准、激励措施等），使团队成员能看到随着创业目标的实现，其自身利益将会得到怎样的改变，从而达到充分调动成员的积极性，最大限度发挥团队成员作用的目的。

要实现有效的激励，首先就必须把成员的收益模式界定清楚，尤其是关于股权、奖惩等与团队成员利益密切相关的事宜。需要注意的是，创业团队的各种规章制度应以规范化的书面形式确定下来，以免带来不必要的混乱。

6. 团队的调整融合

完美组合的创业团队并非创业一开始就能建立起来的，很多时候是在企业创立一定时间以后随着企业的发展逐步形成的。

随着团队的运作，团队组建时在人员匹配、制度设计、职权划分等方面的不合理之处会逐渐暴露出来，这时就需要对团队进行调整融合。由于问题的暴露需要一个过程，因此团队调整融合也应是一个动态持续的过程。在进行团队调整融合的过程中，最为重要的是要保证团队成员之间经常进行有效的沟通与协调，培养团队精神，提升团队士气。

四、创业团队领袖应具备的品质

在组建创业团队后，如何带好团队是一门艺术，是一种综合性的能力，也是许多创业团队领导者及新晋管理者面临的困扰。有时，也许领导者有很强的专业能力，但不一定具备极强的领导力，表现为不知道如何激励团队成员使他们发挥出各自的最大潜力，不知道如何整合团队从而使团队充满工作热情，不知道如何管理等。想要成为一名优秀的团队领导者，首先需要认知自己，然后知道一个团队的领袖应该具备的条件。

1. 竞争意识

在市场竞争中，创业者必须时刻分析竞争对手并且勇敢面对竞争的残酷，对于竞争者可能做出的决策，要有相应的警惕和策略。作为领导者，不仅要及时识别竞争讯息，还要带领员工闯过这些充满竞争的战场。

2. 丰富的阅历

市场销售技能、产品开发知识、领导管理才能等，在创业过程中不可或缺。如果领导者具备相关丰富的经历，则可以有效地推进企业运作。同时，还可以签约一些知名顾问，在咨询的过程中也可增加自己的创业知识和技能。

3. 沟通能力和风险管理能力

创业团队从一开始就知道他们必须对市场的走向做出预测，但意料之外的变化常常令企业措手不及，可能对市场预测出现偏差，可能遭到竞争者抢客户或挖员工。所以，领导者除捕捉市场的快速变化外，还要坚持不懈地与潜在客户和当前客户保持沟通，了解最令客户苦恼的问题，帮助员工解决亟待解决的难题，保持企业有足够的能力应对一些潜在的风险，才能使企业在激烈的市场竞争环境下站稳脚跟。

4. 亲和力和凝聚力

团队是一体的，成败是整体而非个人的，成员能够同甘共苦，经营成果能够公开且合理地分享。永远不要保持沉默，对身边的人坦诚相待、关心爱护是每位领导者最基本的能力素质之一，有助于团队形成坚强的凝聚力与一体感。

5. 增强信任

猜疑会令企业瓦解。企业破产、倒闭很重要的一个原因，就是创业团队内部不团结。

而建立和维护创业团队成员之间的信任是必做的功课。简单地说,一是要增强信任,二是要防止出现不信任。信任是一种非常脆弱的心理状态,一旦产生裂痕就很难弥合,消除不信任及其带来的影响往往要付出巨大的代价,所以,防止不信任比增强信任更加重要。

6. 眼光和智慧

一个团队,即使拥有再好的项目、再独特的创意,如果没有合适的人将它很好地付诸实践就没有任何价值,所以,在选择团队成员的时候,要有眼光。作为团队管理者,根据实际需要,进行人员的合理调配和培养,需要有激励、奖罚和考核的机制来辅助整个执行的过程,这样才能使每个成员在项目的实施过程中实现贡献最大化。这也需要团队领导者的智慧。

7. 人格魅力

一个创业团队能否有效地发挥团队精神,直接影响到创业能否成功。一个创业团队,应该相互协作,共同承担风险,但是绝对不能出现多个核心领导者,否则在决策的过程中会出现更加混乱的情况。同时,核心领导者应具备人格魅力,公司领导者的人格魅力比很多规章制度都更加有效,它像一块吸铁石一样将人心聚拢过来,也能够使团队成员时刻充满激情和创造力。

8. 胸怀博大

"领导没胸怀,企业没团队。"作为一个团队中的领导者,必须学会包容和接受,管理者需要尊重、包容团队角色的差异,不能只认可与自己性格和能力相同或相似的成员而排斥甚至打击与自己不同的成员。"心胸宽则能容,能容则众归,众归则才聚,才聚则事业胜。"作为领导者,特别是创业型公司的领导者必须有海纳百川的胸襟,这是成功的基石。

知识拓展:沟通是最重要的

人不是生来就能掌握用人之道的。要想拥有卓越的领袖才能,首先要认识到自身的缺点,并加以弥补,在不断实践中丰富经验、增长阅历。

五、创业团队组建的注意事项

1. 创业团队的制度化力度要巩固加强

不少组织在团队建设过程中过于依赖成员的主动性,过于追求团队的人情味,从而忽视纪律和制度的完善,这直接导致执行力不够。

俗话说"没有规矩,不成方圆"。规矩也就是规章制度,是人们应该遵守的,用来规范人们行为的规则、条文,它保证了良好的秩序,是各项事业成功的重要保证。制度建设是一个制定制度、执行制度并在实践中检验和完善制度的理论上没有终点的动态过程,从这个意义上讲,制度没有"最好",只有"更好"。

制度即规程,是指在一个社会组织或团体中要求其成员共同遵守并按一定程序办事的规程。一个组织或团体推行一种规章制度的诱因在于这个组织或团体期望获得最大的潜在效益，而最直接的原因则在于提高组织的协调性和管理的有效性，协调组织内各部门之间协作效果和组织与外部衔接的有效性。

加强制度建设应当进一步深化对制度功能的认识，不断加大推进工作制度化的力度。制度的功能是规范和约束行为。由于行为主体存在人性弱点、行为能力差异及行为环境的不断变化，制度规范和约束的功能指向往往侧重于消解人性弱点、增强行为能力和克服客观环境不利因素。美国经济学家康芒斯将"制度"定义为"集体行动控制个体行动"，则进一步解释了这种"规范和约束"的机理。

2. 创业团队的运作保证高绩效

创业团队角色的行为特征与团队的绩效存在较大的相关性。为了使创业团队高效运转，作为团队成员应加深对团队角色的自我认识和角色行为的理解，尤其要重点防范由角色错位而造成的角色模糊、角色冲突和角色超载3种团队角色失衡现象。角色模糊是指角色知觉能力差、角色期待不明；角色超载是指角色承担者能力有限或角色预期不合理；角色冲突是指实际团队角色和团队角色偏好不一致。

为了处理好角色错位，防止团队中角色模糊、角色冲突和角色超载现象的发生，创业团队成员首先应清楚团队和其他成员对自己的期望与要求，准确定位自己的团队角色；其次，为了使自己的态度和行为符合角色要求，要增加自己的角色知识和角色技能；最后，创业团队成员要进行角色内化，使角色行为成为自己个性特征的一部分。

3. 创业团队的组建力求角色搭配合理

在组建创业团队时，不仅要关注每个成员的知识和能力，更应该重视成员之间的角色搭配。一个好的创业团队，既需要善于交际、获取新思想的资源调查者，又需要埋头苦干、脚踏实地将企业决策付诸实践的执行者；既需要出谋划策的创新者，又需要坚定目标、精益求精地将工作落实和维护的完成者；既需要冷静谨慎、分析复杂问题的监控评估者，又需要鼓舞士气、促进合作的协作者。

在团队分工上，应使团队成员所承担的职能角色与其偏好的团队角色相匹配。在增补团队成员时，应在分析已有团队的角色组合状况的前提下，确定所需的团队角色，再通过对团队人选的角色胜任力的考察，甄选出合适的团队成员加入。

4. 创业团队的成长注重动态平衡

高效的团队应该由具有不同团队角色的合适成员组成，但由于新创企业成长中的波动性会导致创业团队存在较大的不稳定性，从而打破团队初建时期平衡的合作状态，进而影响团队绩效。因此，在创业团队的成长中，不但要注重团队的静态平衡，更要注重团队的动态平衡，当一个团队出现角色缺失时，其他成员应在条件许可的情况下，主动承担起该团队角色，增强角色弹性，使团队的角色结构从整体上趋于合理，以便更好地达成创业团队共同的绩效目标。

任务三　管理创业团队

一、创业团队的管理工作

管理创业团队是继组建创业团队之后，保证创业顺利进行的关键环节。创业团队要在制度管理的基础上多些人性化和情境管理，凝聚每位团队成员的力量，保证创业团队的稳定性并促进企业的发展。

（一）确保有效地执行

某民营企业因为经营不善导致破产，后来被另一家企业收购。厂里的员工都翘首期盼新的企业能有先进的管理方法。然而，这家企业只在财务、管理、技术等要害部门的高级管理人员中换了几个新派人员，其他根本没有任何变动——制度没变，人员没变，机器设备没变。新的管理者对原有的员工只有一个要求：把原来制定的制度和标准坚定不移地执行。结果不到一年，这家企业就扭亏为盈。由此可见，导致这家民营企业破产的根本问题就在于企业的执行力不够。

真正有效的管理者不仅要学会布置任务，作出明智的决定，同时，还要擅长使布置下去的任务和做出的决定得到贯彻执行。如何保证有效地执行呢？

1. 分解目标任务

要提高团队成员的执行力，管理者在制订目标计划时要注重科学性和可操作性，采取"派单制"和"布置作业"的方法，在下发目标和安排布置工作时向员工交代清楚，避免工作中的盲目性和随意性，从而提高执行效果。科学的执行管理机制就是对工作目标和工作计划采取"切香肠"的方法，将年度目标分解到月，月目标分解到周，周目标分解到天，各部门及时对公司目标计划进行层层分解，将目标分解落实到具体个人。

2. 明确责任人，授予绝对权力

企业的每项工作都应该确定一个具体的负责人，而且要给予该负责人足够的权力，否则任务的指派人和责任人不能够形成统一，在执行任务的过程中就会遇到重重困难。权力和责任是统一的，只有责任，没有权力，是无法完成任务的。

3. 注重反馈结果

在员工执行任务的整个过程中，企业管理者应督促员工养成自动汇报反馈的习惯。通过下属与上级的沟通，上级可以及时全面地了解任务的完成情况，当下属工作出现问题时，上级可以指导下属不断进行修正。

（二）凝聚成员的力量

现在企业间的竞争越来越激烈，这就要求创业领导者能够调动起每位团队成员的积极性，使每个成员更加主动地工作。

1. 树立正确的团队理念

（1）优秀的创业团队都具有很强的集体凝聚力。凝聚力是一个团队团结成员的纽带，是促使团队成员相互理解和团结协作的根基力量。

（2）团队成员之间的真诚相待有助于他们通过畅通的渠道交流信息，管理层和成员之间具有健康的信息反馈机制，并经常进行以获取超过个人水平的见解为目的的"深度会谈"，鼓励成员将他们认为最困难、最复杂、最具有冲突性的问题拿出来讨论，使每个人以真实的想法在交流中碰撞出火花。

（3）不断实现价值创造是创业团队的主要目标，每个团队成员都应充分认识到个人利益的获取是以团队利益的实现为基础的，自觉将团队利益置于个人利益之上，团队的每位成员的价值都表现为他对于团队整体价值的贡献上。

2. 建立责、权、利统一的团队管理机制

优秀的创业团队能妥善处理创业团队内部的利益关系，运用公平合理的方法分配股权，合理地分享经营的成果。当前有些企业成功地借鉴外来经验，尤其是高新技术企业，用员工持股的方法，使员工合理享受到企业的经营成果。同时，要处理好团队成员之间的权力和利益关系，创业团队必须制定相关的管理规则，推进团队的队伍建设。

3. 采用合理有效的激励措施

有效的激励措施要求给予创业团队成员以合理的"利益补偿"，包括两种形式：一种是物质条件，如报酬、工作环境；另一种是心理收益，如创业成就感和地位，感受到尊重、承认和友爱等。常见的激励手段主要包括团队文化的激励、经济利益的激励、权力与职位的激励三种。

4. 明确团队发展的目标

目标在团队中具有特殊的价值，它不仅是一种激励因素，而且是一种有效的协调因素。在团队中，各种角色的个性、能力有所不同，但是明确的发展目标可以将成员的个人发展升华为团队的共同成长。

创业团队的稳定不是指创业团队一成不变，而是一种"动态的稳定"，创业团队的创建与管理应遵循"按需组建，渐进磨合"的方式。拥有稳定的高绩效团队是每个创业者的理想，但是高绩效团队的成长需要创业者在合理组建创业团队的基础上不断加强团队管理，通过建立合理有效的激励机制，使团队成员在相互尊重、相互信任，公平、公正的团队氛围内，密切联系、协同配合，保证创业团队能够满足新创企业的发展需要。

（三）健全的管理制度

合理的制度规范是统一团队思想，使团队具有战斗力的有力保障，是使团队稳定发展的关键。海尔集团有个著名的斜坡球理论：企业如同一个爬坡的球，受到来自市场竞争和内部职工惰性的压力，如果没有一个止动力它就会下滑，这个止动力就是基础管理。依据这个理念，海尔集团创造了"OEC 管理"模式，这个模式就是制度管理。

规章制度的最大好处是团队中的每个人都处在相同的行为准则约束下，朝着共同的目标前进。企业从创办的第一天起，就要有明文的规章制度，用来约束成员的个人行为。创业团队的管理制度是创业经营理念和团队成员意志的体现，严格的管理制度能够极大地提高工作效率、促进目标完成。健全管理制度，特别是实现管理制度的创新和突破，是一项较为复杂的系统工作。如果不重视制度的导向性和严格性，制度的副作用就极易形成聚集、放大效应，最终可能越管越乱，导致创业走向失败。

创业团队需要严格的制度规范所有成员的行为及企业的日常运转，同时，也要注意将管理中的制度与人性相结合，学会刚性制度与柔性管理相结合。

二、创业团队的核心竞争力

美国战略学家哈默认为："企业是一个知识的集体，企业通过积累过程获得新知识，并使之融入企业的正式和非正式的行为规范中，从而成为左右企业未来积累的主导力量，即核心竞争力。"所以，核心竞争力是一个团队能够长期获得竞争优势的能力，是团队所特有的、能够经得起时间考验的、具有延展性的能力，也是企业之间竞争的最终体现。

（1）打造核心竞争力，涵盖以下四种能力：

1）科技研发、开发能力。

2）创新创造能力。

3）有效的生产能力。

4）及时应变能力。

团队的核心竞争力是一个团队具备的应对变革与激烈的外部竞争，并且取胜于竞争对手的能力的集合。核心竞争力也是团队竞争力中那些最基本的、能使整个团队保持长期稳定的竞争优势、获得稳定超额利润的竞争力。

（2）打造团队的核心竞争力，主要从以下五个方面做起：

1）依靠团队文化，凝聚人心。

2）制定严格的制度，构建和谐氛围。

3）建立良好的团队沟通机制。

4）创新多元化激励机制，重用人才。

5）实现对企业的长期承诺，创造企业价值，使之达到稳定、可持续发展。

产品的差异化、模式的差异化、组织能力的差异化，在物理层面其实是不存在的，因为你能做到的，你的竞争对手都能做到，真正的差异化其实在人的心中。在当今竞争日益激烈的市场环境中，重视人才、重视团队，在实践中不断学习和反思，积累经验、教训，要使思路具有创新性、开拓性、前瞻性，预知市场变化，时刻保持警惕，想尽一切办法积攒团队核心竞争力的能量，且始终充满活力，这不仅可以为你的企业抵御风险，更可以应对未来变幻莫测的市场浪潮。

三、创业团队管理的基础

要对一个团队进行有效管理，必须建立在一定的基础之上。这个基础主要包括以下三个方面。

1. 有合理的团队成员构成和相同的企业价值观

建立优势互补的创业团队是保持创业企业稳定的关键，也是规避和降低团队组建模式风险的有效手段。在团队创建初期，人数不宜过多，能满足基本需求即可。在成员选择上，要综合考虑成员在能力和技术上的互补性，基本保证团队整体具备理想团队所需的角色。

另外，在选择成员时还要考虑创业激情的影响。在企业初创期，所有成员每天都需要超负荷工作。这时，如果缺乏创业激情和对事业的信心，无论其专业水平多高，都可能成为团队中的消极因素，并对其他成员产生致命的负面影响。

2. 有确定清晰的创业目标

创业团队在实践中要不断总结经验教训、形成一致的创业思路、勾画出共同的目标，以此作为团队努力的方向。创业团队的目标必须清晰明确，能够集中体现团队成员的共同利益，与团队成员的价值趋向一致，并保证所有团队成员都能正确理解。这样，才能发挥其激励团队成员的作用。另外，创业团队的目标还必须切实可行，既不应太高也不应太低，而且能够随着环境和组织的变化及时加以更新与调整。

3. 建立有效的激励机制

正确判断团队成员的需求是有效激励的前提。有些成员将物质追求放在第一位，而有些成员则是希望能够获得荣誉、发展机会或提高能力等。因此，创业团队的领导者必须加强与团队成员的交流，并针对各成员的情况采取合理的激励措施。

创业团队的利润分配体系必须体现出个人贡献价值的差异，而且要以团队成员在整个创业过程中的表现为依据，而不仅是某一阶段的业绩。具体分配方式要具有灵活性，既包括诸如股权、工资、奖金等物质利益，也包括个人成长机会和相关技能培训等内容，并且要根据团队成员的期望进行适时调整。

四、创业团队管理的基本原理及方法

（一）创业团队管理的基本原理

企业管理的基本原理是管理理论的核心，是经营和管理企业必须遵循的一系列基本的管理理念和规则，也是实现企业有效管理的基础。常见的企业管理基本原理如下。

1. 人本原理

人本原理是指一切管理活动应以调动人的积极性、挖掘人的潜能为根本。人是管理活动中最活跃的因素，既是管理的主体，又是管理的客体。因此，现代企业管理强调以人为中心，要求对组织活动的管理既是"依靠人的管理"，又是"为了人的管理"。

2. 系统原理

系统原理是指在管理活动中必须运用系统理论、思路、工程、方法进行管理。企业是一个系统，它由各子系统及要素构成。外部环境是一个大系统，管理者要正确掌握整体、局部及内外彼此之间的关系和相互作用，使企业整体效益达到最优。

3. 反馈原理

反馈原理是指管理者为了确保及时、准确、高效地完成既定计划，达成组织目标，必须快速准确掌握组织内部和环境的变化，及时将系统的运行状态和输出结果与原计划和目标进行比较，以便出现偏差时立即采取行动加以纠正，或修改计划、调整目标，保证组织目标的达成。

4. 整分合原理

整分合原理是指在整体规划下，进行明确的分工，并在分工的基础上，进行有效的综合。"整"是集权、统一，"分"是分权、分工，两者要妥善结合、互相协调。

5. 能级原理

能级原理是指管理者应建立一个合理的能级结构，并按照一定的规范和标准，将管理内容置于相应的能级之中，以实现管理的高效能。不同的能级随组织机构的层次不同而不同，要各尽所能。

6. 弹性原理

弹性原理是指管理必须保持充分的弹性，并留有余地，以适应客观事物可能发生的变化，有效地实行动态管理。管理者应随时保持应变能力，运用弹性原理，将企业管理转化为一切工作的推动力。

企业管理的基本原理并不是孤立的，而是相互包容、相互联系、相互依赖、相互作用的。在管理实践中，综合掌握并运用这些原理，可使管理系统成为一个生机勃勃的有机综合体。

（二）创业团队管理的基本方法

企业管理方法是管理者在管理活动中为实现管理目标、保证管理活动顺利进行而采取的工作方法，基本方法是从各种具体方法中概括出来的，主要包括以下四种。

1.PDCA 循环法

各种管理方法都有其独特的个性，但深入探究各种方法实施的全过程时，人们会发现它们有相似的规律——按照计划（Plan，P）、执行（Do，D）、检查（Check，C）、处理（Act，A），即 PDCA 的顺序不断地循环进行。PDCA 循环在质量管理工作中得到推广。其实，它的应用大大超出了质量管理的范围，不但反映了计划、组织、控制三项管理功能的有机结合，也反映出企业经营管理工作的一般规律。PDCA 循环是企业经营管理中最基本的方法。

PDCA 循环的含义：P（计划），根据企业目标，制订计划；D（执行），按照计划，制订措施，组织执行；C（检查），对照目标，检查效果，发现问题；A（处理），总结经验，对成功的经验予以肯定并将其纳入标准，将遗留的和新产生的问题转入下一循环，然后制订新的目标，继续循环。

PDCA循环的运行状态：PDCA循环犹如车轮一般，按P、D、C、A这四个阶段不停运行，整个企业的管理系统构成一个大的PDCA循环，而各个部门、各个环节的管理又都有各自的小的PDCA循环，大环套小环、小环保大环，一环扣一环。PDCA循环每转动一圈，企业的经营管理水平就提高一些，不停地转动，问题随之不断得到解决，企业的经营管理水平也不断提高。

2. 满负荷工作法

满负荷工作法是指管理者先对企业的各项工作提出较为先进的目标，然后把目标细化，分几个阶段逐步实现，而后层层落实，形成保证体系，并与个人报酬挂钩。其主要内容包括九项，即质量指标、经营指标、设备运转、物资使用、资金周转、能源利用、费用降低、人员工作量、8小时利用率。此方法适用于管理基础较差的企业，可结合具体情况推行。

3. 目标管理法

目标管理法是指管理者以企业总目标为依据，从最高领导开始，各级主管与下属协同制订本部门和每个人的目标，以及达成目标的计划和实施进度；然后据此填写目标卡，并将全过程记录下来，到期做出评定，给予奖惩；而后重新制订目标，再开始新的循环的方法。显然，这种方法是PDCA循环法在目标管理方面的应用。

实行目标管理，可以在指定时期内获得明显的效果。其优点是由于上下协调，层层落实，检查、控制、奖惩都比较易于执行；缺点是容易忽视非定量的目标、例外事件或新的机会，外部环境多变时，容易打乱原定部署。

4. 例外管理法

例外管理是指企业内部各级主管把自己部门中的工作分为两类：一类是常规工作，可以授权下级去做；另一类是必须亲自过问的例外工作。各级主管在进行工作分类时，应先制订一些必要的标准和规章，把第一类工作交给经过训练或有经验的下属，使其在规定范围内做事，按章执行，定期汇报；如果遇到例外情况，下属必须立刻报告主管，由主管亲自处理。

例外管理法的优点是主管可以集中精力处理重要事务，能充分发挥下属的能力；缺点是制订标准和规章需要技巧与经验，若下属未能及时汇报例外情况，容易导致失误。

(三) 创业团队的三维结构管理

通常，创业团队可以从三个方面入手来实施结构管理，分别是情感结构、动机结构和知识结构。情感结构是创业团队维持凝聚力的重要保障；动机结构则是创业团队实现理念和价值观认同的关键因素；知识结构反映的是创业团队成功创业的能力素质。

1. 情感结构管理

情感结构管理的重点是注重年龄、学历等不可控因素的适度差异。中国文化注重层级和面子关系，如果创业团队之间年龄和学历因素差距过大，成员之间在混沌状态下发生冲突和争辩，很容易出现彼此感觉丢面子的情况，从而演变为情感性冲突。一旦出现这种情况，创业团队将不得不将时间和精力浪费于沟通方式设计与内部矛盾化解上，内耗大于建设，不利于创业成功。

2. 动机结构管理

动机结构管理的关键是注重创业团队成员理念和价值观的相似性。如果创业团队成员之间价值观不同，想做事业的成员可能不会过分关注短期收益，而怀揣赚钱动机的成员则不会认同忽视短期收益的做法。相似的理念和价值观有助于创业团队保持愿景和方向的一致，有助于创业团队迎接创业挑战而逐步成功。

3. 知识结构管理

知识结构管理的核心，是建立以创业任务为核心的知识和技能的互补性，强调创业团队有完备的能力来完成创业相关任务。

谈到知识和技能的互补，《西游记》中由唐僧率领的取经团队被公认为是一支"黄金组合"的创业团队。四个人的性格各不相同，却又同时有着不可替代的优势。例如，唐僧慈悲为怀，使命感很好，有组织设计能力，注重行为规范和工作标准，所以他担任团队的主管，是团队的核心；孙悟空武功高强，是取经路上的先行者，能迅速理解、完成任务，是团队业务骨干和铁腕人物；猪八戒看似实力不强，又好吃懒做，但是他善于活跃工作气氛，使取经之旅不至于太沉闷；沙僧勤恳、踏实，平时默默无闻，关键时刻他能稳如泰山，稳定局面。

值得一提的是，创业团队的结构管理是兼顾三个方面结构要素的平衡过程，短板效应非常明显。但是在现实中，人们往往过分重视知识结构的互补性，而对情感结构管理和动机结构管理重视程度不够，因此，引发的问题往往会随时间而强化，一旦创业出现困难和障碍，往往会演变为创业团队的内耗和冲突。

五、创业团队管理的注意事项

1. 建立目标

先讲个故事：一条猎狗将兔子赶出了窝，一直追赶它，追了很久仍没有抓到。一个牧羊人看到此种情景停下来，讥笑猎狗说："你们两个之间小的反而跑得快很多。"猎狗回答说："你们不知道我们两个跑是完全不同的！我仅仅为了一餐饭而跑，而它却为了性命而跑呀。"

这个寓言揭示了：兔子与猎狗做一样的事情，都拼命地跑步，然而，他们的目标是不一致的，其目标不一致，导致其动力也会不同。在团队管理中，不同角色的成员的目标是不一致的。项目主管直接面向客户，需要按照承诺，保质保量地按时完成项目目标。项目成员可能是打工者心态，我干一天你要支付我一天的工资，加班要给奖金，当然干项目能学到新知识、新技能就更好。

团队中不同角色由于地位和看问题的角度不同，对项目的目标和期望值，会有很大的区别，这是一点也不奇怪的事情。好的项目主管善于捕捉成员之间不同的心态，理解他们的需求，帮助他们树立共同的奋斗目标。劲往一处使，使团队的努力形成合力。

当然，在具体实施上可能会遇到一些问题。如员工持股问题，本来是把员工的利益与公司的利益捆绑在一起的问题，但是操作起来就可能会走样。A 为一高科技企业的研发经理，他所在的公司实行员工持股制度，他说："中国搞员工持股根本就没有吸引力，上不了市，我们手中的股票和垃圾没有区别，老板搞员工持股，还是网不住这些骨干员工的。"

项目主管也许还没有调配员工持股的权利，但是可以给员工规划出一个好的发展远景和个人的发展计划，并使之与项目目标相协调。

2. 工作氛围

假如项目缺乏积极进取团结向上的工作氛围，项目成员的力量就很难合在一起，大家相互扯皮推诿指责，项目也就不可能成功。

钓过螃蟹的人或许都知道，篓子中放了一群螃蟹，不必盖上盖子，螃蟹是爬不出去的，因为只要有一只想往上爬，其他螃蟹便会纷纷攀附在它的身上，结果是把它拉下来，最后没有一只能够出去。企业里常有一些人，嫉妒别人的成就与杰出表现，天天想尽办法破坏与打压，如果不予去除，久而久之，组织里只剩下一群互相牵制、毫无生产力的螃蟹。

对于项目组中不知悔改的螃蟹，应该尽早清理出去。对于公司而言，也许历史尚短，还没有形成成熟的企业文化和企业精神，从而造成大环境的不良风气，但是在项目组内部，通过大家的一致努力，完全可能营造出一个积极进取团结向上的工作氛围。

项目主管为了酿造这种氛围，需要做这些努力：奖罚分明公正，对于工作成绩突出者一定要让其精神物质双丰收，对于出工不出力者要让其受到相应的惩罚；让每个成员承担一定的压力，项目主管不应该成为"所有的苦，所有的累，我都独自承担"的典型，项目主管越轻松，说明管理得越到位；在学术问题讨论上，要民主要平等，不做学霸不搞一言堂，充分调动每个成员的积极性。在生活中，项目主管需要多关心多照顾项目组成员，使大家都能感受到团队的温暖。

3. 规章制度

小头目管事，大主管管人。在项目规模小的时候，项目主管既要是技术专家，善于解决各种各样的技术问题，还要通过传帮带的方式实现人管人；在项目规模较大的时候，项目主管必须通过立规矩、建标准来实现制度管人。

所谓强将手下无弱兵，没有不合格的兵，只有不合格的元帅。一个强劲的管理者首先是一个规章制度的制定者。规章制度也包含很多层面：纪律条例、组织条例、财务条例、保密条例和奖惩制度等。好的规章制度可能体现在，执行者能感觉到规章制度的存在，但并不觉得规章制度会是一种约束。

执行规章制度还有一些考究，记得网上流行一个破窗理论：如果有人打破了一个建筑物的窗户玻璃，而这扇窗户又得不到及时的修理，其他人就可能受到某些暗示性的纵容去打烂更多的窗户玻璃。久而久之，这些破窗户就会给人造成一种无序的感觉。这个理论说明，对于违背规章制度的行为应该及时制止，否则长期下来，在这种公众麻木不仁的氛围中，一些不良风气、违规行为就会滋生、蔓延且繁荣。

项目主管虽然是规章制度的制定者或监督者，但是更应该成为遵守规章制度的表率。如果项目主管自身都难以遵守，如何要求团队成员做到？

4. 良好沟通

由于每个人的知识结构和能力的区别，导致对于同一问题的认识很可能出现相应的偏差，所以，良好的沟通能力是解决复杂问题的金钥匙。

举个简单的例子，在软件设计中，B 和 C 之间有接口。项目主管在给 B 和 C 分配任务时，就可能讲到了这个接口，但是 B 和 C 由于理解上出现不一致，导致在调试过程中出现问题。在这种时候，项目主管就需要具备良好的沟通能力，并能迅速判断到底谁的理解出了问题，把 B 和 C 的理解提升到同一层次。

在现实研发中，会经常出现接口问题，在实际工程项目中，还会经常出现客户对项目需求的更改要求，估计也是每个项目主管都非常头疼的问题。项目已经进行到了收尾阶段，客户发现现实需求已经发生变化，需要项目组做大幅度的调整。项目主管要是不管不顾，这个项目可能就毫无意义；项目主管要是按照客户需求来调整项目目标，这个项目就可能拖期，超过预算。在这种时候，项目主管与公司高层，与客户之间的沟通能力就极其重要，良好的沟通能力将有助于解决这类复杂问题。

还有另一个方法也可以解决这种头痛的问题，那就是文档共享。通过共享的文档，可以彼此知道对方的进度，不会存在接口的问题。如果可以添加外部客户一同共享，客户也会随时了解项目的进展，即使有个别的变更，项目组人员也会在第一时间知道，及时调整战略和工作方向，不会造成大的损失。

知识拓展：调动
下属的积极性

▶ 项目训练

（1）简述创业团队的概念及类型。

（2）简述创业团队的要素及作用

（3）查阅有关创业团队的实例，谈谈该创业团队之所以成功所具有的特征。

（4）简述创业者与一般团队的区别。

（5）查阅有关创业团队的实例，谈谈该创业团队所履行的社会责任。

（6）简述创业团队组建的步骤。

（7）简述创业团队领袖应具备的品质。

（8）简述创业团队管理的基本原理及方法。

项目五

"机会来时当果断，优柔寡断终生悔"
——创意产业与创业机会

📋 学习目标

知识目标：

（1）了解创意产业的相关概念。

（2）了解创业机会的相关概念。

能力目标：

（1）能够掌握创意产业与大学生创业的关系。

（2）能够掌握创业机会识别的方法。

（3）能够掌握创业机会评价的步骤与方法。

素养目标：

培养大学生发现创业机会的意识。

👤 名人箴言

任何研究工作都应有所创新。创新的基础，一是新概念的指导，二是新方法的突破。

——王鸿祯

👤 案例导入

安徽·合肥包河创意文化产业园

在合柴·1972 文创园感受城市记忆与现代文化和谐共生，在罍街品味江淮文化与人间烟火的全景交融，在安徽创新馆体验前沿科技的神奇魅力，在沈福村文创基地见证文化创意推动乡村振兴的生动实践……近年来，安徽·合肥包河创意文化产业园以文化创意和数字经济为主攻方向，持续激发创新创造动力，推动文化创意与科技、旅游、金融等融合发展。一个趣味满满的文创生态空间蓬勃生长，彰显合肥"科里科气"的城市气质。

近期，安徽·合肥包河创意文化产业园获批国家级文化产业示范园区。

创意赋能城市记忆焕新

安徽·合肥包河创意文化产业园内的合柴·1972文创园是合肥工业发展历史与现代文化创意产业碰撞的结晶。步入其中，斑驳的红砖瓦墙、独特的巨大穹顶车间、巍然矗立的烟囱……半个多世纪前的历史印记依稀可见。

合柴·1972文创园的前身是1954年建立的二轮窑厂。1964年，二轮窑厂被改造为合肥监狱，1972年，又成为合肥柴油机厂。在园区的改造过程中，合柴·1972文创园注重修旧如旧，在保留历史肌理的同时通过文化创意赋能，在改造工作中追求历史文化与景观风貌相平衡。

经历了一场"腾笼换鸟"转型，曾经斑驳的园区高墙上布满了大量富有艺术感染力的手绘涂鸦，溢动着艺术的魅力。雄伟的合肥柴油机厂旧厂房空间变身为合肥当代美术馆；作为历史见证的监狱铸造车间成为合肥家电故事馆的载体，旧式小卖铺、电子维修店、无线电厂流水线等场景，勾起了市民游客对以前生活的回忆，成为备受青睐的网红打卡地。城市记忆与现代文化创意的交融碰撞，让合柴·1972文创园在蜕变中重获新生，不仅成为一张"城市老底片"，更成为合肥旅游的新名片。

在沈福村文创基地，文化创意同样点亮了这座拥有600多年历史的古老村庄。该村以"福"文化为核心定位，积极引进创意设计、直播电商等资源，催生出一批沉浸式、互动式、体验式的文旅新业态，在壮大村集体收入的同时，也给当地村民带来实实在在的获得感，引导他们探索出一条用文化创意助推乡村振兴的新路子。

科旅融合游客体验多元

滨湖科创湾位于巢湖北岸，是安徽·合肥包河创意文化产业园的临湖板块。这里的安徽创新馆、安徽名人馆、渡江战役纪念馆等文旅场馆，构成了具有鲜明地域文化的滨湖特色文旅岸线。

作为全国首座以创新为主题的场馆，位于滨湖科创湾核心区域的安徽创新馆，兼具展览馆、博物馆、科普馆的特点，是一座集成果展示、要素集聚、研发转化等功能于一体的场馆。托卡马克核聚变实验装置模型、稳态强磁场大科学装置、同步辐射装置等创新产品科技感十足，沉浸式的演绎效果让游客仿佛穿越到"未来世界"。

馆内集聚安徽省的亮点科创展品，在这里，游客不仅可以近距离感受科学岛上的"人造小太阳"等高端科研成果，还能亲身体验创新安徽秀场、创新平台数字秀、量子时空隧道等项目，与前沿黑科技"零距离接触"。

在量子剧场沉浸式体验空间遥望星空，全球首颗量子科学实验卫星——墨子号，为游客织就了一张纵横寰宇的网络，隔空点触随机分发的量子密钥，即可开启数字影像的演绎，全面了解安徽在量子领域的尖端成果。

在"探索未来 创想体验"飞行影院，前来体验"时空穿越"的游客络绎不绝。据了解，该项目通过引入多种科技特效，带领游客沉浸式体验2050年的未来生活。

另外，安徽创新馆还积极拓宽文创边界，打造出了"大国重器"徽章、便携心电仪、4D解剖模型等一系列科技文创产品，受到年轻游客追捧，实现了文创产业与科技同频共振、互相驱动。

丰富形式讲好安徽故事

如何创新展现形式、对外讲好安徽故事，是安徽·合肥包河创意文化产业园一直思考的问题。

雅致古朴的江淮民居、丰富多元的文旅业态、烟火气十足的市井文化……漫步罍街，仿佛进入一幅风俗长卷，传统与现代在这里充分交融，迸发出新时代的活力。

近年来，罍街以江淮文化为基底，以文创为亮点、以美食为窗口、以古街为抓手，汇集了一批安徽老字号，催生出小剧场、文创店、音乐基地等一批人气旺、特色强、底蕴深的文旅新业态，连接起合肥的文化底蕴与发展未来。

江淮文化是罍街最亮丽的名片，为此，街区将江淮建筑、特色老店、方言文化、市井烟火等融入街区各个角度。如今的罍街，不仅是一个美食街区，更成为一个可以找寻合肥记忆的"根据地"，成为一个代表合肥形象的"城市会客厅"。目前，该街区日均客流量3万人次，节假日超过5万人次。

在安徽名人馆，逼真的场景式布置，配以电影美术手法和科技手段，将历史与现实、平面与多维有机结合，使一位位历史名人走出课本"活"了起来。科技与文化的融合，使观众可以与历史人物进行穿越时空的对话，一段段安徽故事就此植根心中。

在合肥融创乐园，从黄山奇险之境到西递桃花深巷，从宏村水榭古道到徽居万家灯火……沉浸式电影"飞越安徽"带领游客纵览江淮。

讲好安徽文化故事，非创新不可为。下一步，安徽·合肥包河创意文化产业园将继续深挖地方文化底蕴，培育新兴业态，推进文化创意与科技、旅游、金融等产业深度融合，不断创新文化展现形式，讲好新时代安徽故事。

任务一　理解创意产业

一、创意产业的内涵

（一）创意产业的历史来源

1997年，英国当时的文化大臣克里斯·史密斯在其出版的《创意英国》中首次提到文化相关的产业，政府开始意识到具有创意性的产业将会在未来的经济发展中起着举足轻重的作用。

1998 年，英国布莱尔政府提出"创意产业"这一概念，表明创意产业是源自独立的创意、技能和才能并且通过对知识产权的开发和运用创造就业机会和财富的行业。这些行业包括广告、建筑、艺术、手工制作、设计、时尚、电影、音乐、表演艺术、出版、休闲软件、玩具、广播电视、游戏等。当创意产业的政策在英国颁布之后，引起了英国企业和人们的极大关注，并且在全球蔓延开来。

1999—2001 年，韩国先后出台了《文化产业发展 5 年计划》《文化产业发展推进计划》，计划表明，韩国将文化发展作为未来的发展目标和举措，并且会持续地推进全国文化产业发展，助力国家经济发展。

2002 年 9 月，新加坡规划了文化创意发展的具体战略，提出建设"全球的文化和设计业中心城市"和"全球化的新媒体中心"。

（二）创意产业的概念

随着知识经济的发展和信息技术的普及，传统的产业结构演进规律已经无法描述经济发展的结构特征。在这样的背景下，创意产业作为一种新型的产业类型开始进入人们的视野，并被界定为"源自个人创意、技巧及才华，通过知识产权的开发和运用，具有创造财富和就业潜力的行业"。这一定义后来被许多国家和地区所沿用。在随后的研究中，人们对创意产业的理解不断走向深化，它不再仅仅局限于内容产业、文化产业的高端，甚至也被看成为思想产业、观念产业、核心产业和关键产业的统称。创意产业在客观上已成为知识经济时代的一个标志性产业，涉及具有高科技含量、高文化附加值和丰富创新度的任何产业。对此，《伦敦创新战略与行动方案》（2003）提出："创新（创意）不能仅仅局限于高科技产品和过程，还要涵盖于 21 世纪欣欣向荣的经济之所有产生附加值的创造活动和服务部门。"

美国经济学家理查德·E.凯夫斯对创意产业给出了以下定义：创意产业提供给我们宽泛的与文化的、艺术的或仅仅是娱乐的价值相联系的产品和服务。它们包括书刊出版、视觉艺术（绘画与雕刻）、表演艺术（戏剧、歌剧、音乐剧舞蹈）、录音制品电影电视甚至时尚、玩具和游戏。理查德·E.凯夫斯力图描述和总结当代创意产业的特征。在他看来，创意产业中的经济活动会全面影响当代文化商品的供求关系及产品价格。无疑，创意产业的提出建立了一条在新的全球经济、技术与文化背景下适应新的发展格局、把握新的核心要素、建构新的产业构成的通道。

英国学者约翰·霍金斯在其《创意经济》（*The Creative Economy*）一书中，把创意产业界定为其产品都在知识产权法的保护范围内的经济部门。知识产权有专利、版权、商标和设计四大类。每类都有自己的法律实体和管理机构，每类都产生于保护不同种类的创造性产品的愿望。约翰·霍金斯认为，知识产权法的每一形式都有庞大的工业与之对应，加在一起，"这四种工业就组成了创造性产业和创造性经济"。创意产业依赖于知识产权保护体系，通过界定创意部门，约翰·霍金斯避开了某职业的性质是否有创造性这一潜在难题。对约翰·霍金斯来说，"印刷书籍和摆放舞台布景的人与书籍作者、舞台上的表演者一样都只不过是创造性经济的一部分"。

澳大利亚学者金迈克认为，21 世纪为我们提供了一个重新估价文化在我们的生活中所扮演的角色的机会。"21 世纪将会目击我们（作为消费者、观众和公众）利用文化资源方式的空前变化。文化被生产、传播和消费的方式将越来越取决于技术创新和全球化市场。应该严肃地作为一种产业来对文化进行思考—— 一个可以提供就业、培训、出口税收和外汇的产业"。

二、创意产业价值链的概念

（一）创意产业价值链运作支持条件

1. 技术支持

创意产业是以高科技手段为支撑条件的产业，是创意、人才与技术相互融合的产物。目前对创意产业开发主要表现在技术内容的创新，体现在信息技术及网络技术在制造环节与分销环节的带动作用，将高科技融入消费体验过程，增加创意产品科技含量及服务水平，从而吸引消费者。

2. 文化支持

内容创意强调创意产业的文化性，即创意产业以一定的文化为产业支撑。2009 年，《文化产业振兴规划》中将"文化创意"作为文化产业发展重点之一，首次明确"文化创意"归属于文化产业，因此，创意产业具有文化产业最基本的文化特征。

创意产品是文化内容的载体，不仅具有商业价值，还具有知识、观念价值，即产品和服务注入新的文化要素，为消费者提供与众不同的新体验，提高产品与服务的观念价值。

3. 资金支持

资金是支持创意产业发展的基础条件，同时，也成为创意产业发展的制约性因素。创意产业处在发展初期，投资收益不确定性较强，创意企业中小企业居多，抗风险能力较弱，融资渠道狭窄，难度较大，亟须完善创意产业的融资机制。

4. 产业支持

创意产业与相关产业具有较强的多向关联性，即创意产业与前向产业及后向产业之间投入和产出联系密切。创意产业是对同类别行业运作过程中产生的知识、技能及经验等的运用，而制造产业正是使创意思想得以物化的经济载体。因此，创意产业的发展需要相关产业的支持。

（二）创意产业价值链运作模式

创意产业价值链运作模式是在基本价值链条的构建基础上，对价值增值核心环节的挖掘，进而对价值链进行延伸及整合，完善价值链衔接机制，优化价值实现路径，形成产业良性循环。

创意产业不是自给自足的生产系统，而是与其他经济及文化领域互动融合的，其作用结果就是以创意价值链系统为中心，使创意价值不断向系统外围拓展，给经济及社会带来有形和无形的价值。创意价值链价值拓展是创意在产业化的进程中，不断向实体产业和城市发展进行拓展的过程，其包括创意产业化、产业创意化和城市创意化三个方面。

1. 创意产业化

创意产业化即以创意价值链为基础，通过市场机制促进文化、技术、经济三大系统的融合，产生直接经济价值；创意产业化是以创意价值链为基础的产业自我拓展。有学者认为，商品价值由功能价值和观念价值两个部分组成。功能价值由科技创造而成，是商品的物质基础；观念价值因创意渗透而生，是附加的文化观念。随着经济发展和收入水平的不断提高，促进商品价值增值的基本趋势是沿着功能价值到观念价值的路径展开，从而推进创意的产业化过程。

2. 产业创意化

产业创意化即在实体产业的产品和服务中融入创意元素，使创意产业成为各种企业附加价值的一环。有学者认为，创意资本可以划分为消费型创意资本和生产型创意资本。消费型创意资本通过服务内容提供消费创意，生产型创意资本主要通过产品设计、盈利模式的创新进行工艺创意和商业创意。创意产业通过产业关联对实体产业产生改造和提升作用，促进生产要素的重新组合，这体现为创意价值链在产业层面的拓展。

3. 城市创意化

城市创意化即城市以创意产业为主导来促进城市的全面繁荣和可持续发展。事实上，创意产业与城市发展是一种互动耦合关系，创意产业通过重塑城市产业结构、提升城市形象，从而拉动城市就业和引领城市治理结构全面创新等，促进城市发展。

因此，在创意经济时代，一些具备条件的城市以推进创意产业发展为目标，构建创意城市或实施城市创意化战略，成为城市发展的一个重要的新思路，这也是创意价值链系统向空间拓展的重要价值增值方式。

总体来说，创意产业化是以创意价值链为基础的产业自我拓展，它是创意价值链价值拓展的核心；产业创意化是创意价值链在产业层面的拓展，它反映创意产业对其他实体产业的渗透与对整个经济系统的影响；城市创意化是创意价值链的空间拓展，它反映的是创意产业对区域经济乃至整个经济社会的全方位拉动作用。创意产业化、产业创意化及城市创意化三者是相互联系、层层深化、梯度推进的。

三、创意产业的特征

1. 高融合性

创意产业首先是新一代信息技术、材料、知识等与现代工业技术深度融合的产业，几乎可以辐射到任何一个产业。其次，创意经济诞生的时候必然已经打破了单一的传统结构，有机融合了不同产业，在一定程度上延伸了一定的相关产业并产生了经济价值。因此，可以认为，它作为一种经济形态在发展的过程中可以彰显其对创意产业的高度融合。

2. 高附加值

创意产业最关键的生产要素是看不见摸不着的文化、技术等新兴的自主知识，只有使用了这些知识才能够获得较大的经济价值。如果创意产业失去了独特的思想、技术、内容，就无法摆脱传统经济形式，其价值也会大大降低。创意产业是支撑未来经济增长的战略性产业，决定未来发展方向的先导性产业，也是提升未来竞争能力的前瞻性产业。

3. 高风险性

与传统的经济形态不同的是，人们的创意能否产生经济价值仍然有着不确定性。首先，创意产业的产品大多满足消费者的精神需求，精神需求往往极容易受到环境影响而产生改变。所以，该类经济形态难以形成固定规律，因而难以形成稳定市场。其次，创意产业本身具有的高知识性，在产生知识、创意的过程中，容易被人盗用、侵权、窃取。最后，创意产业需要提高知识产权意识性，保护好自身的知识产权，努力维护自身的创造力。

4. 高知识性

创意产业的核心要素是创意，创意的诞生需要各种各样的知识积淀和筛选。为满足消费需求、市场需求，创意产业必须融合最新的观念和最新的技术；反之就无法产生经济效益。从事创意经济相关的人才需要积累大量的信息，这对相关工作人员的学历、素质、能力都有着较高的要求。由于生产方式与数字化的高度结合，故创意产业需要不断地补充信息储备才能发挥带动全局的重大引领作用。

四、创意产业的作用

人们正处于一个大变革、大发展时期，随着经济全球化的深入发展，技术数字化、文化多样化成为时代特征，新一轮的科技革命和产业革命也正在兴起。创意产业面临着时代的严峻挑战，同时会迎来新一轮的机遇。

1. 创意产业推动经济增长方式的转变

在新经济时代，经济的增长主要是依靠知识和技术的要素投入，而创意产业是"头脑产业"，这一性质决定了其对经济增长方式转变具有推动作用。

创意产业具有很强的渗透性，能够将技术、商业、创造和文化融合为一体，使制造业得以延伸，有利于拓展制造业的发展空间。创意产业在生产环节上不仅占据了价值链的高端，而且有广泛的产业关联性，其核心业务创意设计为众多行业生产提供服务，在创造自身价值的同时必然带动相关产业的发展，这是创意产业成为高成长性产业的基础。

创意产业可以提高消费中的文化含量，其强大的辐射力，不仅有利于扩大产品与服务的市场，还有助于推动消费方式的转变和消费结构的升级，并进一步促进产业结构的优化与升级。产业结构的优化与升级，又带来经济结构的根本性改变。除对传统制造业的促进作用外，创意产业对包括服务业在内的第三产业结构也有着巨大的提升和催化作用，促使传统的第三产业迅速裂变成新的产业群，由此将第三产业结构提升到一个新的层次，推动城市的综合服务功能攀升至最高水平。同时，发展创意产业有利于培育新的经济增长点。创意产业的繁荣可以扩大消费需求，实现消费需求与经济增长之间的良性循环。

2. 创意产业增强城市的综合竞争力

创新能力是国际竞争力的核心能力之一，创意产业体现了城市的创新能力。当今世界，有影响力的顶级城市无一不是创意产业最集中、最发达的地区，都以独具特色的创意产业闻名世界。英国伦敦、美国纽约、法国巴黎、日本东京等，无不因创意经济的发展而充满活力，以崭新的面貌跻身世界城市的前列。创意产业以其巨大的文化附加值及其对相关产业的带动作用，使整个城市产生增值，提升城市形象，并以巨额利润吸引了越来越多的投资者。创意产业改善了城市的运转机制，加快了城市物流、信息流的传递速度，提升了城市集聚和扩散的功能。创意产业的发展和繁荣导致了一批创意产业集聚区的生产，强化了城市外部的影响力，增加了城市的文化含量，又催生了城市内在布局的优化效果，使城市空间布局趋于合理化。创意产业推动了城市的功能再造，为城市的规划提供新的思路，为旧城改造提供新的契机，也创新了城市文化氛围，使城市更具魅力。

3. 创意产业协调社会经济的全面发展

创意产业的发展是以科学发展观为导向，以实现广大人民的根本利益为最高标准。创意产业的发展将极大地促进先进文化转化为先进生产力，从而真正落实城乡发展、区域发展、经济社会发展、人与自然和谐发展、国内发展和对外开放的五个统筹。创意产业的最终目的就是最大程度地满足人们的精神文化需求，实现经济效益和社会效益的统一。

五、创意产业与大学生创业

我国坚持以创意驱动产业发展，推进各项产业全面升级。2020年以来，国家一直出台相关经济政策帮助加快发展创意产业，使国民经济在严峻的环境下仍然能够平稳发展。当代大学生是"大众创业，万众创新"的主力军和引领者，在创新产业兴起，各国纷纷出台相应支持政策助推该产业发展之时，创意产业也正悄悄地推动着大学生在创意产业相关的领域创业。

1. 创意产业为大学生创业提供低创业成本

随着互联网与数字技术的发展，人们诞生创意、传播创意的途径越来越广，且成本越来越低。这意味着，大学生进行创意创业的成本也正逐渐降低。创意产业与科学技术的发展息息相关，有很多大学生拥有较高的技术水平但是没有足够现金流的时候，可以利用自己的技术、专利进行技术入股，实现"0"现金创业。

2. 创意产业需要当代大学生的加入

创意产业是21世纪初刚刚兴起的朝阳产业，其根本要素是创造性。它是依靠人的独特创造力、技能来开发能够产生经济价值的产品。当代大学生拥有无限的活力，对新兴事物的接受程度高，拥有克服困难的勇气和信心。他们往往注重个人成就，渴望得到社会认可。在创业的过程中，他们会全力以赴地完成各项工作以获得自我价值的实现。年轻的大学生怀揣着对未来的希望、对创造新事物的激情投身创意产业，为创意产业的发展注入了新鲜血液。

3. 创意产业为大学生创业提供多维度的灵感

创意产业为顺应时代变革，横跨和融合了第一产业、第二产业、第三产业，突破了传统的经济模式，产出各种各样不同种类的创意产品。其投资领域和主体也涵盖了各个领域和方向，形成了多元化的投资态势。大量新型业态在创意产业中产生线上直播、数字创意、数字艺术、数字娱乐、沉浸式体验项目等。这些创意产业预示着未来在艺术、体育、出版、数字游戏等领域内将迎来重大经济利好，也意味着大学生创业时能选择的领域和赛道越来越多。

大学生在创业初期没有明确方向的时候，可以从综合角度考虑选择以内容为主的创意产业。因为创意产业所涉及的领域较为广泛，即使初期没有明确的目标，但在创造内容的过程中可以更改或细化方向，灵活度较高。所以，大学生在创业的过程中，创意产业可以提供多元化的选择方向。

4. 提供自由的创业环境

创意产业的集聚拥有较为自由和宽松的优质环境。创意产业的灵活性高，可接受度强，可以为大学生创业提供适合孕育创意思维的环境。在创意产业中活跃的创业者们大多是素质较高、心态较好的年轻人，由他们所创立的公司创业环境也相对较为轻松和简单，更符合当下大学生的习性和思维模式，也更容易为大学生的创作添砖加瓦。为支持创意产业的发展，国内很多创意产业发达的城市都纷纷建立起了创意产业园区。它本身具有的经济带动力和就业吸纳能力，为城市的发展添砖加瓦。创意产业园区的诞生也促进着区域经济的发展，鼓励相关产业的联合建立。例如，2018年1月25日，北京市正式发布33家首批北京市文化创意产业园区名单（表5-1），产业链完善、服务体系健全、管理运营规范、运营效益显著是上榜园区的共同特点。这些创意产业园区有的小而美，在专业领域精耕细作，提供具有行业特色的专业化平台服务，成为引领行业发展的重要力量，如中国北京出版创意产业园、北京DRC工业设计创意产业基地等；有的大而专，提供全方位的产业公共服务，是园区文化企业的贴心管家，为文化企业营造了良好的发展环境，如清华科技园、中关村软件园等；有的在保护利用老旧厂房的基础上改造而成，既为城市保留了工业文明印记，又融入了新时代文化元素，成为城市文化新地标，如莱锦文化创意产业园、天宁1号文化科技创新园等；有的实现了文化园区与文化社区的有机融合，在集聚高质量文化企业的同时，建设了实体书店、影剧院、小剧场等配套公共文化空间，对园区周边社区文化氛围营造起到了良好的带动作用，成为百姓的"文化会客厅"，如77文创园、郎园Vitage等；有的实现了跨区域连锁经营，通过品牌授权、自主建设、合资运营等方式，不断提高园区知名度和影响力，如北京文化创新工场、尚8等。创意产业园区的发展为北京文化产业高质量发展提供了重要支撑，也为城市更新和文明复兴注入了全新活力。2018年1—11月，北京全市规模以上文化产业法人单位实现收入9 250.1亿元，同比增长13.1%，有力带动了首都经济高质量发展。

表 5-1　首批北京市文化创意产业园区名单

序号	所在区	园区名称
1	东城	嘉诚胡同创意工场（包括嘉诚有树、科玛斯车间、东城文化人才创业园、嘉诚印象、菊儿胡同 7 号等 5 家）
2	东城	中关村雍和航星科技园
3	东城	"北京德必天坛 WE" 国际文化创意中心
4	东城	77 文创园（包括美术馆、雍和宫、国子监等 3 家）
5	西城	中国北京出版创意产业园
6	西城	"新华 1949" 文化金融与创新产业园
7	西城	西什库 31 号
8	西城	北京天桥演艺区
9	西城	西海四十八文化创意产业园区
10	西城	北京 DRC 工业设计创意产业基地
11	西城	天宁 1 号文化科技创新园
12	西城	北京文化创新工场车公庄核心示范区（西城区）
13	朝阳	莱锦文创园
14	朝阳	郎园 Vintage 文化创意产业园
15	朝阳	东亿国际传媒产业园
16	朝阳	751D·PARK 北京时尚设计广场
17	朝阳	恒通国际创新园
18	朝阳	北京电影学院影视文化产业创新园平房园区
19	朝阳	北京懋隆文化产业创意园
20	朝阳	798 艺术区
21	朝阳	北京塞隆国际文化创意园
22	朝阳	尚 8 国际广告园
23	海淀	清华科技园
24	海淀	中关村数字电视产业园
25	海淀	中关村东升科技园
26	海淀	768 创意产业园
27	海淀	中关村软件园
28	大兴	星光影视园
29	大兴	北京大兴新媒体产业基地
30	大兴	北京城乡文化科技园
31	通川	弘祥 1979 文化创意园
32	昌平	腾讯众创空间（北京）文化创意产业园
33	经济技术开发区	数码庄园文化创意产业园

打造富有活力的科创服务平台
——北京中关村新兴科技服务业产业联盟采访记

党的二十大报告提出，"统筹推进国际科技创新中心、区域科技创新中心建设，加强科技基础能力建设，强化科技战略咨询，提升国家创新体系整体效能。""作为战略性新兴产业，科技服务业是实现中国'网络强国'和'制造强国'战略部署的重要支撑，是推动科技与经济融合发展的桥梁纽带，正逐步成为国际科技竞争的焦点领域。"中关村新兴科技服务业产业联盟理事长孙毅表示。

作为民政部在北京中关村推行先行先试改革措施的全国性科技社团，中关村新兴科技服务业产业联盟在探索和推动新兴科技服务业发展过程中，已形成 7 000 多家高新技术企业服务成果，建立包含 262 家上市公司和 326 家专精特新"小巨人"企业发展问题案例库，汇集 550 多个服务案例，连续 3 年发布《北京科技服务业白皮书》，成为北京科技服务业形成万亿元级产业集群的重要力量之一。

引领行业标准建设

科技服务业在发展进程中，需要解决行业标准化问题。北京大学新结构经济学研究院院长林毅夫表示，当一个产业走向成熟的时候，需要考虑如何用标准体系的方式推动细分领域产业的发展问题。

党的二十大报告提出，"加快实现高水平科技自立自强。""在多年服务中关村新兴产业市场主体的基础上，联盟梳理科技服务业领域的标准体系，对国家在以新一代信息技术为引领的新兴科技服务业产业政策制定上具有重要参考意义。"中科院科技战略咨询研究院研究员李晓轩说。

"目前，在国家层面，尚未对科技服务业的内涵与外延作出统一定义。结合科技服务业在新一代信息技术推动下产品迭代周期变短、技术路线变化加快的实际情况，联盟在产业界层面需继续发挥引领作用，采取可行的方式方法，梳理产业链全链条、全流程及关键环节需求，让创新要素资源有效落实到产业发展中。"孙毅说。

"标准的国际发展趋势是体系化方向，每个产业创新发展需要跨界多技术深度融合支持；每项技术也同样需要跨界技术协同应用，我们联盟是国内第一个采取标准体系方式引领科技服务产业发展的科技社团。"孙毅说，从 2021 年在中科院科技战略咨询研究院召开专家会，到与北京经济技术开发区探讨国家级经济技术开发区科技服务体系建设，再到 2022 年 11 月 30 日发布《科技服务业标准体系》，中关村新兴科技服务业产业联盟积极尝试用建立科技服务业标准体系的方法把握推动行业发展。

提升创新服务能力

日前，2022 年北京国际科技创新中心建设专题研修班在中关村核心区开班，近

500 家高新技术企业参与学习。"这是党的二十大闭幕以后，我们着手开展的重点工作之一。前来学习的，有 82 家上市公司、34 家创新型央企国企、217 家北京市专精特新企业、64 家国家级'小巨人'企业。"孙毅说。

"研修班以实际行动落实党的二十大报告中关于统筹推进国际科技创新中心建设的战略部署，聚焦'卡脖子'技术，服务产业，在'核心技术研发、科技成果转化、经营系统支撑、外部条件拓展'方面提升服务高新技术企业创新能力，为北京国际科技创新中心建设提供支撑。"孙毅说。

"学习平台集政策宣讲、平台链接、服务赋能于一身，帮我们及时解读政策，也有助于提升核心技术研发和科技成果转化等方面的创新能力，促进公司更好地融入北京国际科技创新中心建设。"星际荣耀副总经理张骁飞说，研修班作为开放性平台，帮助公司系统学习政策、了解国际科创中心建设重点任务的同时，也为公司链接产业合作伙伴。

"我们的目标是成为中国最具活力的科技服务业创新服务平台。"孙毅说，按照计划，到 2025 年，北京国际科技创新中心基本形成，届时将会实现北京市约 3.5 万家高新技术企业的服务覆盖，科技社团的作用也将发挥得更加充分。

推进"两新"组织党建工作

新经济组织和新社会组织是伴随改革开放和社会主义市场经济发展而产生的新生事物，离不开高质量的党建工作。党的二十大报告强调"加强新经济组织、新社会组织、新就业群体党的建设"，对"两新"组织发展提出更高要求，也为抓好"两新"组织党建工作提供了科学指引。

作为"两新"组织中的新社会组织，中关村新兴科技服务业产业联盟自 2015 年成立以来，就坚持以党建带统战、统战促党建，以党建引领业务为主线，聚焦北京十大高精尖产业和八大未来产业，建立"大党建＋大统战"高新技术企业服务体系，逐步实现北京市约 2.9 万家高新技术企业的科技服务覆盖。

"我们针对高新园区小微企业和创业团队党员人数少、规章制度不健全、党建人才缺乏等普遍问题，建立了'把党员培养成人才，把党员人才培养成高技能人才和经营管理人才'的培育机制。"孙毅说，"此外，通过调动创新创业和产业集群资源，为科技领域的党员提供就业、创业机会和服务保障，把科技人才留在科技体系里，是我们联盟的服务内容之一。这些年联盟企业中的不少员工，通过中关村新兴科技服务业产业联盟党组织牵线找到了新工作。"

任务二 寻觅创业机会

一、创业机会的概念与特征

（一）创业机会的概念

创业机会是从机会概念延伸而来的，所以，理解创业机会首先要明白什么是机会。

在汉语里，机会与机遇、时机具有相似的含义。

机会是不断变化的。韩愈在《与鄂州柳中丞书》中说："动皆中于机会，以取胜于当世"；陆游在《感兴诗》中说："诸将能办此，机会无时无"。

《三国志》中将机会定义为事物的关键："汉中则益州咽喉，存亡之机会，若无汉中则无蜀矣。"

《辞海》中将机会定义为一些情景条件。机会是机遇或时机，机遇是有利于社会发展、工作开展和科学发展的机会、时机。它的出现有客观原因，偶然性之后有必然性和规律性；人在规律面前可以发挥主观能动性。勤于实践、勇于创新、敏锐的识别能力、科学的想象力、丰富的知识和经验等是捕捉机遇必不可少的条件。

《牛津英语词典》将机会定义为"事物朝着有利于目标实现或者使事情达成的一个时间、时机或条件（A time，juncture，or condition of things favorable to an end or purpose，or admitting of something being done or effected）"。

那么，什么是创业机会呢？

沙恩认为创业机会是一种复杂的不断变化的情景或条件，在该情景中，技术、经济、政治、社会和人口条件的变化产生了创造新事物的潜力，即机会具有产生经济价值的潜力，并且在它所产生的社会里被认为是值得追求的，即机会的开发符合现有的法律和道德标准，因此，这个过程不会受到这些标准的阻碍或约束。

维卡塔拉曼将创业机会定义为能在将来创造目前市场所缺乏的物品或服务的一系列的创意、信念和行动。比如，创业机会导致了网景公司的出现，它包括产生用户友好的网络浏览器（Mosaic）的理念，相信因特网（Internet）能够商业化，一系列的决策行动将Mosaic的创造者 Marc Andreesen 和硅片制图技术（Silicon Graphics）的前创建者 Jim Clark 联合起来在一个小镇上组建了一个生产基地。

由此可得出，创业机会（Entrepreneurial Opportunity）可以理解为一种商业机会（Commercial Opportunity）或市场机会（Business Opportunity）。它是指有吸引力的、较为持久的和适时的一种商务活动的空间，并最终表现在能够为消费者或客户创造价值或增加价值的产品或服务之中，同时能为创业者带来回报（或实现创业目的）。

（二）创业机会的特征

1. 创业机会的一般特征

（1）普遍性。凡是有市场、有经营的地方，客观上就存在着创业机会。创业机会普遍存在于各种经营活动过程之中。

（2）偶然性。对于一家企业而言，创业机会的发现和捕捉带有很大的不确定性，任何创业机会的产生都有"意外"因素。

（3）消逝性。创业机会存在于一定的时空范围之内，如果产生创业机会的客观条件发生变化，创业机会就会相应的消逝和丧失。

2. 创业机会的其他特征

（1）具有行业吸引力。不同行业的利润空间、进入成本和资源要求不同，其行业吸引力也不同。一般来说。最具吸引力的、持续成长的行业有不断增长的市场空间和长期利润的预期，对新进入者的限制较少。

另外，当产品对消费者必不可少时，消费者对该产品存在刚性需求，如生活必需品，这也会提升行业吸引力。行业的选择是创业者选择机会首要考虑的问题。对于任何创业者，应首先进入那些大部分参与者都能获得良好效益的行业，而不要选择那些很多公司为了生存而拼命挣扎的行业。

（2）具有持续性。具有购买力和购买欲望的消费者有未被满足的需求，真实的市场需求能对创业者、消费者双方产生一定的吸引力。创业者在承担风险和投入一定资源之后，可以获取回报和收益，因而，创业项目呈现出一定的持续性、持久性。这里的持续性主要是指创业机会会持续一定的时间，从而使创业者有可能去发现、评价和开发利用。创业者将自身所拥有的资源、战略开发方案与创业机会结合起来，可以不断提升创业机会的价值。

（3）具有时效性。时效性是指创业机会必须在机会窗口存续的时间内被发现并利用。而机会窗口是指商业想法推广到市场上所花费的时间。若竞争对手已经有了同样的思想，并已把产品推向市场，那么机会窗口也就关闭了。俗话说："机不可失，时不再来。"企业如果不能及时捕捉，就会丧失难得的市场良机。事物总是不断发展变化的，当事物发展对创业有利时，这就是创业机会，但事物还会继续发展，不会停滞不动，机会如果不被加以利用就会因为发展变化而消失。而且由于机会的公开性，其他人也可能利用，这就改变了供需矛盾，加速了事物的变化过程，机会也就失去了效用，甚至成为创业者的威胁。对于创业者来说，要抓住创业机会并及时利用，越早发现创业机会并采取措施将机会付诸实施，成功的可能性也就越大。

（4）具有可行性。创业者把握好创业机会，可以谋取利益，得到相应的利润回报。并不是所有的创业机会都能够被挖掘出来。在实际的创业活动中，创业者必须利用整合到的资源，提出切实的战略开发方案，结合可行的创业机会，方可提升创业机会的价值。

这里的可行性主要是指创业机会不超出创业者所具备资源、利用资源的能力等必备条件的范围。创业机会对于创业者而言具有一定的价值。创业者可以为购买者提供产品、服务，在满足人们期望的价格基础之上，自己的创业规模也可达到一定的提升。因此，创业机会具有实现价值创造的可能性，可以得到更好地实现价值。

二、创业机会的来源与类型

(一) 创业机会的来源

创业机会既可能是自然生成的，也可能是创业者自己去创造、去挖掘的，且多数是后一种情况。创业者要想赢得创业机会，就需要搞清楚并关注创业机会的来源。创业机会主要来自以下五个方面。

1. 创造发明

创造发明提供了新产品、新服务，更好地满足了顾客的需求，同时也带来了创业机会。例如，随着计算机的诞生，计算机维修、软件开发、计算机操作的培训、图文制作、信息服务、网上开店等创业机会随之而来；即使不发明新的东西，也可以销售和推广新产品，从而带来商机。

2. 问题

"人类所有的财富都躲到问题的后边，当你帮助别人解决问题的时候，财富会随之而来。"创业的根本目的是满足顾客的需求，而顾客的需求在没有得到满足前就是问题。寻找创业机会的一个重要途径是善于发现和体会自己与他人在需求方面的问题或生活、工作中的难处。例如，上海有一位白领丽人发现家离公司远的白领阶层中午想忙里偷闲地多休息一会儿，以便舒缓身心疲惫，养精蓄锐，但公司一般是不允许放床让员工休息的，于是她创办了一家小旅馆"睡吧"，年入百万，这就是把问题转化为创业机会的成功案例。

3. 变化

创业机会大都产生于不断变化的市场环境，环境变化了，市场需求、市场结构必然发生变化。德鲁克将创业者定义为那些能"寻找变化并积极反应，把它当成机会充分利用起来的人"。这种变化主要来自产业结构的变动、消费结构的升级、城市化的加速、人们思想观念的变化、政府政策的变化、人口结构的变化、居民收入水平的提高、全球化趋势等方面。例如，我国已经进入了老龄化的社会，所以，老人保健、老人陪护等方面就有创业机会。

4. 新知识、新技术的产生

在知识经济时代，用科技、知识创业是新模式，也是必然趋势。例如，随着健康知识的普及和技术的进步，围绕"水"就带来了许多创业机会，上海就有不少创业者加盟"都是清泉"而走上了创业之路。

5. 弥补对手缺陷

很多创业机会是缘于竞争对手的不足和失误而"意外"获得的，如果能弥补竞争对手的缺陷和不足，这也将成为创业机会。看看周围的公司，能比他们更快、更可靠、更便宜地提供产品或服务吗？能做得更好吗？若能，也许就找到了机会。

（二）创业机会的类型

1. 根据创业机会来源分类

根据创业机会的来源划分，可将创业机会分为行业创业机会与边缘创业机会。

出现在新企业经营领域内的创业机会为行业创业机会；出现在不同行业的交叉点、结合部的创业机会为边缘创业机会。通常，创业者对行业创业机会比较重视，而忽视行业与行业之间的"夹缝""真空地带"产生的未被满足的需求。由于行业内竞争比较激烈，行业创业机会利用的效益相对较差，而在"真空地带"产生的边缘创业机会，其竞争不激烈，机会利用的效果也较好。所以，边缘创业机会是创业者在行业外寻找创业机会比较理想的选择。例如，"中国铁画"就是将冶金和绘画结合起来产生的；又如，"药膳食品"是把医疗同食品结合起来产生的；再如，芭比娃娃是将婴幼儿喜欢的娃娃与少男少女的形象结合起来，形成了一个新的组合，满足了脱离儿童期但还未成年的人群的需求，最终获得了巨大成功。

2. 根据创业机会主体分类

根据创业机会主体划分，可将创业机会分为社会机会和个别机会。

社会机会是指在一个特定的历史时期由于社会或经济形势的某种变化所形成的有利客观因素，是一个系统性、全面性的机会，不需要考虑某一社会活动主体的自身条件，而是以全体社会成员为对象的。同处一个特定时代的人，都能拥有或利用这种机会。个别机会是针对个别创业者在特定时间的良好机遇而言，是指从事某一社会或经济活动的个别创业者所需要的创业机会，所以也称个人发展机会。这种创业机会因人而异，非常具体。由于创业者自身的情况不尽相同，对有些创业者来说可能是机会，但对另一些创业者来说未必就是机会。

需要指出的是，个别机会是从社会机会中派生出来的，要在社会机会的前提下，才能发挥作用。在目前市场经济的社会机会里，许多创业者能各显神通。例如，能源危机引起对新能源的需求；独生子女向二胎子女的转变，引发对儿童用品量增加的需求；生活水平提高，人们保健意识增强，引起对保健品的需求等。而在社会机会中，那些符合创业者目标能力、有利于形成新企业优势的社会机会才是个别机会。

3. 根据创业机会客体分类

根据创业机会客体划分，可将创业机会分为市场创业机会和技术创业机会。

市场创业机会是指市场机会及环境中存在的未被充分满足的市场需求。这些未被充分满足的市场需求是客观存在的，而不是创业者所创造的；技术创业机会是指技术商业化的机会。技术创业机会和市场创业机会有时候或许难以区分，但是这两者存在着一个显著差异：市场创业机会是指创业者首先感知到未被满足的市场需求，然后整合资源（包括整合技术资源）去满足这些市场需求；技术创业机会是指创业者首先拥有技术资源，然后为这些技术资源寻找市场。

4. 根据创业机会可识别性分类

根据创业机会的可识别性划分，可将创业机会分为显现创业机会和潜在创业机会。

在市场上存在着明显的未被满足的某种需求称为显现创业机会，而隐藏在现有某种需求背后的未被满足的某种需求称为潜在创业机会。例如，20世纪80年代兴起的吸氧热就是一个明显的显现创业机会。很多创业者都发现并捕捉了这个创业机会，但这种创业机会容易寻找和识别，发现的人多，创业者也就多，创业者人数一旦超过一定限度，就会造成供过于求，最终给创业者带来亏损。

在市场中，并非所有的创业机会都是一目了然、凸显于创业者面前的，更多的机会是"隐身"于市场之中，需要创业者运用敏锐的嗅觉去发掘。由于很难为多数创业者发掘，潜在的创业机会一般也意味着较高的市场回报。因此，深入挖掘市场中的潜在机会，对于创业者来说，具有较大的诱惑力和更为光明的前途。

20世纪80年代以来，我国化妆品市场日渐兴旺，这是显现创业机会。而个别创业者对市场需求进行分析后，找到一个隐藏在化妆品市场背后的大市场——工业护肤品细分市场。他们认为，各种劳动过程和劳动岗位，由于劳动条件不同，如高温、有毒、野外等，对护肤品的要求也不同，生活护肤品满足不了这种要求。因此，他们把这一机会作为新企业的目标市场，结果获得很大的成功。

5. 根据创业机会影响时间分类

根据创业机会的影响时间划分，可将创业机会分为现实创业机会与未来创业机会。

目前市场上存在的尚待满足的某种需求为现实创业机会；目前市场上还没有或仅表现为少数人的消费需求，但预期在未来某段时间内会出现的大量需求为未来创业机会。现实创业机会是已经出现的，所以，创业者容易识别和把握，但对未来创业机会的识别和利用则要困难得多。这两种创业机会之间并没有严格的界线，任何一个未来创业机会经过一定的时间、在特定的条件下，最终都可能变成现实创业机会。

从营销的角度来看，创业者要提前预测未来创业机会，并积极进行相应的准备，一旦未来创业机会变为现实创业机会，即将预备的产品抢先进入市场，以获得市场的主动权。例如，20世纪60年代，西欧和美国都热衷于制造大型豪华汽车的时候，日本汽车业对未来汽车市场进行了预测，结论是：随着家庭人口的变少，以及就业机会、闲暇机会的增多，一户一车将会向一户多车转变；中东紧张局势有可能引发能源危机。鉴于上述分析结果，日本汽车业认为，小型、低耗、价格便宜、驾驶灵活的汽车将会有越来越大的市场需求。因此，日本汽车业着手研制小型汽车，并从20世纪70年代开始进军欧美市场，到20世纪80年代，日本小汽车已在美国市场上形成了强有力的竞争优势。

知识拓展：李维斯发明牛仔裤

三、识别创业机会

(一) 创业机会识别的内涵

创业机会识别是从创意中筛选出具有客户需求的创意。创意只是创业者认识创业机会的阶段成果或创业机会的雏形，创意是指好的想法，但好的想法并不一定都能形成创业机会，只有那些能满足客户需求的、能够提供或开发满足需求方式的创意才可能发展成为创业机会。

从辩证唯物的思维来看，需求与满足需求的方式是一个事物的两个方面，是辩证统一的。需求决定了满足需求的方式，满足需求的方式又制约了需求的实现。没有需求，满足需求的方式就失去了存在的意义；反之，有需求，没有能够满足需求的方式，需求也就没有可能实现。所以，创业机会究其本质是一种未满足的需求。

因此，创业机会识别本质上是对客户需求的识别，由于客户需求的复杂性、多元化和动态性，使创业机会识别也成为一个复杂的过程。

(二) 创业机会识别的目的

创业机会识别是从若干的创意（商业想法或念头）中筛选出潜在（可能）的创业机会，或者就单一的创意从有无须求和"满足特定需求的方式"两个方面来进行识别，其结果往往形成一个商业概念。这个概念包括市场需求如何满足或资源如何配置等问题。

在识别过程中，主要是针对创意的市场需求进行分析，进而从创意中识别出具有市场需求且现实可行的创意。在综合考虑创业者和创业环境等方面因素的前提下，建立创业机会识别的标准，针对被识别创意，通过对市场环境的系统分析及一般的行业分析来判断该创意是否属于有利的创业机会，从而筛选出具有市场需求的、有价值的创意。创意可能数量众多，其中很多在现实条件下根本无法实现，只有少量的创意经得起推敲或能够通过随后进行的技术性、经济性等方面的分析。创业机会识别的主要意义是剔除那些具有明显不合理性的创意，为创业机会的形成降低不确定性和减少工作量。

(三) 影响创业机会识别的因素

1. 创业者的信息存量

创业者的信息存量是创业者所掌握的相关市场、产品或技术的信息的数量。具体而言，创业机会识别所需信息存量应包括以下几个方面。

（1）竞争信息资源。竞争和市场是市场经济条件下配置资源的重要基础，是推动企业发展和进步的基本动力。没有竞争，市场经济和新企业也就失去了生机与活力。但是，竞争也是非常残酷的。新企业要想生存与发展，就必须了解竞争对手的情况，发挥优势，抢占先机，及时将新产品或服务推向市场，从而保证新企业在竞争中始终保持良好的发展态势。

（2）技术信息资源。技术是变化最为快速的环境因素。技术的进步可以创造新的市场，产生大量新型的和改进的产品，改变新企业在产业中的相对成本及竞争地位，也可以使现有产品及服务过时。技术的变革可以减少或消除企业之间的成本壁垒，缩短产品的生命周期，还可以带来更大的新的竞争优势。因此，创业者应当熟悉技术的变化趋势，在识别创业机会时，要收集相关的技术信息资源。

（3）市场信息资源。市场信息是一种重要的经济信息。微观的市场信息是指有关市场商品营销的各类信息，包括商品评价、渠道评价、促销评价、产品开发情况、消费者购买状况、企业形象状况等。宏观的市场信息则是指在一定时间和条件下，同商品交换以及与之相联系的生产与服务有关的各种信息、情报、数据、资料的总称。微观与宏观的市场信息共同构成了市场经济信息的核心部分。因此，为了识别出宝贵的商机，创业者必须注重收集市场信息。

（4）创新信息资源。创新是创业的本质，创新是企业生存和发展的重要基础。创新只有获得可靠的信息支持，才能使生产出来的产品满足消费者的需要，不会很快被市场淘汰。当然，创业者需要投入足够的精力和时间搜寻创新信息资源，才能使企业拥有竞争力。

（5）政府政策和相关法规信息资源。政策和法规会影响到新企业的未来，给其成功带来不确定因素。创业者要时刻关注政府政策和相关法规的变化，更好地发现和识别创业机会。

2. 创业者的理性程度

创业者理性程度是创业者对信息存量相互关系及价值的理解程度，主要表现为对隐性知识和信息之间进行联系的创造性过程。通过这一过程，使创业者深刻感受到看似无关的事物之间的联系，从而识别或分析创业机会。创业者的理性程度主要受以下几个方面因素的影响。

（1）创业警觉性。毫无疑问，现实中的每个个体都有自己独特的关注点。创业机会的识别过程中受到各种因素的综合性影响，已有研究证明，创业警觉性是创业机会识别过程中的关键因素之一。其中最具代表性的观点如伊斯雷尔·柯兹纳认为绝大多数创业机会的识别是偶然发生的，创业机会识别的能力在很大程度上会依赖于创业者所拥有的与技术和市场等有关的独特知识和能力，但是，唯有那些具有创业警觉性的个体才能够发掘出创业机会并成功地加以利用。赫里斯指出，个体所拥有的创业警觉性越高，则其所具有的机会认知能力就越强；一些个体所拥有的独特的个性特征会帮助其提高自身的创业警觉性，个体跟环境之间的互动交流也有助于提高创业警觉性。只有那些具有创业警觉性的创业者才能成功识别出具有商业价值潜能的最初创意。阿迪齐维利等人认为，具有较高创业警觉性的创业者更有可能成功地识别和开发出创业机会。当然，该模型还同时强调了社会网络、创业者的特殊爱好及创业者所拥有某些特定市场的知识等因素，并强调了较高的创业警觉性与个体所具有的较强创造力及开朗、乐观的个性息息相关。

（2）先前的知识和工作经验。研究人员普遍认为，对于新技术企业的绩效与成败而言，在很大程度上取决于创业者在过去的学习和工作中所积累起来的知识、技能与各种经验。过去积累的知识和工作经验有助于创业者不断积累出更多有用的创业机会，并识别和开发所需的商业知识与信息。

20世纪80年代，不少学者在研究风险资本家做出决策的依据时发现，创业者个人或创业团队的知识或经验构成起着十分重要的作用。经过近些年的研究，众多学者已经就创业者或团队所拥有先前知识和经验在创业活动中所起的正面促进作用达成了共识。例如，Shane指出，个体所积累的知识和经验构成了创业者在面对相同的信息时做出决策或行动的重要参考变量或诱因，创业者最终所识别出的创业机会通常与先前知识和工作经验密切相关。

（3）个体认知风格。近年来，行为科学学者倾向于从个体认知特征的角度去分析创业者的创业行为特点。创业机会识别在实质上是一种较为特殊的信息认知和加工过程，认知过程的结果如何，与创业者个体的认知特征密切相关。

不少研究认为，那些最终取得成功的创业者，其认知风格呈现出典型的创新型的特征。具备这种认知风格的创业者，其风险担当意识和勇于挑战意识等方面均超乎常人。在具体行动上，该类创业者往往不会拘泥于已有的条条框框，呈明显的发散性思维模式特征。

如前所述，创业机会识别是一个动态的过程，创业者感知并发掘出创业机会实质上是对创业机会的认知。创业者不断认知和学习，除基于自身的知识和经验外，也会不断地模仿他人的行为、经验或吸取教训。一些学者甚至认为通过他人的创业行为去认知创业机会或许更有利于实施创业活动，从而不断地提升创业者的机会识别与开发的能力和实践。

可见，创业者的个体认知风格和认知能力对机会识别能力的培养与提高至关重要。

（4）创造性思维。创造性思维是认知加工过程的重要组成部分，是通过对没有关联的信息和知识的重组、匹配、加工而产生新颖性想法的认知思维方式。从某种程度上来说，机会识别实际上是一个创造过程，创造性思维贯穿始终。

创造性思维就是认知过程中的一种信息处理能力，由此可知，创造性思维能够提升识别机会可行性和盈利性的能力。史密斯和格雷格里奥认为，创造性思维的存在增大了机会识别的可能性，而创业机会的识别本质上是为了维持超额利润的行为。

（5）社会网络。社会网络可以理解为社会活动参与者及其相互之间联系而形成的有机整体，即由特定的人群之间由于相互联系而构成的社会结构单元，它承载了相关的信息、知识、各种社会情感等多种错综复杂的社会资源。

创业活动的参与者可以通过这种网状的社会结构单元来获取相应的资源，识别和利用客观存在着的创业机会。基于社会学研究范式社会网络理论，初始阶段的创业决策在很大程度上取决于创业者从其社会网络中所获取的知识和社会资源。个体可以通过社会网络以扩大自身创业所需的知识边界，促成创业行为的形成。通过实证研究发现，约有一半的创业者是通过自身社会关系网络中他人的支持与帮助而识别出创业机会的。

创业者利用社会网络资源识别出创业机会的可能性将比单独行动的创业者更大，这是因为创业者在创业机会识别过程中不可避免地会受到"不完全性信息"及个人"有限理性"的影响。创业者所处的社会网络能够为其提供大量有价值的信息资源和有用的知识，从而有效地扩展自身的"有限理性"。

可见，社会网络有助于创业者获取更多有用的知识和社会资源，起到连接创业机会与创业者的桥梁作用，个人通过社会网络更易于识别出环境中的创业机会。个人所处社会网络的复杂程度、多样性、网络中各种社会关系的强度和密集程度均会对创业机会的识别产生深刻影响。

3. 创业者的信息存量与理性程度的匹配

信息存量的大小与创业者理性程度的高低决定了创业机会的识别程度，如图 5-1 所示。如果一个人的理性程度低，信息存量小，即信息与理性匹配程度低，他只能是个远离机会者，创业机会对他来说也许根本不是机会；如果一个人理性程度低，但有很大的信息存量，他能够成为信息的提供者，为创业者提供创业信息；如果一个人有较高的理性程度，但没有丰富的信息储量，他也只是潜在机会识别者；如果一个人理性程度高，信息存量也大，即信息与理性程度匹配程度高，那么他就具有敏锐的眼光，能够识别创业机会，这样的人才适合选择创业。

<table>
<tr><td></td><td colspan="2" align="center">创业者的理性程度</td></tr>
<tr><td></td><td align="center">低</td><td align="center">高</td></tr>
<tr><td>信
息
存
量　小</td><td align="center">远离机会者</td><td align="center">潜在机会识别者</td></tr>
<tr><td>大</td><td align="center">信息提供者</td><td align="center">机会识别者</td></tr>
</table>

图 5-1　信息存量与创业者理性程度匹配图

（四）创业机会的识别过程

创业过程开始于创业者对创新创业机会的把握。大学生创业者从成千上万繁杂的创意中选择了自己心目中的创业机会，随之不断持续开发这一机会，使之成为真正的企业，直至最终收获成功。在这个过程中，机会的潜在预期价值及创业者的自身能力得到反复的权衡，创业者对创业机会的战略定位也越来越明确，这个过程称为机会的识别过程，一些研究也称其为机会开发过程，或者机会规划过程。

一些学者认为机会的识别和开发是创业的基础，应该是这个领域研究的焦点。一部分学者认为创业过程的核心部分是机会的创造及识别。机会识别是创业者机敏发现的结果。这是因为获得创业利润的机会是可能存在的，但是只有在认识到机会的存在并且机会具有价值时创业者才可能获得利润。因此，对机会的发现和开发的解释是创业的一个关键内容，识别和选择正确的机会是创业者成功开展新业务的重要能力之一。

创业机会识别包括以下三个过程：

（1）感觉或感知到市场需求和尚未利用的资源。

（2）认识到或发现在特殊的市场需求和特别的资源之间"相匹配的东西"。

（3）这种"相匹配的东西"以新业务的形式展现出来。这些过程分别代表了感知、发现和创造，而不仅仅是"识别"。

创业机会识别的三个过程可概括为机会发现、机会鉴别、机会评价三个阶段。

1. 机会发现

创业开始的关键可能来源于一个新产品或服务的创意，而创意往往来源于对市场机会、技术机会和政策变化信息的敏感和分析，来源于创业者在个人经验基础上的"灵感"。

在这个阶段，创业者对整个经济系统中可能的创意展开搜索，如果创业者意识到某一创意可能是潜在的商业机会，具有潜在的发展价值，就将进入机会识别的下一阶段。

（1）根据创意，明确研究的目的或目标。例如，创业者可能会认为他们的产品或服务存在于一个市场，但他们不能确信：产品或服务如果以某种形式出现，谁将是顾客。这样，一个目标便是向人们询问他们如何看待产品或服务，潜在的顾客愿意在哪里购买，以及预期会在哪里听说或了解该产品或服务等。

（2）从已有数据或第二手资料中收集信息。这些信息主要来源于商贸杂志、图书馆、政府机构、大学或专门的咨询机构及互联网等。一般可以找到一些关于行业、竞争者、顾客偏好趋向、产品创新等方面的信息。该种信息的获得一般是免费的，或者成本较低，创业者应尽可能利用这些信息。

（3）从第一手资料中收集信息。收集第一手资料包括一个数据收集过程，如观察、上网、访谈、集中小组试验及问卷等。一般来说，该种信息的获得成本都比较高，但却能够获得更有意义的信息，有助于创业者更好地识别创业机会。

2. 机会鉴别

相对整体意义上的机会识别过程，这里的机会识别应当是狭义上的识别，即从创意中筛选合适的机会。这一过程包括两个步骤：首先是通过对整体的市场环境，以及一般的行业分析来判断该机会是否在广泛意义上属于有利的商业机会；其次是考察。对于特定的创新创业者和投资者来说，这一机会是否有价值，也就是个性化的机会识别阶段。

一般来说，有关市场特征、竞争者等的可获数据，常常反过来与一个创业机会中真正的潜力相联系，也就是说，如果市场数据已经可以获得，且数据清晰显示出重要的潜力，那么大量的竞争者就会进入该市场，该市场中的创业机会随之减少。因此，对收集的信息进行结果评价和分析，识别真正的创业机会是重要的一步。

一般来说，单纯地对问题答案进行总结，可以给出一些初步印象；接着对这些数据信息交叉制表进行分析，则可以获得更加有意义的结果。即对创业者来说，收集必要的信息，发现可能性，将别人看来仅仅是一片混乱的事物联系起来以发现真正的创业机会，这是非常重要的。

3. 机会评价

实际上，这里的机会评价已经带有部分尽职调查的含义，相对比较正式，考察的内容主要是各项财务指标、创新创业团队的构成等，通过机会的评价，创新创业者决定是否正式组建企业，吸引投资。

（五）创业机会识别的方法

创业者可以通过多种方法识别创业机会，这里归纳几种较为常用的方法。

1. 利用市场环境变化把握创业机会

变化中常常蕴藏着商机，许多创业机会产生于不断变化的市场环境。环境变化将带来产业结构的调整、消费结构的升级、思想观念的转变、政府政策的变革、市场利率的波动等。例如，居民收入水平的提高，私人轿车的拥有量将不断增加，这就会派生出汽车销售、修理、配件、装潢、二手车交易、代驾等创业机会；在国有企业民营化的过程中，创业者可以在交通、电信、能源等产业中挖掘创业机会；循环经济、绿色制造的理念将变革传统的生产和消费模式，带来节能减排、废物回收、材料更新、循环利用等领域创业机会；移动互联网、3D打印技术、"云端计算"等高新技术的出现，必将引发新一轮产业革命。德鲁克将创业者定义为"寻找变化，并积极反应，把市场环境变化当成机会充分利用起来的人"。任何变化都能引发甚至创造出新的创业机会，需要创业者凭着自己敏锐的嗅觉去发现和识别。

2. 着眼于问题把握创业机会

问题往往隐含了被精巧掩饰的商业机会。寻找创业机会的一个重要途径就是善于发现和体会自己与他人在需求方面的问题或生活中的难处。需求方面的问题就是创业机会。很多创业者都是从发现问题开始，在解决问题的过程中，找到满足消费者需求、能为消费者创造价值的方案后，往往就能捕捉到具有市场前景的商机。例如，顾客需求在没有满足之前就是问题，而设法满足这一需求，就是抓住了市场机会。正因为有了各种各样的问题，才催生了各种创业机会。解决了旧问题，新问题还会出现。因此，创业永远存在机会，我们需要有问题意识，善于识别创业机会。

3. 跟踪技术创新把握创业机会

世界产业发展的历史告诉我们，几乎每个新兴产业的形成和发展，都是技术创新的结果。产业的变更或产品的替代，既满足了顾客需求，同时也带来了前所未有的创业机会。例如，计算机诞生后，软件开发、计算机维修、图文制作、信息服务和网上开店等创业机会应运而生。任何产品的市场都有其生命周期，产品会不断趋于饱和达到成熟直至走向衰退，最终被新产品所替代，创业者如果能够跟踪产业发展和产品替代的步伐，通过技术创新则能够不断寻求新的发展机会。

4. 在市场夹缝中把握创业机会

创业机会存在于为顾客创造价值的产品或服务中，而顾客的需求是有差异的。创业者要善于找出顾客的特殊需要，盯住顾客的个性需要并认真研究其需求特征，这样就可能发现和把握商机。时下，创业者热衷于开发所谓的高科技领域等热门课题，但创业机会并不只属于"高科技领域"，在金融、保健、饮食、流通这些所谓的"低科技领域"也有机会。所以，创业者要克服从众心理和传统习惯思维的束缚，寻找市场空白点或市场缝隙，从行业或市场在矛盾发展中形成的空白地带把握机会。

5. 抓住国家经济发展政策，把握创业机会

创业者一定要有宽阔的眼界，关注并研究国家宏观经济政策和行业发展趋势，如国家鼓励发展什么，限制发展什么，行业未来发展趋势如何等，这些都与创业机会密切相关。

6. 通过系统分析把握创业机会

多数创业机会都可以通过系统分析得以发现。人们可以从企业的宏观环境（政治、经济、法律、技术等方面）和微观环境（顾客、竞争对手、供应商等）的变化中发现创业机会。借助于市场调研，从环境变化中发现创业机会，是创业机会发现的一般规律。

7. 通过传媒、社会关系网络等途径整合资源把握创业机会

当今，电视、广播、网络等传媒都有铺天盖地的广告宣传。一个成功的项目，它的原型必须是成功的，对这些广告宣传的项目，要认真地对原型进行实地考察，切实从中寻找到好的创业机会，千万不能被虚假广告欺骗。

个人社会关系网络的深度和广度也影响着创业机会的识别，通常，拥有很多社会关系的人，比拥有少量社会关系的人更容易得到更多的创业机会。很多成功的创业者，都是在社会关系网络的作用下识别和确定创业项目的。

创业者需要创造性地整合各个方面的资源，这不仅可以创造出新的价值，还可以带来无尽的商业机会。机会本身就是通过对资源的创造性整合，满足市场及客户需求的渠道。

四、评价创业机会

（一）创业机会评价的内容

创业活动具有综合性、多变性、复杂性的特点。创业活动的这些特点在很大程度上决定了人们对创业计划的甄别难以通过简单的逻辑进行判断，也不能采用片面的财务或技术指标加以筛选。因此，创业者的机会评估是评价原始创业机会转化为市场可接受的产品或服务的可行性，即针对不明确市场需求开发相应产品或服务与针对创新性产品或服务谋求市场接受的可能性评价。创业者需要花费大量时间修正原始创业机会，创业机会评价是创业者选择与修正原始创业想法的决策过程。

创业机会评价其实就是要回答目标市场是否存在、有多大规模，以及作为主体的企业或创业者是否适合这个市场的问题。创业机会的评价一般有以下几条衡量标准，包括产业和市场、资本和获利能力、竞争优势、管理班子等方面。这些可以作为创业者从第三方角度看自己，进行自我剖析的重要参考。

1. 产业和市场

（1）市场结构。市场结构是指创业机会所在行业内部买方和卖方的数量及其规模分布、产品差别的程度和新企业进入该行业的难易程度的综合状态。通过创业机会的市场结构分析，可以了解市场集中度、市场竞争格局、进入该行业的难易程度、初创企业未来在市场中的地位，以及可能遭遇竞争对手反击的程度。对于行业集中度较高、市场进入障碍高的创业机会应放弃。

划分一个行业属于什么类型的市场结构，主要依据市场集中度、产品差异化、对产品价格的影响程度、市场进入障碍四个因素。准确了解创业机会所在行业的市场结构，可以预测该企业在未来市场中的地位，及可能遭遇竞争对手反击的程度。

1）市场集中度。市场集中度就是某行业市场排位前几名的企业其市场份额占整个市场的比例，也称集中率，它集中反映了市场的竞争和垄断程度。一般来说，集中度越高，意味着前几名企业在市场上的支配程度越高，对市场垄断的程度越高。

2）产品差异化。产品差异化指不同企业生产同类产品在质量、款式、性能、服务等方面存在的差异。

3）对产品价格的影响程度。市场集中度越高，市场排位前几名的企业对产品价格的影响程度越高。

4）市场进入障碍。市场进入障碍也称作市场进入壁垒，指的是与行业内原有企业相比，潜在的新进入企业在竞争条件上所具有的不利性，或者说是行业内原有企业在竞争条件上所具有的优越性。市场进入障碍由经济因素造成的称为经济性市场进入障碍。经济性市场进入障碍分为绝对成本优势、规模经济优势、产品差异化优势和对特有的经济资源的占有优势等。

（2）市场定位。一个好的创业机会，或一个具有较大潜力的企业必然具有特定的市场定位，专注于满足特定顾客的需求，同时，也可能为顾客带来增值的效果。因此，评价创业机会的时候，可从以下几个方面着手：

1）市场定位是否明确，做到别人不做的，我做；别人没有的，我有；别人做不到的，我做得到。

2）顾客需求分析是否清晰，是否从顾客需求或需求变化趋势着手，发现市场产品问题、缺陷，寻找市场进入机会。

3）顾客接触通道是否流畅，是否有效地建立了与顾客沟通的途径和方法，能及时寻找和发现有价值的市场营销机会。

4）产品是否持续延伸。也就是说，产品能否从深度和广度上不断拓展，产品是否能有效地进行各类组合等。

从以上几个方面我们可以来判断创业机会可能创造的市场价值，创业带给顾客的价值越高，创业成功的机会也会越大。对于用户来说，回报时间如果超过3年，而且又是低附加值和低增值的产品或服务是缺乏吸引的。一个企业如果无力在一单产品之外扩展业务也会导致机会的低潜力。

（3）市场规模。市场规模大小与成长速度是影响新企业成败的重要因素。

一般来说，市场规模大者，进入障碍相对较低，市场竞争激烈程度也会下降。如果要进入的是一个成熟的市场，那么纵然市场规模很大，由于已经不再成长，利润空间比必然很小，因此新企业就不值得再投入。反之，一个正在成长中的市场，通常也会是一个充满商机的市场，所谓水涨船高，只要进入时机正确，必然会有获利的空间。一般来说，一个总销售额超过1亿美元的市场是有吸引力的，在这样的一个市场上，占有大约5%的份额甚至更少的份额就可以获得很大的销售额，并且对竞争对手并不构成威胁，这样可以避免高度竞争下的低毛利和风险。

（4）市场占有率。市场占有率，又称为市场份额，是指一个企业的销售量（或销售额）在市场同类产品中所占的比重，它直接反映企业所提供的商品和劳务对消费者与用户的满足程度，表明企业的商品在市场上所处的地位，也就是企业对市场的控制能力。市场份额越高，表明企业的竞争能力越强。

一般来说，要成为市场的领导者，最少需要拥有20%以上的市场占有率，若低于5%的市场占有率，则这个新企业的市场竞争力显然不高，自然也会影响未来企业上市的价值。小型创业企业的市场占有率往往低于5%，同大型创业组织竞争，难以占优势。尤其是处在具有赢家通吃特点的高科技产业，新企业必须拥有成为市场前几名的能力，才比较有投资价值。

（5）市场渗透力。市场渗透力也就是增长率，对于一个具有大市场潜力的创业机会，市场渗透力（市场机会实现的过程）评估将会是一项非常重要的影响因素。聪明的创业者知道选择在最佳时机进入市场，也就是市场需求正要大幅度增长之际，做好准备等着接单。一个年增长率达到30%～50%的市场为新的市场进入者创造新的位置。

（6）成本结构。成本结构也可称为成本构成，是指成本中各项费用占总成本的比重。形成竞争优势的来源之一就是成本较低，较低的成本会给创业企业带来较大的竞争优势，使该创业机会的价值较高。成本结构可以反映产品的生产特点。

从物料与人工成本所占总成本之比重、变动成本与固定成本的比重及经济规模产量大小，可以判断企业创造附加价值的幅度及未来可能的获利空间。创业企业靠规模达到低成本是可行的，低成本的优势大多来源于技术和工艺的改进及管理的优化，创业机会如果运用专利技术，就拥有绝对成本优势，因为专利技术垄断了工艺技术或产业标准，专利保护的经济性壁垒限制了其他竞争者取得最新技术的机会，与其他竞争者相比，拥有专利的创业者在市场上更占有竞争优势。

（7）产品生命周期。产品生命周期是指产品的市场寿命。产品生命周期分为进入期、成长期、成熟期和衰退期四个阶段。对于创业者来说，选择了一个项目，当然希望能够有较长时间地经营，给自己带来效益。因此，创业者必须了解自己项目的市场寿命处在哪个阶段。如果处在进入期和成长期，这样产品的生命周期较长，有利于企业的发展。

2. 资本和获利能力

如果市场机会评估只是创业机会评估工作的一个方面，并且很多因素难以量化，那么效益评估就是更为全面的价值评估，它需要对未来企业的收益情况有量化的评估，无论对创业者还是投资者都是非常有益的参考依据。

（1）单位产品的毛利。单位产品的毛利是指单位销售价格减去所有直接、可变的单位成本。对于创业机会来说，高额和持久的获取毛利的潜力是十分重要的。

毛利率高的创业机会，风险相对较低，也比较容易取得损益平衡。反之，毛利率低的创业机会，风险相对则较高，遇到决策失误或市场产生较大变化的时候，企业很容易就遭受损失。一般来说，理想的毛利率是 40%。当毛利率低于 20% 的时候，这个创业就不值得考虑。例如，软件业的毛利率通常都很高，所以，只要能找到足够的业务量，从事软件创业在财务上遭受严重损失的风险相对比较低。

（2）投资回报率。考虑到创业者可能面临的各项风险，合理的投资回报率应该在 25% 以上。一般 15% 以下的投资回报率不值得考虑。

（3）策略性价值。是否创造新创企业在市场上的策略性价值，也是一项重要的评价指标。一般来说，策略性价值与产业网络规模、利益机制、竞争程度密切相关，而创业机会对于产业价值链所能创造的价值效果，也与它所采取的经营策略与经营模式密切相关。

（4）资本需求量。资本需求量较低的创业机会，投资者一般会比较欢迎。

事实上，许多个案显示，资本额过高其实并不利于创业成功，有时还会带来稀释投资回报率的负面效果。通常，知识越密集的创业机会，对资金的需求量越低，投资回报反而会越高。因此，在创业开始的时候，不要募集太多资金，最好通过盈余积累的方式来创造资金。而比较低的资本额，将有利于提高每股盈余，并且还可以进一步提高未来上市的价格。

（5）税后利润。高而持久的毛利率通常转化为持久的税后利润。一般来说，具有吸引力的创业机会，至少需要能够创造 15% 以上的税后利润。如果创业预期的税后利润是在 5% 以下，那么就不是一个好的投资机会。

（6）损益平衡所需的时间。损益平衡所需的时间也就是取得盈亏相抵和现金流量的时间，合理的损益平衡时间应该能在 2 年以内达到，但如果 3 年还达不到，恐怕就不是一个值得投入的创业机会。不过有的创业机会确实需要经过比较长的耕耘时间，通过这些前期投入创造进入障碍，保证后期的持续获利。比如保险行业，前期仅注册资金就需要数亿元，而一般投资回报周期为 7 ~ 8 年，一般来说，这样的行业不适用于第一次创业者。在这种情况下，可以将前期投入视为一种投资，才能容忍较长的损益平衡时间。

（7）退出机制。所有投资的目的最终都是在于更大的回收。从某种意义上看，投入就是为了退出。因此，退出机制与策略就成为一项评估创业机会的重要指标。企业的价值一般也要由具有客观鉴价能力的交易市场来决定，而这种交易机制的完善程度也会影响新企业退出机制的弹性。由于退出的难度普遍要高于进入,所以一个具有吸引力的创业机会,应该要为所有投资者考虑退出机制,以及退出的策略规划。

3. 竞争优势

(1)控制程度。如果能够对价格、成本和销售渠道等实施较强的或强有力的控制,这样的机会就比较具有吸引力。这种控制的可能性与市场势力有关,例如,一个对其产品的原材料来源或者销售渠道拥有独占性控制的企业,即使在其他领域较为薄弱,它也仍能够取得较大的市场优势,占有市场份额40%、50%甚至60%。一个主要竞争者通常对供应商、客户和价格的制定都拥有足够的控制力,从而能够对一个新企业形成重大的障碍。在这样一个市场上创办的一家企业将几乎没有自由。

(2)可变成本和固定成本。成本优势是竞争优势的主要来源之一。成本可分为固定成本和可变成本。从另一个角度又可分为生产成本、营销成本和销售成本等。较低的成本给企业带来较大的竞争优势,从而使相应的投资机会较有吸引力。一个新企业如果不能取得和维持一个低成本生产者的地位,它的预期寿命就会大大缩短。

(3)进入障碍。如果不能将其他竞争者阻挡在市场之外,新创企业的优势就可能迅速消失。这样的例子可以在硬盘驱动器制造业中发现。20世纪80年代早期到中期的美国,该行业未能建立起进入市场的障碍,到了1983年年底,就有约90家硬盘驱动器公司成立,激烈的价格竞争导致该行业出现剧烈震荡。因此,如果一家企业不能阻止其他公司进入市场,或者它面临着现有的进入市场的障碍,这样的创业机会就没有吸引力。

4. 管理班子

企业管理队伍的强大对于机会的吸引力是非常重要的。这支队伍一般应该具有互补性的专业技能,并具有在同样的技术、市场和服务领域赚钱和赔钱的经验。如果没有一个称职的管理班子或根本就没有管理班子,这种机会就没有吸引力。

(二)创业机会评价的步骤

确定创业机会评价的目标是第一步,目标决定和影响着评价指标体系的建立、评级方法的选择、评价结果的反馈。

对创业机会的影响因素分析有利于构建全面的创业机会评价指标体系,包括对内外部环境因素、社会经济因素、市场因素的评价。

已有学者对创业机会评价指标体系进行了提炼并通过实证分析,创业机会评价指标体系的构建可参考学者已提出的指标并结合创业机会评价目标和创业项目的具体情况进行修正。

评价方法是通过对评价指标的排序和量化,一般来说,对创业机会评价的方法可以选择定性和定量相结合的方法进行评价。

通过评价指标体系的概念化操作后,可咨询相关专家,对评价结果进行说明和反馈。

创业机会评价有以下步骤,如图5-2所示。

```
┌─────────────────┐
│   确定评价目标    │
└─────────────────┘
         ⇓
┌─────────────────┐        ┌─ ─ ─ ─ ─ ─ ─ ─ ─ ─ ┐
│  创业机会影       │───────▶│ 内外部环境因素；社会 │
│  响因素分析       │        │ 经济因素；市场因素等 │
└─────────────────┘        └ ─ ─ ─ ─ ─ ─ ─ ─ ─ ─ ┘
         ⇓
┌─────────────────┐
│   构建评价        │
│   指标体系        │
└─────────────────┘
         ⇓
┌─────────────────┐        ┌─ ─ ─ ─ ─ ─ ─ ─ ─ ─ ┐
│   评价方法        │───────▶│ 定性与定量评价方法   │
│   的应用          │        │                    │
└─────────────────┘        └ ─ ─ ─ ─ ─ ─ ─ ─ ─ ─ ┘
         ⇓
┌─────────────────┐
│   评价实施        │
└─────────────────┘
         ⇓
┌─────────────────┐
│   评价交馈        │
└─────────────────┘
```

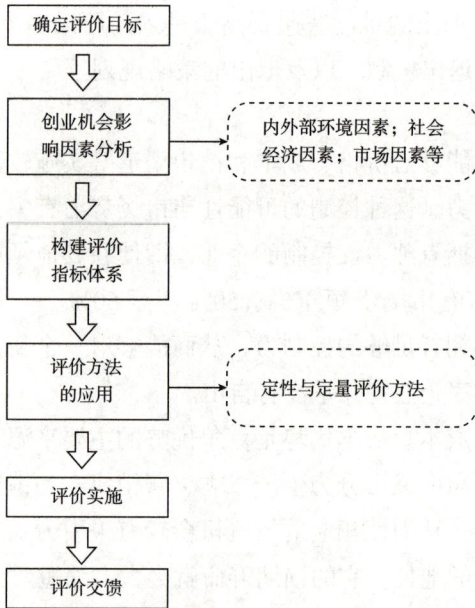

图 5-2　创业机会评价步骤

（三）创业机会评价的方法

对于创业者来说，关键在于如何能从众多机会中找出真正有价值的创业机会，并采取快速行动来把握机会。下面介绍几种可用于评价创业机会价值潜力的一般方法。掌握这些方法有助于创业者在发现机会后花费较少的时间、精力和成本迅速形成对创业机会价值潜力的基本判断。

1. 创业机会的定性评价法

创业机会的定性评价侧重考虑该创业机会所需具备的成功条件，本初创企业（或创业团队）在该机会上所拥有的优势，与本企业的发展方向与目标是否一致。判断一个机会值不值得投入全部精力和资金去创业，有三个非常简单的定性标准，即市场规模是否足够大、是否可以实现高速扩张、是否可以形成"护城河"。具体来说，创业者和他的投资者必须调研，试图回答以下五个基础问题并遵照以下标准和环节来加以判断。

（1）五个基础问题。

1）机会的大小、存在的时间跨度和随时间成长的速度如何？

2）潜在的利润是否足够弥补资本、时间和机会成本的投资而带来令人满意的收益？

3）机会是否开辟了额外的扩张、多样化或综合的商业机会选择？

4）在可能的障碍面前，收益是否会持久？

5）产品或服务是否真正满足了真实的需求？

（2）五项基本标准。

1）机会对产品有明确界定的市场需求，推出的时机也是恰当的。

2）投资的项目必须能够维持持久的竞争优势。

3）投资必须具有一定程度的高回报，从而允许一些投资中的失误。

4）创业者和机会之间必须互相合适。

5）机会中不存在致命的缺陷。

（3）五个常规环节。

1）判断新产品或服务将如何为购买者创造价值；判断新产品或服务的使用的潜在障碍，如何克服这些障碍；根据对产品和市场认可度的分析，得出新产品的潜在需求、早期使用者的行为特征、产品达到创造收益的预期时间。

2）分析产品在目标市场投放的技术风险、财务风险和竞争风险，进行机会窗分析。

3）在产品的制造过程中是否能保证足够的生产批量和可以接受的产品质量。

4）估算新产品项目的初始投资额，考虑使用何种融资渠道。

5）在更大的范围内考虑风险的程度，以及如何控制和管理这些风险因素。

2. 创业机会的定量评价

定量分析法是对统计数据经过数理模型的处理，用数理模型计算出的结果对评价对象进行说明和判定的一种方法。

（1）标准打分矩阵法。标准打分矩阵法是通过选择对创业机会成功有重要影响的因素，并由专家小组对每个因素进行最好（3分）、好（2分）、一般（1分）3个等级的打分，最后求出每个因素在各个创业机会下的加权平均分，从而可以对不同的创业机会进行比较。表5-2中列出了其中10项主要的评价因素，在实际使用时可以根据具体情况选择其中的全部或部分因素来进行评估。

表5-2　标准打分矩阵表

标准	专家打分			
	最好（3分）	好（2分）	一般（1分）	加权平均分
易操作性				
质量和易维护性				
市场接受性				
增加资本能力				
投资回报				
专利权状况				
市场大小				
制造的简单性				
口碑传播力				
成长潜力				

（2）贝蒂选择因素法。在贝蒂选择因素法中，通过11个选择因素的设定来对创业机会进行判断。如果某个创业机会只符合其中的6个或更少的因素，说明这个项目机会很可能是不可取的；相反，如果某个项目机会符合其中的7个，或7个以上的因素，那么这个项目机会将会大有希望。但是，如果项目存在"致命缺陷"，需要一票否决。致命缺陷通常是指法律、法规禁止，需要的关键技术不具备，团队不具备匹配项目机会的基本资源等

方面的系统风险。该方法比较适合于创业者进行自评，可以通过表 5-3 中所列的 11 个因素来对创业机会进行判断。

表 5-3　贝蒂选择因素表

序号	因素
1	这个创业机会在现阶段是否只有你一个人发现了？
2	初始的产品生产成本是否可以接受？
3	初始的市场开发成本是否可以接受？
4	产品是否具有高利润回报的潜力？
5	是否可以预期产品投放市场和达到盈亏平衡点的时间？
6	潜在的市场是否巨大？
7	你的产品是不是一个高速成长的产品家族中的第一个成员？
8	你是否拥有一些现成的初始用户？
9	是否可以预期产品的开发成本和开发周期？
10	是否属于成长中的行业？
11	金融界是否能够理解你的产品和顾客对它的需求？

（3）珀泰申米特法。珀泰申米特法是计算创业机会的成功潜力的指标。对于每个因素来说，不同选项的得分可以从 -2 分～ +2 分，通过对所有因素得分的加总得到最后的总分。总分越高，说明特定创业机会成功的潜力越大。只有那些最后得分高于 15 分的创业机会，才值得创业者进行下一步的策划，低于 15 分的都应被淘汰。珀泰申米特法评价表见表 5-4。

表 5-4　珀泰申米特法评价表

项次	很好 /+2	较好 /+1	一般 /0	较差 /-1	很差 /-2
对于税前投资回报率的贡献					
预期的年销售额					
生命周期中预期的成长阶段					
从创业到销售额高速增长的预期时间					
投资回收期					
占有领先者地位的潜力					
商业周期的影响					
为产品制定高价的潜力					
进入市场的容易程度					
市场试验的时间范围					
销售人员的要求					

（4）温斯丁豪斯法。温斯丁豪斯法实际上是计算和比较各个机会的优先级。其计算公式如下：

$$机会优先级 = 技术成功概率 \times 商业成功概率 \times （价格 - 单位成本） \times 投资生命周期收入 / 总成本$$

在该公式中，技术成功概率和商业成功概率以百分比（0 ~ 100%）来表示；成本以单位产品成本计算；投资生命周期收入是指可以预期的所有收入；总成本包括研究、设计、制造和营销等环节的成本之和。对于不同的创业机会，应将具体数值代入计算，特定机会的优先级越高，该机会越有可能成功。

（5）蒂蒙斯的创业机会评价模型。蒂蒙斯总结出一个包括八类分项指标的创业机会评价模型，见表 5-5。该评价模型提供了一些量化方式，使创业者可以对行业与市场、经济因素、收获条件、竞争优势、管理团队、创业者的个人标准、理想与现实的战略性差异、致命缺陷等要素做出判断，以及这些要素加起来是否可以组成一个具有足够吸引力的商机。一些风险投资商、政府基金和创业大赛就是用该模型对创业项目进行评价的。

表 5-5　蒂蒙斯的创业机会评价模型

行业与市场	市场容易识别，可以带来持续收入
	顾客可以接受产品或服务，并愿意为此付费
	产品的附加价值高
	对市场的影响力大
	将要开发的产品生命长久
	项目所在的行业是新兴行业，竞争不激烈
	市场规模大，销售潜力达到 1 000 万 ~ 10 亿美元
	市场成长率为 30% ~ 50%
	现有厂商的生产能力几乎完全饱和
	在 5 年内能占据市场的领导地位
	拥有低成本的供货商，具有成本优势
经济因素	达到盈亏平衡点所需要的时间为 1.5 ~ 2 年，甚至更短
	盈亏平衡点不会逐渐提高
	投资回报率在 25% 以上
	项目对资金的要求不是很高，能够获得融资
	销售额的年增长率高于 15%
	有良好的资金流量，能占到销售额的 20% ~ 30%
	能获得持久的毛利，毛利率能够达到 40% 以上
	能获得持久的税后利润，最后利润率要超过 10%
	资产集中程度低
	营运资金较少，需求量是逐渐增加的
	研发开发工作的资金要求不高
收获条件	项目带来的附加价值具有较高的战略意义
	存在现有的或可以预料的退出方式
	资本市场环境有利，可以实现资本的流动
竞争优势	固定成本和可变成本低
	已经获得或可以获得对专利所有权的保护
	竞争对手尚未觉醒，竞争软弱
	拥有专利，具有某种独占性
	拥有杰出的关键人员和管理团队

续表

管理团队	创业团队是一个优秀管理者的组合
	行业和技术经验达到了本行业内的最高水平
	管理团队的正直廉洁程度能达到最高水平
	管理团队知道自己缺乏哪方面的知识
创业者个人标准	个人目标与创业活动相符合
	创业者可以做到在有限的风险下实现成功
	创业者能承受薪水减少等损失
	创业者渴望进行创业，喜欢这种生活方式，而不只是为了赚大钱
	创业者可以承受适当的风险
	创业者在压力下状态依然良好
理想与现实的战略性差异	理想与现实情况相吻合
	管理团队已经是最好的
	在客户服务管理方面有良好的理念
	所创办的事业适应时代潮流
	采取的技术具有突破性，不存在许多替代品或竞争对手
	具备灵活的适应能力，能快速地进行取舍
	始终在寻找新的机会
	定价与市场领导者几乎持平
	能够获得销售渠道或已经拥有现成的网络
	能够允许失败
致命缺陷	不存在任何致命缺陷

➡ 项目训练

（1）简述创意的内涵及特征。

（2）简述创意的作用及产生过程。

（3）简述创意产业价值链运作支持条件及模式。

（4）简述创意产业的作用。

（5）简述创意产业与大学生创业的关系。

（6）简述创业机会的特征及类型。

（7）结项目所学知识，谈谈你是如何识别创业机会的。

（8）结合本项目所学知识，谈谈你在生活中发现的创业机会，并合理运用评价方法进行定性与定量评价。

项目六
"打鱼人难躲狂风巨浪，打猎人难避虎豹豺狼"
——创业项目与风险管理

📝 **学习目标**

知识目标：
（1）了解创业项目及选择项目的相关概念。
（2）了解创业风险及风险管理的相关概念。

能力目标：
（1）能够掌握大学生常见的创业项目及风险控制。
（2）能够掌握创业项目选择的注意事项。
（3）能够掌握创业风险管理的意义。
（4）能够掌握创业风险管理的整个过程。

素养目标：
培养大学生树立创业风险管理意识。

👤 **名人箴言**

企业最大的危机不在于外部环境与因素，而在于企业自身不能识别危机并采取行动，在于管理不善。

——诺曼·R·奥古斯丁

👤 **案例导入**

小张经营失败的饰品店

小张（化名）是学工科的，大学毕业后一直从事本专业的技术工作。而市场经济时代，社会变化很快，所从事的行业不景气，总感觉到面临下岗失业的危险。可是，小张的年龄、专业在求职上没有任何优势，所以小张不打算继续找工作，而是想自己做点什么。

小张所在的公司上网很方便，时间也很充裕，于是小张成天泡在网上寻找商机。

网络上有铺天盖地的加盟广告，每个项目小张都觉得不错，都让小张蠢蠢欲动，可是逛街时发现大部分的加盟店经营情况并不好，网上也有很多论坛说加盟陷阱太多，于是小张不敢贸然投入大量资金。

一个偶然的机会，小张在一个本地网站的二手市场上发现有人要转让一批饰品，出于好奇，小张跟那人联系问了问情况。起初小张并没有想买，因为小张毕竟毫无这方面的经验。

谁知两天后那人又给小张打电话，热情地说让小张先看看货，迫于情面和女人的爱美心理小张答应了。那人是一个很有气质也很精明的南方妇女。她说要出国，所以想把刚从广州精心挑来的饰品转让出去。据她介绍，做饰品利润非常高。

小张随后又看了看她带来的样品。那些样品很精致，当然标价也很高。她说可以按照标价的二折转让给小张，这样无论小张怎么卖都不会赔钱的。听了这话，小张真的动心了。可是，小张告诉她现在没有店铺。她听了以后又给小张推荐了两个地方，并说马上就要出国，要小张抓紧时间决定，还有其他人也在跟她联系。

于是小张就去了她推荐的一个地方。那里是一个国际商业中心。市场组成大部分是小商铺，面积也就四五平方米，月租金1 200元左右。这样的条件小张觉得还可以接受。正巧的是这里还有几家空房，都写着转租。小张试着联系了几家，有一家位置不错，租金也较低。

其实，小张也怀疑过这里是否生意不好，可是问了几家店主，他们都说现在刚开业没多久，商铺嘛，肯定要养一段时间的，这个商厦有政府的投资，不会垮的。小张想想，觉得这个说法还是有道理的，反正小张做兼职，也不靠这个买卖吃饭，只要不赔钱就行了，先在这练练呗。

其他的准备好了，现在就剩下人的问题了。小张每天是要上班的，雇人又不知根知底，找谁呢？

小张想到了待业在家的小姑子，她那么聪明能干，先帮帮忙肯定没问题。跟她一谈，她马上就同意了，说好先帮帮忙等理顺以后再雇人。万事俱备，小张觉得上天可能在帮忙吧，什么事都这么顺利，注定小张要干这行了。小张马上接收了那批饰品并租下店面。

谁知，小张刚付完钱，小姑子却通知小张她要准备考试，帮不了忙了。这是给小张的第一个打击，可是箭已在弦，不得不发了。小张只能是硬着头皮走一步算一步了。小姑子不来，大不了就是雇个人呗。但是第二个打击随后就来了。在办进场手续的时候，商厦宣称二楼是服装商场，不能经营饰品。转租的时候房东和租户都告诉小张合同上写的是经营服饰，包括服装和饰品，而且当时也有其他人在经营饰品，小张就没有深究。现在管理人员告诉小张，他们正在清理那些不守规定的摊位。小张的心凉了一半，难道自己白交租金了吗？好多人劝小张先干着再说，反正现在还没管。租金已交，也只好这样了。

租房后正赶上小张去杭州出差，于是顺便采购了一些饰品，也采购了少量的睡衣、肚兜等，以防真的不让卖饰品小张无法应付。等小张回来，已经是两周之后了。时间就是金钱！小张草草装修，把货物上柜。看着那些精美的货物，小张还是很有信心的。刚开始没有雇员，小张和老公就下了班轮流去，虽然辛苦点，但是能够做成生意还是很高兴的。白天的时候想到店里正关着门，心里就火烧火燎的，于是贴出了招聘广告。人可是大事。

好在没几天，就有人介绍了个小姑娘给小张。小张看了看，感觉小姑娘条件还不错，就雇用了她。有了人小张就省心了。什么事都有人顶着，小张就是没事去抽查一下，看看缺什么货，去附近的批发市场上点货。小张发现，总有人问小张店里没有的东西，比如指甲油、假睫毛、唇油、钥匙链等，应顾客需求小张都上了点。两个月下来一盘点，每个月都要亏损一二百元，小张认为生意刚开始，也没有太介意。

谁知道，这个商厦的情况每况愈下，过了七八月的旺季，顾客越来越少。这个商厦的开发商是地产商，他们在开盘时炒作得非常厉害，买商铺的人甚至连夜排队，然而商铺卖出后他们就不再宣传。商厦都开业半年了，附近住的人竟然还有不知道的。而且由于商铺大部分都卖给了个人，由业主进行出租，给管理上带来很大困难，到后来根本无法管理。

另外，由于开始大家对商厦的期望值很高，租金也定得很高，相应的货物的价格就水涨船高，而附近居民的购买力并不高。这也是造成人们望而却步的原因之一。

随着客流量日渐减少，商户的商品开始积压，大家情绪十分低落。一些商户在秋冬季还在卖夏天的衣服，有的商户干脆退场，有的商户没退场却也总是关着门，而开着门的商户又打牌、下棋，总之不务正业。商场的这种情况使客流量更加稀少，如此形成恶性循环。到后来，商场的摊位租金降到800元，可是小张赔得更厉害了。那时小张连服务员都雇不起了，因为雇人比关着门还要赔钱。商厦此时门可罗雀，成天空荡荡的，只有几个摊主在聊天。在这种情况下，就是赔钱甩货都没有人搭理。合同到期后，90%的商户已经撤场。小张也无法再继续支持下去，只得带着一堆货物收场，到现在小张的手里还剩下一堆精美的但已经过时的饰品。

任务一　认知创业项目

一、创业项目概述

诚然，创意是大智大勇的同义词，是一种智能拓展，是一种文化底蕴。但是，在很多时候，创业者都会有这样的迷惑："我有好的创意，如何才能获得风险投资的支持？"这时候，创业者就必须以创意为基础，构建一个能够吸引风险投资支持的创业项目。

根据美国项目管理协会（PMI）给出的定义，项目是指为创造独特的产品、服务或成果而进行的临时性工作。项目的"临时性"具体来说是指，项目是具备明显的起点和终点的。当项目达到最终目标抑或由于种种原因不能达到预期目标而中止时，项目也就结束了。项目所创造的产品、服务或成果一般不具有临时性，大多数项目都是为了创造持久性的结果，项目所产生的社会、经济和环境影响，也往往比项目本身长久得多。

在为数众多的创业者中，因选准项目而占尽先机、步步为营，最后事业有成者大有人在；因急于创业而仓促选项，导致功败垂成、一无所获者也不乏其例。选择决定成败，所以在创业项目选择中，创业者一定要慎之又慎。

"学生创业成功的关键是选择合适项目。"站在"象牙塔"顶，成功之后的李永新如此深有感触。

作为中国最早一批由大学生创办的公司，象牙塔信息技术中心成立于 1999 年，刚刚大学毕业的李永新和他的同学们成了公司的创始人。整个创业过程可谓刻骨铭心，他们以天之骄子的身份，一次次遭遇灭顶之灾，又一次次绝处逢生。在天堂与地狱之间来回游走，每次跌倒，他们都爬起来狠狠地对自己说："这不算什么！人生最大的失败就是被自己打败。"每次成功，他们又告诉自己："走吧，未来还有很长的路。"

困顿中他们这样分析自己的资源：依靠北大，有全国最优秀的学生与老师。公司拥有其他地区没有的得天独厚的人力资源，那么为何不把北大的这种资源引向其他地区呢？

"高考状元全国巡回演讲团"由此诞生。

北大高考状元的优秀学习经验受到全国几十个省市几十万学生的热烈欢迎，公司凭借这个项目得以生存、发展，并不断壮大。

他们成功了。2003 年的时候，"象牙塔"已经从最初注册资金 3 万元发展到拥有资产 200 万元，业务从当初的单一项目发展到包括 MPA 培训、司法考试辅导、高考复读辅导等多项内容，一幅广阔的事业蓝图由此展开。

二、创业项目的特点

对比一般传统意义上的项目，创业项目有着一定的特殊性。具体来说，创业项目有以下几个特点。

1. 获取收益上的特点

创业项目主要是通过企业的成长来使初始投入的资本不断增值，如果经营情况较正常的话，一般收益会随着时间的推移不断增加；而一般项目是通过产品投入运营后的销售情况来获取收益的，由于大部分项目产品会随着时间增加而不断降低性能，加上维护成本的不断上升，其收益呈现先多后少的态势。

2. 市场投入上的特点

创业项目进行到最后会以产品的形式展现在消费者面前，这时候创业项目面对的市场几乎是一个全新的市场，消费者对此类新产品从认知、接受到消费需要一定的时间与过程。同时，新企业需要为这个创业项目在市场营销方面投入更多的时间和费用。传统项目的产品则可以依靠其母公司的影响力，迅速推销自己的产品，并且在这方面需要投入的费用也较低。

3. 管理方式上的特点

从宏观上讲，创业项目是由一群志同道合的人在一起组成创业团队，为了实现共同的创业理想而选择的项目。在创业初期，新企业刚刚成立，一切都处于摸索阶段，不确定性非常高。因此，对于创业项目的管理一般不可能按照常规化的企业管理方式来进行，通常采取的是简单高效的"例外管理"的方式，在这种情境下，将会对管理者的基本素养、知识结构提出更高的要求，而一般项目的管理团队一般由母公司通过组织内部的人力资源调配而形成，并且有相当成熟的管理制度和流程，对管理者的要求相对也较低。

4. 技术要求上的特点

对于新企业来说，创业项目技术开发的时间通常是非常紧迫的，同时，新技术与新工艺应用到批量生产时的稳定性、可靠性也面临着相当高的要求。相对来说，一般项目的技术和工艺则比较成熟，技术研发的时间也比较充裕。因此，创新和不确定性是创业项目的技术和工艺的主要特征。

5. 最终目标上的特点

创业项目和一般项目的达成目标不同，创业项目的目标是把握创业机会，通过努力使新企业运营步入正常经营的轨道，形成较为完善的经营管理模式并获得相对稳定的收益；而一般的项目只要完成项目建设并交付使用即为达到目标。前者强调寻找、把握和利用机会的机会导向；后者强调在资源保证前提下的项目导向。

三、创业项目的分类

如何正确地选择创业项目，是每个创业者都要思考的问题。拥有合适的创业项目是创业成功最重要的基础。每位创业者都要对创业项目的选择报以极其谨慎的态度，要按照自身技能、技术、经验、资金实力等实际情况，对各类项目加以甄选。

不同的项目面对不同的市场客户群体，需要不同的创业资源和不同的技能与经验。因此，项目分类对于自主创业具有更为现实的参考意义。这里初步归纳出了以下几类。

(一) 制造类项目

适合自主创业的制造类项目大致可分为以下二类。

1. 技术制造

技术制造属于拥有自主创新的技术，或者拥有某种技术优势，能够制造出大多数人无法制造的产品或服务。

2. 配套制造

配套制造属于某个整机（整体）制造项目的一部分，无须考虑全局，也无须有很好的创新技术，只需把负责加工的零（部）件做到性价比最好。由于环节简单，此类项目不需要复杂的管理流程，但此类制造需要一个良好的外部整体产业环境。

3. 改良制造

改良制造需要具有创造性思维，需要具有善于捕捉现有产品不足的能力，并通过自己的努力改良原有产品。此类制造一般必须具备能够降低成本或提高利润的能力。

需要注意的是，制造类项目由于需要专业生产工具，产出品也以硬件为主，因此一旦进入，今后受整个产业环境的影响较大，受产业技术进步的影响也较大，业务调整的灵活度较小。

（二）技术创新类项目

技术创新类项目涉及范围相当广泛，品种繁多。按国家有关标准分类，技术创新类项目主要有以下四大类。

1. 社会公益类项目

如果选择社会公益类项目，就要突出关键技术或者系统集成的创新性，有推广的应用价值、社会效益，以及对科技发展和社会进步的推动意义。例如，标准、计量、科技信息、科技档案等科学技术基础性工作；环境保护、医疗卫生、自然资源调查和合理利用、自然灾害监测预报和防治等社会公益性科学技术项目。对于自主创业者来说，也可有一定的选择空间。

2. 技术开发类项目

如果选择技术开发类项目，就要突出关键技术或者系统集成的创新性，包括技术创新的产品、技术、工艺、材料、设计和生物品种。此类项目对行业技术进步和产业结构有优化升级的作用。对于自主创业者来说，有很多可以选择的项目。

3. 重大工程类项目

如果选择重大工程类项目，就要突出团结协作、联合攻关、关键技术或系统集成的创新，包括有良好的经济效益或者社会效益，以及对推动本领域科技发展、经济建设、社会发展和国家安全有战略意义的项目。

具体来说，重大工程类项目是指列入国民经济和社会发展计划的重大综合性基本建设工程、科学技术工程和国防工程等。其中，综合性是指需要跨学科、跨专业进行协作研究、联合开发，并对经济建设、社会发展具有战略意义，对国家科技实力、国防实力的整体提高产生重要影响。

4. 国家安全类项目

如果选择国家安全类项目，就要突出关键技术或者包括在军队建设、国防科研、国家安全及相关活动中产生，并对推进国防现代化建设、增强国防实力和保障国家安全具有重要意义的科学技术成果。

（三）资源类项目

资源类项目要求创业者拥有大多数人不具备的资源。这些资源可以是自然资源，如石油、公用事业专营，也可以是人事关系资源。一般来说，作为自主创业的项目，拥有垄断性自然资源的可能性非常小，拥有人事关系资源的可能性比较大，但必须注意这种资源的非持久性，以及变更可能带来的巨大风险。

四、大学生创业模式

大学生创业模式是大学生在特定区域和环境中形成的，在动机、方式、资金、组织、创新和政府支持等创业因素的配置方面相似，并具有典型性的一类创业行为。随着创业实践的发展，大学生创业会不断出现新的创业模式。在我国大学生创业环境发展还不成熟的现阶段，我国大学生创业主要有六种基本模式。

1. 连锁复制模式

连锁复制创业模式是指大学生以加盟、直营、区域代理或购买特许经营权的方式来销售特定商品或服务的创业活动。加盟的行业主要是商业零售、饮食、化妆品、服装等技术含量不高而用工较多的行业。组织管理上实行按总店或中心的统一模式，自我雇佣、自我管理，并且能分享经营诀窍和资源支持，长期得到专业指导和配套服务。

这种创业模式由于有经营管理上现成的模式直接采用，可充分利用特许企业的品牌效应减少经营风险，享受规模经济的利益，被称为"站在巨人肩膀上"的创业。

2. 积累演进模式

积累演进创业模式是指大学生在实现就业的同时积累资本和经验，由个人或几个人组成的创业团队白手起家，完全独立地创业，属于典型的个人创业，产权关系上以个人独资或合伙投资经营为主。创业行业主要集中在商业零售批发、餐饮业等经营上。这种创业模式的资金需求较小。面临的不确定性程度低，稳打稳扎，步步为营，逐渐积累壮大，成功率较高。

3. 技术风险模式

技术风险创业模式是大学生将自己拥有的专长或技术发明通过"知识产权入股"的方式发展成企业。创业大学生以技术、专利、其他智力成果做资产估价，吸引有眼光的公司提供风险投资基金来创建企业。

这种创业模式主要集中于电子信息、生物技术等技术含量高、知识密集型的行业。经营形式上采取股份法人公司制，管理上十分强调企业家精神和团队精神。这种模式是技术与风险资金的结合，不确定性程度高，风险大。

4. 模拟孵化模式

模拟孵化创业模式是大学生受各种创业大赛的驱动和高校创业园区创业环境的熏陶、

135

资助、催化而进行的创业活动。参加大赛的大学生在创业大赛中熟悉了创业程序，储备创业知识、积累创业经验、接触和了解社会，是对创业的模拟试验；同时，高校纷纷建立科技园区或创业园区，园区中的科技创业基金中心或大学生创业投资公司对经过严格评估的优秀参赛项目进行股权形式的投资，建立股份制公司，并且定期对投资项目进行评估，实行优胜劣汰，对项目进行创业催化。创业者可以得到政策的支持和创业园区的各项帮助，包括专家的培训和指导，免费提供办公场所，公共文秘、财会、人事服务，咨询、辅导、评估和项目管理服务，办理证照、落实优惠政策、推荐申报、市场营销服务等。这种创业模式集中于高科技行业，很多项目是研究生导师承担的各级政府课题基金项目的成果。

5. 分化拓展模式

分化拓展创业模式是指大学生首先传统就业，成为用人单位骨干员工后，利用内部创业的机会来实现自己创业理想的行为。大学生作为骨干分子，在资本、经验、人力资源发展到适当程度，在用人单位变更或重塑主要经营方向时就脱离原公司集团，以自己个人积累的资金为主体，来创建新的法人企业。创业者在参照原公司集团经营管理模式的基础上根据自己的偏好做进一步改进。这种创业模式可以依托原公司客户关系网扩大业务，创业风险较小，成功概率较高。

6. 概念创新模式

概念创新创业模式指大学生根据自己的新颖构想、创意、点子、想法进行的创业活动。概念创新集中于网络、艺术、装饰、教育培训、家政服务等新兴行业，创业者的设想能够标新立异，在行业或领域是个创举，并迅速抢占市场先机。创业的资金需求，既有通过向亲朋好友借款，或在政策范围内小额贷款，也有引来大公司股权形式的资金注入。这种创业需要具有独特的个性特征和旺盛的创业欲望，善于洞察商业机会，创业难度高，不确定性大，但成功的收益也很大，是一种开创性价值创造型创业。

任务二　选择创业项目

一、创业项目选择的原则

（一）需求原则

1. 看准行业需求

通常用生命周期理论来判断一个行业的发展，每个生命周期包含进入期、成长期、成熟期和衰退期。所以，对于大学生创业者来说，要看清楚行业所处的阶段，选择有发展前景的行业，选择市场畅销的产品，选择市面空白的区域，这些都对创业的影响至关重要。这样在行业蓬勃发展的带动下，更能提升创业项目成功的概率，实现创业者的创业梦想。

2. 看准消费者需求

创业项目的选择是以市场为导向的，创业企业是为解决客户需求而存在的。企业要瞄准消费者需求，从市场需求角度出发去做详细的市场调研也是创业过程中必不可少的环节。

3. 看准国家需求

对于创业者来说，想要大展拳脚干一番事业，就必须了解目前国家政策偏向于什么方向，国家政策的支持对创业企业的帮助是不可估量的。国家政策扶持的行业可以相对容易地进入市场，在大环境的推动下有利于大学生创业者降低创业风险，更容易获得创业成功。

（二）适合原则

无论什么行业都会有精英，尼采曾经说过，"是金子总会发光的"，但是对于创业来说，出类拔萃的行业精英未必可以做好一个创业者。"金子"没有"光源"也是不会发光的，所以，创业者也并不一定是各行各业都做得很优秀的行业精英，创业需要适合自己。每名创业者都有不同的社会关系、经验、能力和视角，除要考虑前述两个原则外，还必须考虑创业项目是否适合自己，是不是自己能力所及的，如何使自己的经验与技术得到全面发挥。对于大学生创业者来说，大部分是首次创业，在创业项目的选择上还要选择适合自己团队成员的创业项目。只有适合整个创业团队的创业项目才能让团队成员目标一致，心往一处想，劲往一处使，才能使整个创业过程顺利、有效地进行。

针对大学生创业者，从适合原则角度出发，总结为以下几点。

（1）尽量选择回款快、资金周转周期短的创业项目。在大学生创业过程中，资金是一个不得不考虑的因素，资金受创业者本身经济条件和初次创业的限制。大学生创业者接触的可融资渠道有限，如果遇到资金断流或资金周转周期较长，容易造成创业企业的资金链断裂。尽管国家出台了很多相关的帮扶政策，但是接触不到有效的融资渠道或因为创业项目尚未成熟，这些都会让正处于创业初期的创业企业因得不到及时的资金支持而中途夭折，这也是很多初创企业所面临的问题。

（2）对于创业项目不需要太多团队成员就可以完成。当代大学生的个性都很强，而过多的团队成员有可能造成在需要提出创业决策时意见不够统一，而一旦出现意见不统一的情况就会造成群体的矛盾和冲突，对创业企业的发展造成严重影响，甚至有可能导致创业的失败。

（3）创业项目的风险要相对可控，尽量选择创业风险小的行业。风险和收益是相辅相成的，但是大学生创业者大部分是首次创业，无论从心理承受能力还是资金风险的承受能力上都是有限的。尽管他们具有创业激情，但是他们对企业的把控能力和行业状况的分析能力不足。所以，选择风险小的创业项目可以让大学生迅速融入创业的环境中，更容易带来创业成功的体验，还可以让创业者持续地提升抗风险能力。就算失败了，风险小的创业项目也可以降低创业者的损失，对创业者的心理打击也更轻，还可以总结经验，东山再起，再次创业。

（三）熟知原则

1. 要熟知自己，了解自身情况

创业者在创业之前，首先要对自己进行了解，必须非常清楚地认识和判断自身情况。既需要从专业、经验、技能等方面考虑，也需要从自身的性格、爱好、家庭、社会关系、资源等方面考虑，全面分析创业者的优势与不足，尽可能详细地列出对自己的认识和判断，才能最大限度地提高创业成功的概率。

2. 熟知经济环境，了解市场情况

对于所要创业的地区开展有针对性的调研，分析当地发展的相关政策、经济、自然和人文资源等情况，收集具有市场价值的行业数据，深入了解拟创业项目的竞争对手情况，明确行业中竞争对手的数量，每个竞争对手在行业中的实力、规模、水平及他们的发展方向。创业者应该顺应市场，结合国家扶持、鼓励的相关政策与法律法规，明确国家扶持力度，了解行业壁垒，深入开展市场调研。结合市场调研的数据，敏锐捕捉创业机会，对创业项目进行可行性分析，使创业项目在选择上更科学、更理性。这更能使创业者看清楚哪些项目尽管不显眼但发展前景很好，哪些项目尽管繁荣红火但已经逐步萎缩。最后，将这些可行性分析与市场情况汇总给相关专家，从而得到反馈意见，并不断调整创业计划，定量、定性地分析与评估，最终得出完善的可行性方案。创业者对所选项目的熟知，可以有效缩短融入行业的时间，提升创业成功率。

二、创业项目选择的影响因素

（一）创业者自身的因素

1. 行业经验

创业者在创业之前，要分析自己是否积累了丰富的行业经验，是否具有本行业所需要的专业特长，以及自己是否具有本行业相关的技术、能力、兴趣等。创业者必须有一定的专业知识和经验积累，如开汽车维修店的人必须熟悉汽车的构造，开餐饮店的人必须有本行业的从业经验等。经验是创业者开展业务的智慧支持，行业经验丰富的人如果从自己擅长的行业做起，那么相对来说比较容易获得成功。创业者应该主动去积累经验，随时更新专业知识，为创业打好基础。

2. 资金实力

每个创业领域需要的资金投入各不相同。创业者大多数是小本创业，并没有巨额资产。因此，在选择创业项目时一定要量力而行。创业者不仅要看首期投入资金的多少，还得看需要投入多少后续资金，如果后续资金不能到位，那么就有可能前功尽弃。

3. 社会关系

创业者最主要的社会关系包括人力资源和客户资源两个方面。

（1）人力资源。人力资源是企业经营活动的发动机：当资金运转困难时，企业要依靠人力资源来筹集资金；当遇到技术难关时，企业需要技术专家来帮忙解决；在面临风险时，创业者需要其他人的分担。人力资源是企业的强大后盾。

（2）客户资源。企业业务的开展和经营收益的获得主要依靠客户资源。客户资源是一种稀缺的资源，获得了客户资源就意味着获得了盈利。

（二）创业项目因素

1. 产品技术要求

如果企业要生产技术含量高的产品，创业者就要了解该技术是否成熟稳定、技术质量是否过硬、该技术是不是国家所鼓励发展的。创业者不应该选择过时的或太超前的技术，而应该选择符合目前市场需求、具有巨大发展潜力的技术。

2. 市场需求空间

市场需求空间是指市场上存在有待企业去做的地方。再好的产品，如果没有市场，也很难销售出去。因此，创业者在选择创业项目前必须对市场做认真的调研，调研内容包括当地的经济水平、消费水平、人文风俗、城乡差异等。

3. 产业发展环境

创业者在进行创业时首先要了解目前要进入的产业的发展现状，是已经处于上升期但还没有完全达到大规模发展的阶段，还是处于下降期。如果产业发展处于下降期，那么说明进入的企业已经太多了，竞争已经过于激烈了。

4. 市场竞争状况

创业者选择创业项目后，如果其在市场中有很多竞争对手，那么说明企业将面临巨大的压力。竞争过于激烈的市场不适宜新企业的成长，因为这会给新企业的发展带来许多困难。为了降低风险，创业者应该选择一些比较新、竞争对手相对较少的市场进入。

三、创业项目的选择

（一）选择创业项目的路径

在选择创业项目的方式中，首先要明确选择创业项目路径的四个步骤，具体如下。

（1）需要先大范围地选择有意向的创业项目，拓宽选择创业项目的渠道，挑出哪些是可以选择的行业。

（2）根据大范围选择出来的行业，再缩小范围筛选出适合长期发展的创业项目。

（3）将可以长期发展的创业项目有序地罗列出来，结合自身情况选择一个适合自己的创业项目。

（4）根据最终选择出来的创业项目制订创业计划，做创业项目的市场调研与可行性分析，最终，将想法变成实际可行的创业项目。对于创业者来说，光有目标是不够的，还需要知道如何去一步一步地通过自己的努力实现这个目标，树立正确的目标和锲而不舍、脚踏实地地去努力同等重要。

知识拓展：产生创业构思的途径

（二）项目的 SWOT 分析

SWOT 分析法又称态势分析法，即分析自己的优势（Strength）、劣势（Weakness）、机会（Opportunity）、威胁（Threat）。与社会上失业人群、退休人员的创业相比，大学生创业还具有自身的特点。常言道："知己知彼，百战不殆。"大学生只有深刻认识自己的优点和缺点后，才能在扬长避短的基础上对创业准确定位。

根据有关部门的长期调查显示，在创业方面，大学生普遍具有以下优势和劣势。

1. 大学生创业的优势

（1）具有较高的文化水平，对事物的领悟力强，对新知识一点即通。

（2）自主学习知识的能力强，善于主动思考。

（3）接受新鲜事物快，思维活跃，敢作敢为。

（4）擅长运用网络掌握信息，信息源广。

（5）年轻、精力旺盛、自信心足，对认准的事情有激情去做。

（6）暂无家庭负担，创业还很可能获得家庭的支持。

2. 大学生创业的劣势

（1）缺乏社会阅历和资深的行业经验，尤其缺乏人际关系和商业网络。

（2）缺乏真正有商业前景的创业项目，许多创业点子经不起市场的考验。

（3）喜欢纸上谈兵，创业设想和创意缺乏可执行性，市场预测普遍过于乐观。

（4）眼高手低，好高骛远，看不起蝇头小利，往往大谈"第一桶金"，不谈"第一分钱"。

（5）独立性和心理承受能力差，缺乏社会和个人责任感，遇到挫折就想放弃。

（6）年轻人创业很难获得人们的信任。

以上是从统计上分析的大学生创业的优缺点，实际上每个人的情况千差万别，还需要个性化地认识自己。

在这里我们利用 SWOT 分析工具，把自己的优势、劣势、面临的发展机遇、挑战或威胁四个因素写下来，每种因素罗列出主要的 4～5 条。下面以刚毕业的同学 A 的具体情况为例分析如下。

（1）优势：家庭做小生意，自小在父母身边耳濡目染，对创业有浓厚的兴趣；经过几年勤工俭学也积累了一些实战经验；做过班系干部，组织领导能力得到了锻炼；几个朋友合计创业有一定时间，已基本有一个磨合过的团队。

（2）劣势：家庭无力提供创业资金支持；还没找到合适的项目。

（3）机遇：国家出台了支持毕业大学生创业的相关政策，可申请一定额度的贷款；一些企业正与我方洽谈，一些好的项目有签约前景。

（4）挑战或威胁：运营成本高，好多项目还要交押金及加盟费，租金也贵，相对利润较低；消费潮流变化很快，自己选的项目可能不久就赶不上潮流。

在 SWOT 分析的基础上，大学生可针对自己的情况，发挥优势、弥补劣势、克服威胁、规避风险、抓住机会、迎接挑战，使自己的创业计划更为实际可行，多一分胜算。

四、选择创业项目的注意事项

创业需要一定的社会资源、一定的资金支持、一定的社会关系。大学生是一个比较特殊的群体，他们缺少社会实践经验，对社会现实了解不深。因此，大学生在选择创业项目时就要通过遵循一定的原则来弥补自身存在的不足，并充分发挥大学生创业的优势。以下几条建议可以供大学生创业者在选择创业项目时参考。

1. 根据自己的兴趣特长选择项目

中国有句古语："坚车能负重，渡河不如舟。骏马能驰远，耕田不如牛。"各人智能不同，长于此而短于彼，因此要选择与自己专业、特长挂上钩的项目，发挥自己的长处。

创业者最擅长的事，也就是最有可能干好的事。擅长，就是跟别人竞争时具有的优势。只有加大自己的专长，成为专家，才会和别人拉开距离，在竞争中脱颖而出。因此，在创业之前的自我评价中，需要创业者认真地分析自己的特点，找出自己的强项，然后决定从哪里开始，策划从哪里开始入手。记住，没有人是选择了自己的短处而获得成功的。

比尔·盖茨曾经说过："做你自己最擅长的事。"人们在做自己擅长的事时，自信心和勇气最强，因此成功率最高。

2. 选择雇佣人力较少的项目

大学生创业者普遍缺少管理经验，如果一上手就开始管理很多员工，往往会导致企业内部管理混乱。创业初期应该以开拓市场为主导，如果经常被人事工作所拖累，就不可能有大量的精力去完成其他重要的工作。因此，没有管理经验的大学生可以先选择创立只有几个人的小企业，积累管理经验，随着企业的不断壮大，自然有能力管理更多的员工。

另外，雇佣的人员太多会加重企业的薪资负担。对于一个刚刚创立的企业来说，如何精减人员、发挥人力资源的最大效用是需要慎重考虑的问题。因此，大学生创业者要尽量选择需要人力少的创业项目。

3. 选择资金投入较少、资金周转期短的项目

大学生创业的融资渠道较少，大部分的大学生创业者都是利用父母、亲友的资助，或

者自己的一些积蓄作为创业的启动资金，尤其是来自工薪家庭的大学生，能够获取的创业资金是十分有限的。因此，大学生在校或是毕业初期创业时，应该尽量选择初始资金投入少、资金周转期短的项目，这样才能保证后期的项目运转有足够的资金，才有充足的现金流维持企业的正常经营。同时，大学生也要尽量避免选择那些需要大量库存的项目。库存多了流动资金就少了，还会增加库存管理成本及存货风险。当出现市场不稳定的状况时，必然会导致资金周转不灵，甚至陷入倒闭的困境。

4. 选择享有政策优惠的创业项目

对于打算创业的大学生来说，可以根据自身的实际情况，在融资、注册、税收、创业培训与指导等可享受优惠的项目中找到合适自己的创业项目。大学生创业者要充分利用国家的优惠政策，尽量走绿色通道，这样不仅能减少一些手续，提高办事效率，还能解决创业初期资金不足、管理不当等问题。

从中央到地方，各项优惠政策使人眼花缭乱。国家在鼓励某些行业发展的同时，在税收、用地、资金等各方面都出台各项相关优惠政策，从另一个方面说明该行业具有良好的市场发展前景和政策发展环境。因此，创业者可以因时利势，找准自己的"落脚点"，创造属于自己的一份事业。

5. 选择有特色的项目

市场上没有的、先于他人发现的、与他人不同的、比他人强的项目都可以归类为有特色的项目。项目有特色就能够避免与同行竞争者拼杀，还可以提升产品的辨识度和认知度，拥有更高的定价空间。

投资方并不会盲目投资，它对项目可行性的要求近乎苛刻，如果一个创业计划立意平平、没有什么独特之处，就很难得到投资者的认可，难以融资。立志于自主创业的大学生，应该对市场动态变化保持敏锐的感知，时刻了解市场需求变化的方向，从而发现市场空白，设计独具特色的创业项目。

6. 避免技术性要求过高的项目

大学生如果没有十足的把握，应尽量避免一开始创业就进入高科技领域。因为高科技行业需要投入大量的研发成本，这对于缺少资金的大学生来说是一个很重的负担。所以，大学生可以选择一些相对比较容易的行业，在积累了一定的资金及经验之后再考虑转入高科技行业。

7. 选择自己最熟悉的行业

各行各业都有它自己的规律，只有你具有了这个行业相当的经验，你才会在机遇来临时率先看到，在行业发展不利时第一个意识到。这些直觉往往是依靠经验的积累而产生的。在你最熟悉的领域里，你会游刃有余，无往而不胜，这就是民间商人常说的"不熟不做"的道理。

8. 选择最有市场潜力的项目

如果确实是创业者很熟悉也很擅长的项目，但属于市场需求越来越少或即将衰退的行业（俗称"夕阳行业"），那创业者也不要去做，与时俱进、顺势而为，才是最明智的选择。要知道什么项目是未来有潜在市场的，就需要创业者做一个详细的调研和论证，多分析国家发展的宏观规划，认真做好市场调研。

9. 选择最有人脉关系的行业

任何人的成功都离不开他人的帮助。著名成功学大师卡耐基说过："成功依靠的是15%的专业知识和85%的人际关系。"反过来说，在人们最喜欢、最擅长、最熟悉的行业里，朋友也会越多，共同的爱好和志趣会使创业者在创业初期很快找到志同道合的新朋友，从而建立起对创业有利的人脉关系。好的人脉关系也有利于创业者整合现有的资源，组建一个优势互补的团队。一个优秀的合作团队，不仅能够给创业者的能力发挥创造良好的条件，而且还会产生合作双方彼此都不曾拥有的新力量。

任务三　认识创业风险

一、创业风险的概念及特点

（一）创业风险的概念

风险是金融领域中的常用概念。

创业企业致力于创造新产品、开拓新市场、开发新技术，而创业机会和创业环境存在着较大的复杂性，创业团队经验和能力不足，很可能难以处理创业活动中一系列的风险。

创业风险可定义为来自创业活动有关因素的不确定性。在创业过程中，创业者要投入大量的人力、物力和财力，要引入和采用各种新的生产要素与市场资源，要建立或对现有的组织结构、管理体制、业务流程、工作方法进行变革。这一过程中必然会遇到各种意想不到的情况和各种困难，从而有可能使结果偏离创业的预期目标。

（二）创业风险的特点

1. 创业风险的不确定性

创业的过程往往是将创业者的某一个"奇思妙想"或创新技术变为现实的产品或服务的过程。在这一过程中，创业者面临各种各样的不确定因素，如可能遭受到已有市场竞争对手的排斥、进入新市场面临着需求的不确定、新技术难以转化为生产力等。

另外，在创业阶段投入较大，而且往往只有投入没有产出，因此有资金不足的可能，从而导致创业的失败。也就是说，影响创业的各种因素是不断变化且难以预知的，这种难以预知就造成了创业风险的不确定性。

2. 创业风险的客观存在性

创业风险是客观存在的，是不以人的意志为转移的。在创业过程中，内外部事物的发展变化过程具有不确定性，因此创业风险也必然是客观存在的。客观性要求人们采取正确的态度承认和正视创业风险，并积极对待创业风险。当然，客观性并不否认创业风险的存在也有主观的一面。

3. 创业风险的相关性

创业风险的相关性是指创业者面临的风险与其创业行为及决策是紧密相连的。同一风险事件对不同的创业者会产生不同的风险，同一创业者由于其决策或采取的策略不同，会面临不同的风险结果。

4. 创业风险的损益双重性

创业风险对创业收益不仅有负面影响。如果能正确认识且充分利用创业风险，有时会使收益有很大程度的增加。

5. 创业风险的可变性

创业风险的可变性是指当创业的内部与外部条件发生变化时，必然会引起的创业风险变化。创业风险的可变性包括创业过程中风险性质的变化、风险后果的变化及出现新的创业风险三个方面。

6. 创业风险的可测性与测不准性

创业风险的可测性是指创业风险是可测量的，即可通过定性或定量的方法对其进行估计。创业风险的测不准性是指创业风险的实际结果常常会出现偏离误差范围的状况，它一般是因创业投资的测不准、创业产品周期的测不准与创业产品市场的测不准等造成的。

本杰明·富兰克林早在 18 世纪就说过："在这个世界上，除了死亡和税收以外，生活中没有可以肯定的事。"在企业创业的过程中，套用这句谚语则可以改为："除了风险，没有什么是确定的。"这实际上指出了风险存在的普遍性，风险事件的发生将给企业带来不同程度的损失。风险的这种普遍存在性使企业的风险管理工作具有了一般意义。它使企业可以预防可能出现的结果与其希望出现的结果有较大偏差的问题，以保证企业经营目标的实现，也使创业企业可以沿着正常的轨道健康成长。

二、创业风险的来源及分类

（一）创业风险的来源

影响创业风险的因素十分复杂，企业内部或外部环境的改变都可能产生创业风险。总体来说，在创业者开发创业机会、进行创业活动的过程中，创业风险往往直接来源于企业本身的一些缺口。

1. 融资缺口

融资是企业筹集资金的一种行为和过程，融资缺口是创业过程中常见的缺口。在开发创业项目的过程中，融资缺口往往会给创业者带来一定的风险。融资缺口带来的风险具体可分为以下三种。

（1）资金不足。创业启动资金不足将导致创业项目无法开展，创业中途资金链断裂也会导致创业项目无法继续。

（2）负债过高。部分创业者由于自身资金积累不多，主要依靠借贷来获得资金开展业务，不仅要背负高额的利息，而且一旦遭遇断供就会导致创业失败。

（3）股权旁落。部分企业会选择接受投资入股，以股权换取资金，但是这样会导致投资者获得企业的话语权，创业者对企业的控制力减弱，甚至失去在企业的话语权与决策权，企业完全沦为投资者的附庸。

2. 研究缺口

研究缺口主要存在于仅凭个人兴趣所做的研究判断和基于市场潜力的商业判断之间。一个创业者在最初证明一个特定的科学突破或技术突破可以成为商业产品基础时，仅仅停留在自己满意的论证程度上。然而，这种程度的论证后来不可行了，在将预想的产品真正转化为商业化产品（大量生产的产品）的过程中，即具备有效的性能、低廉的成本和高质量的产品，在从市场竞争中生存下来的过程中，需要面对大量困难且可能耗资巨大的研究工作（有时需要几年时间），进而形成创业风险。

3. 信息和信任缺口

创业项目的实现通常需要多种角色的参与，如领导创业项目进行的创业者，负责将产品具体化的技术人员，提供资金并希望获利的投资者等，他们之间可能会有冲突，如果不能妥善地协调和沟通各方的想法，就可能形成创业风险。

4. 资源缺口

创业过程是将资源转化为价值的过程，缺乏必备的外在或内在资源，创业项目将难以推进。资源缺口一般包括原材料缺口、设备缺口、运输缺口、存储缺口、人际关系缺口、消息缺口等。

5. 管理缺口

管理缺口是指创业者并不一定是出色的企业家，不一定具备出色的管理才能。进行创业活动主要有两种：一是创业者利用某一新技术进行创业，可能是技术方面的专业人才，但不一定具备专业的管理才能，从而形成管理缺口；二是创业者往往有某一"奇思妙想"，可能是新的商业点子，但在战略规划上不具备出色的才能，或不擅长管理具体的实务，从而形成管理缺口。

（二）创业风险的分类

1. 按产生原因分类

按产生原因，创业风险可分为主观创业风险和客观创业风险。

（1）主观创业风险是指在创业阶段，由于创业者的身体与心理素质等主观方面的因素，导致创业失败的可能性。

（2）客观创业风险是指在创业阶段，由于市场的变动、政策的变化、竞争对手的出现、创业资金缺乏等客观因素导致创业失败的可能性。

2. 按影响程度分类

按影响程度，创业风险可分为系统创业风险和非系统创业风险。

（1）系统创业风险是指源于创业者或创业企业之外的，由创业环境变化带来的风险。如产品市场风险、资本市场风险等，创业者或创业企业无法对其进行控制或施加影响。

（2）非系统创业风险是指源于创业者或创业企业本身的商业活动和财务活动而引发的风险，如团队风险、技术风险、财务风险等，创业者或创业企业可以通过一定的手段进行预防和分散。

3. 按创业与市场和技术关系分类

按创业与市场和技术的关系，创业风险可分为改良型风险、杠杆型风险、跨越型风险和激进型风险。

（1）改良型风险是指创业企业利用现有的市场和技术进行创业所存在的风险。这种创业风险虽低，但要想生存和发展并获取较高的经济回报也比较困难。一方面，创业企业会遭遇市场竞争者的排斥或进入壁垒的限制；另一方面，创业企业即便进入了市场，想要占有一定的市场份额也非常困难。

（2）杠杆型风险是指创业企业利用新的市场、现有的技术进行创业所存在的风险。这种创业风险稍高，对一个全球性公司来说，这种风险往往是地理上的，常见于开拓未开发的市场。

（3）跨越型风险是指创业企业利用现有市场、新的技术进行创业所存在的风险。这种创业风险主要体现在创新技术的应用方面，往往反映了技术的替代，常见于企业的二次创业领先者可获得一定的竞争优势，但模仿者很快就会跟上。

（4）激进型风险是指创业企业利用新的市场和技术进行创业所存在的风险。这种创业风险最高，如果市场很大，可能会带来巨大的机会，对于第一个行动者而言，其优势是金融风险较低，但是知识产权保护力度很弱，市场需求不确定，确定产品性能有很大的风险。

4. 按内容分类

按内容，创业风险可分为项目风险、技术风险、市场风险、财务风险、人才风险、管理风险、法律风险、政策风险等。

（1）项目风险。创业者在选择创业项目时未进行缜密的思考和评估，进而选择不当导致创业失败。创业者在开启创业项目之前，需要考虑是否能够被市场接受、是否有能力研发出来。许多创业者在创业前没有做到充分的市场调查和论证，而是心血来潮选择项目，导致后续面临较高的失败风险。

（2）技术风险。创业企业，尤其是高科技企业在起步阶段，市场竞争激烈且模仿力强，很有可能在较短时期内出现类似的新产品、新技术抢占企业的市场份额的情况。也有可能因企业自身技术能力有限、研发力度不足、材料供应等原因，导致产品更新迭代速度跟不上市场新需求，新产品或服务出现难以预料的质量问题等。

（3）市场风险。由于企业刚成立，还未形成较好的口碑和知名度，加上创业初期资金不足、销售系统也尚不完善，新产品或新服务刚刚面向市场，客户需求程度和产品推广速度难以预测，有可能达不到销售预期。同时，市场竞争状态的变化和产品价格的不确定性都有可能导致创业企业在市场推广阶段极不稳定。

（4）财务风险。企业创办初期主要的财务风险包括信用风险和融资风险。新创企业，尤其是大学生创业者，缺乏创业经验、内部控制机制不完善、财务信息不透明不规范等问题较常见，导致企业资信等级不高，面临较高的筹资成本和筹资难度。创业者财务意识不足，企业内部财务关系不明，导致资金管理及使用、利益分配等方面存在权责不明、管理不力的现象，造成资金利用效率低下，资金的安全性无法保证。

（5）人才风险。随着企业发展，创业团队内部的经营理念和价值观可能发生冲突，有可能出现核心团队成员出走的情况。也有可能随着企业的扩张，创始团队的成员无法适应大规模、规范化的企业经营管理，管理结构需要调整。企业管理者或雇员之间性格、兴趣等多元化，导致沟通摩擦增加，产生合作协调方面的问题。创业初期若控制权和利润分配方案没有制定明确，也有可能造成创业团队的纷争。

（6）管理风险。创业管理过程中，由于信息不对称、管理不善、判断失误等，影响管理水平，很有可能导致创业的失败。例如，创业者专注于技术而缺乏管理能力，则无法实现有效的领导和管理，导致企业效率低下。

（7）法律风险。企业在设立运营之初，可能存在创始人等出资不实的法律风险，例如，高估非货币资产的出资价值、第三方垫资后抽逃等涉及的法律风险；股权配置、表决权设定等不合理导致的法律风险；企业印章管理不当引致的法律风险（包括印制、保管、审批、丢失或被盗等情形下的不规范操作）；企业合同签订和履行过程中涉及的法律风险等。

（8）政策风险。政府总是在不断调整其政策的。如果财政政策、货币政策、产业政策等发生变化，对企业的经营或筹资等活动产生严重限制，很有可能影响新创企业的生存和发展，或者企业的产品或技术不符合国家或地方的环保政策、科技政策等，生产所需要的材料、设备、技术方法等因为海关限制无法获得进口许可证等。另外，创业者如果对政府相关优惠政策不够了解，也有可能给企业带来额外的经营成本。

三、大学生创业过程中常见的风险

大学生创业过程中面临的风险主要有自身因素的原因及社会环境各方面的影响，具体来说，主要包括以下因素。

（一）创业心态

眼高手低、纸上谈兵是大学生最常见的创业风险。由于大学生长期待在校园里，对社会缺乏了解，更缺少创业经验，其创业想法往往因一时创业激情而起，大学生易把创业问题简单化、理想化，对创业过于自信，对困难估计不足，认为自己学历高、成绩好、获得过各种奖励，动手创业就能成功。还有些大学生过分夸大创业困难，过高估计创业压力，过低估计自身价值，妄自菲薄，没有信心和勇气面对创业，根本不愿意动手尝试。另外，有的大学生由于没有经受过挫折的考验，心理承受能力和自我调节能力较差，创业受挫后易产生强烈的挫折感，忧心忡忡，胆怯心虚，不能正确认识自己的创业优势，甚至把自身的长处看成短处，在创业竞争中信心不足，自我设限，错失良机，严重影响了创业的成功。

（二）项目风险

学生创业的项目选择多集中在高科技领域和智力服务领域，如软件开发、网络服务、家教中介、设计工作室等。另外，快餐、零售等连锁加盟店也是学生青睐的创业项目。但是，很多同学在校园里待的时间太长，对市场了解不充分，凭自己的兴趣和想象来决定投资项目与方向。当太多太多创业的名人佳绩出现在眼前时，自己当了老板，想怎么干就怎么干，有时为了赌一口气，什么后果都不考虑，心血来潮，只图一时痛快。当然会碰得头破血流。

（三）市场风险

市场风险是指市场主体从事经济活动所面临的盈利或亏损的可能性和不确定性。

1. 市场需求量

产品的市场容量较小或短期内不能为市场所接受，那么产品的市场价值就无法实现，投资就无法收回，从而造成创业夭折。

2. 市场战略

一项好的高技术产品，如果没有好的市场战略规划，相反在价格定位、用户选择、上市时机、市场区域划分等方面出现失误，就会给产品的市场开拓造成困难，甚至功亏一篑。

3. 市场价格

产品价格超出了市场的承受力，就很难为市场所接受，技术产品的商业化、产业化就无法实现，投资也就无法收回。当某种新产品逐渐被市场所接受和吸纳时，其高额的利润会吸引来众多的竞争者，可能造成供大于求的局面，导致价格下跌，从而影响高技术产品创新的投资回报。

4. 市场接受时间

一个全新的产品，打开市场需要一定的过程与时间，若创业企业缺乏雄厚的财力投入到营销广告中去，则产品为市场所接受的过程就会更长，因而不可避免地出现产品销售不畅，前期投入难以回收，从而给创业企业资金周转带来极大困难。

(四) 融资风险

创业企业在成长的过程中，大都有"融资饥渴症"。经营者专注于筹集到尽可能多的资金，其中易犯的错误就是忽视融资的风险管理。融资不仅是有代价的，而且还蕴含着不同的风险，这往往易被"融资饥渴症"及"公司的高成长"所掩饰。

事实上，到了快速成长期，创业企业就不再是以融资最大化为最重要的财务目标，因为这是非常不明智的。处于成长初期的创业企业无法获得足够多的股权资本，而银行的信用也难以取得，因此，通过其他可能的债务融资渠道方式如财务公司、代理商和租赁公司、应收账款融资、动产抵押等融通资金将不可避免。

(五) 技术风险

创业技术风险是指由于技术的不确定性的原因而导致创业失败的可能性。创业的活动常常表现为将某一创新技术应用到实践，将其转化为产品或服务的过程。这一过程中，技术是否可行，在预期与实践之间是否出现偏差，这些方面存在巨大的风险。

(六) 法律风险

创业法律风险是指在创业过程中，由创业者或创业企业做出的具体经营行为不规范而导致的，与创业者或创业企业的交易所期望达到的目标相违背，从而造成法律责任等不利后果发生的可能性。法律风险的成因包括违法行为、自甘冒险行为、监控活动的不规范性等。

(七) 团队风险

创业者和新创企业也可能遇到团队风险。所谓团队风险，即由于某些原因引发创业团队溃散，进而导致创业活动无法持续下去。据国外一家研究机构对100家成长最快的小公司所做的调查，发现其中有一半的创业团队无法在公司的头5年顺利存活，多数情况下，创业团队解体，创业企业也随之倒下。因此，谨慎分析、对待、防范创业团队解体风险，对于创业者成功创业非常重要。

创业团队风险主要来源于以下几个方面。

(1) 创业团队未能产生领袖人物。

(2) 创业团队盲目自信。

(3) 团队搭配不合理。

(4) 没有共同的愿景和目标。

(5) 团队中的个别成员出现了畏惧心理。

(6) 没有明确的利润分配方案。

知识拓展："女儿红"的失败

任务四　管理创业风险

风险管理是企业管理的一个重要组成部分，对处于创业阶段的企业更是如此。企业的风险管理指的是一系列的管理安排，以保障公司的财产，并增加公司的商业营运能力。风险管理是不同于保险管理的概念，虽然它来源于保险管理。实际上，风险管理具有更广的含义。它覆盖了可保风险与不可保风险两个方面，以及不可保风险的管理方法选择，以降低此类风险。

一、风险管理的意义

较大的企业有能力承受一般意义上的风险损失，而风险损失对处于创业过程的小企业来说却是致命的。如果将大企业比作一个成年人，那么创业企业就犹如一个正在蹒跚学步的婴孩，且这种学步是没有家长或教师引导与保护的，因此也就面临着巨大的危险。

创业企业要在自己的努力下学会正常地前进，并在这种学习过程中健康成长，就必须学会认识各种风险，并具备处理各种风险的能力。

据有关文献报道，在英国，1990 年注册的创业企业有 235 000 家，但同时由于各种风险而关闭注销的创业小企业有 185 000 家，在这些倒闭的创业企业中，70% 的企业生存时间不足 3 年。因此，识别各种风险、预防风险、管理风险，消除各种风险可能带来的潜在损失对创业企业而言就具有至关重要的意义。管理创业风险的意义体现在以下几个方面。

1. 获取有利的竞争地位

在创业初期，企业之间的竞争与其说是在人才、技术、产品与市场上，倒不如说主要集中于对风险的管理上。企业在人力、技术、产品与市场上的竞争优势会带来企业发展所需要的收入，但是一个风险损失却可能使这些竞争优势全部丧失。如企业关键人员的意外伤亡或流失，甚至投奔竞争对手，会使企业的其他竞争优势荡然无存；企业在选择目标市场时对风险估计不足所导致的损失也会使企业的创业投资根本无法回收。

2. 有利于企业管理向规范化方向发展

企业在创业初期规模较小，如 2000 年在美国新注册的企业中 2/3 在 20 人以下。在这种情况下，各种管理机构是不可能存在的，甚至连必要的专业分工也得不到实现，管理职责也不可能得到明确的划分，企业管理的主要责任落在创业者身上。由于创业者精力与能力方面的限制，对各类风险的识别与管理往往是不到位的。建立合理的风险管理体系，使各类风险都有人分工负责，可使企业在对创业风险进行管理的基础上，逐渐形成相应的职能管理体系，加快创业企业内部管理正规化的步伐，从而促进创业企业的健康成长。

3. 减轻企业的财务负担

创业资金是困扰创业者的主要问题之一。由于企业没有积累，创业企业往往资金实力薄弱，现金流量不足，创业者通常通过多种渠道争取对企业的投入。企业处于初创时期，各方面均需要大量投入，而企业在此时的收入则极其有限，即便从多方面筹集资金，创业者们仍会捉襟见肘。

创业过程中的各种风险损失无疑会加大企业的财务经营负担，选择合适的风险管理方法，也有助于降低风险管理成本，因此有效的风险管理将使企业有限的资金得到更有效的利用。

4. 有利于创业者综合素质的提高

创业者的综合素质是一个创业企业成功的关键因素之一。对一个成功的创业者而言，有一些基本素质是必需的，如健康的体魄、坚毅的性格、充满自信、创新意识、自我学习的能力、自我约束、努力工作等。但这些并不是创业者素质要求的全部。

预测各种不确定性并处理各种不确定性，是决定企业创业成功与否的重要能力之一。创业是一个从无到有的过程，各种因素都处于一种不确定的状态之中。这些不确定性当然包括各种潜在的损失。系统识别和统筹管理这些风险是创业者能力的重要标志之一，但这种能力并不是与生俱来的，需要创业者在创业过程中不断学习与积累。随着企业的不断成长，创业者也在对风险的管理过程中逐渐成长，成为真正的企业家。

知识拓展

为什么说我国发展进入战略机遇和风险挑战并存、不确定难预料因素增多的时期？

习近平总书记在党的二十大报告中指出，"我国发展进入战略机遇和风险挑战并存、不确定难预料因素增多的时期"。这为我们准确把握当前和今后一个时期我国发展面临的战略环境，提供了科学指引。对此，可从以下3个方面深化理解。

第一，当前国内外环境给我国发展带来一系列新课题新挑战。

从国际看，百年未有之大变局加速演进，世界之变、时代之变、历史之变正以前所未有的方式展开，给我国发展环境带来重要新变化。主要表现为：国际力量对比深刻调整，世纪疫情影响深远，逆全球化思潮抬头，单边主义、保护主义明显上升，世界经济复苏乏力，局部冲突和动荡频发，全球性问题加剧，世界进入新的动荡变革期。从国内看，我国经济社会发展面临一些新的矛盾风险挑战：发展不平衡不充分问题仍然突出，推进高质量发展还有许多卡点瓶颈，科技创新能力还不强；确保粮食、能源、产业链供应链可靠安全和防范金融风险还须解决许多重大问题；重点领域改革还有不少硬骨头要啃；意识形态领域存在不少挑战；城乡区域发展和收入分配差距仍然较大；群众在就业、教育、医疗、托育、养老、住房等方面面临不少难题；生态环境保护任务依然艰巨；等等。总体来看，我国将在一个更加复杂严峻的战略环境中谋求自身发展。

第二，我国发展面临的形势总体上是战略机遇和风险挑战并存。

一方面，我们面临的风险挑战可能增大。我国改革发展稳定的局面面临不少深层次矛盾躲不开、绕不过，党的建设特别是党风廉政建设和反腐败斗争面临不少顽固性、多发性问题，来自外部的打压遏制随时可能升级，各种"黑天鹅""灰犀牛"事件随时可能发生，不确定难预料因素增多。另一方面，我国发展仍具有多方面优势和有利条件。比如，经济韧性强、潜力足、回旋余地广、长期向好的基本面没有变；产业结构持续优化升级，新动能增长，抗风险能力增强；已形成拥有14亿多人口、4亿多中等收入群体的全球最大最有潜力市场；拥有丰富人力资源，高等教育在学总规模和年毕业人数居世界首位，接受高等教育的人口达2.4亿，高技能人才超过6 000万人；社会保持长期稳定，"中国之治"优势日益彰显等。综合判断，"危"与"机"交织并存，能否化危为机、转危为安，最根本的是要把我们自己的事情做好。

第三，增强斗争勇气、战略能力、应对水平，努力掌握发展的主动权。

要看到，尽管百年变局和世纪疫情交织演进，但和平与发展仍然是世界各国人民的共同愿望，各国相互依存加深，加强交流合作的动能依然强劲，经济全球化不可逆转，新一轮科技革命和产业变革深入发展，我国发展面临新的战略机遇。还要看到，我国仍处在成长上升期，发展的内生动力依然强劲，实现中华民族伟大复兴的历史进程不可阻挡。特别是以习近平同志为核心的党中央的坚强领导，有社会主义制度能够集中力量办大事的制度优势，有长期积累的雄厚物质基础，时与势在我们这边，一定能攻克一个个难关险隘，在危机中育新机、于变局中开新局。要树立机遇意识，积极努力发现机遇、抓住机遇、塑造机遇，准确识变、科学应变、主动求变，趋利避害、赢得先机。要增强忧患意识，坚持底线思维，准备经受风高浪急甚至惊涛骇浪的重大考验，坚定斗争意志、增强斗争本领，坚决有效防范化解各类风险挑战，依靠顽强斗争打开事业发展新天地。

二、创业风险的防范原则

1. 主体性原则

主体就是创业者和所创的实体。创业者本身应该具有强烈的风险防范意识、充分的心理准备、良好的综合素质，以及防范风险的相关知识和能力。所创之业也是符合社会需要的。很多人创业失败就是因为自己不具备创业的能力，没有充分的心理承受能力。

2. 事前性原则

只有注重事前的风险防范，才有可能规避和控制风险，阻止风险的释放。如事前的市场调查、风险预测等都是在事前做好准备。

3. 有效性原则

防止创业风险必须切实有效。

（1）运用的防范手段、采取的防范措施、落实的防范行为都应该是科学的、正确的、是经得起考验的。

（2）防范要及时、快速、果断。

三、创业风险承担能力的估计

创业者风险承担能力是指创业者所能承受的最大风险。创业者在进行风险识别的过程中，不但要确定其决定接受的风险程度，还要对其实际所能承受风险的程度进行评估，以采取合理的风险管理方法，减少创业过程中的不确定性。影响创业风险承担能力的因素主要有以下四个方面。

1. 从创业渠道取得收入的能力

从其他渠道取得收入的能力越强，创业失败的创业者的情绪和生活水平所受的影响就越小，其风险承担能力也就越强。因此，从其他渠道取得收入的能力和创业者的风险承担能力也呈正相关关系。

2. 危机管理能力

创业者的危机管理能力会影响到创业风险发生时采取的风险抑制措施的效果，从而影响到损失的大小。危机管理能力越强，风险因素导致风险事件发生并进而可能形成风险损失时，创业者就越能及时采取有效的风险防范措施，对损失状况进行抑制，避免损失进一步扩大，减少损失所产生的危害。所以，创业者的危机管理能力越强，其风险承担能力就越强，两者也呈正相关关系。

3. 可用于承担风险的资金

一般来说，创业者的年龄和家庭状况会对创业者用于承担风险的资金有所影响。刚毕业的大学生因为很少有创业资金的积累，能够承担风险的资金较少；家庭经济状况较差的创业者，会更多考虑到家庭基本生活对资金的需求；较少家庭支持的创业者，其用于承担风险的资金一般也会较少。一般情况下，用于承担风险的资金数量和创业者的风险承担能力呈正相关关系。

4. 特定时间段所要承担的风险

从创意到商业构想，再到创业企业的建立，不同阶段的创业风险大小会有所不同。一般来说，随着时间的推移和创业活动的深入，创业者面临的风险会逐渐增大。创业者首先要能够根据风险的来源及其对创业活动的影响程度，估计出在不同时间段可能要承受的总风险。

四、创业风险管理的过程

创业风险管理一般分为风险识别、风险评估、风险评价、风险应对、风险反馈与控制五个步骤。

（一）风险识别

对创业进行风险管理，首先要明确风险管理的对象是什么，即识别创业的风险。风险识别是管理这些风险的第一步，它是指对企业面临的现实及潜在的风险加以判断、归类并鉴定风险性质的过程。存在于企业周围的风险多种多样，这些风险在一定时期和某一特定条件下是否客观存在，存在的条件是什么，以及损害发生的可能性等都是风险识别阶段应该回答的问题。风险识别主要包括感知风险和分析风险两个方面。

风险识别对传统的经营管理有着至关重要的意义，识别如经营活动、劳务活动、战略活动等风险暴露来源为主的企业风险，有助于企业目标的实现，也有助于创业企业的健康发展。

在风险识别实践中，在团队、管理、市场、技术方面常常用访谈和一些定量研究方法去识别团队素质、管理、市场销售、产品技术等方面的风险；在市场、技术方面也常采用头脑风暴法、德尔菲法、风险清单分析法、核对表法、流程图分析法、事故树分析法、情境分析法进行风险识别；在财务、产权方面用文件审查法，通过分析资产负债表、损益表、现金流量表、财务记录、营业记录等文件，识别项目的风险因素，预测未来风险。

1. 头脑风暴法

头脑风暴法需要召集有关专家召开会议，说明创业企业风险有关的问题，由专家们自由、充分发表意见，尽可能多地发现风险并提出解决方案。该方法的优点是速度较快，并且容易开展，激发了群体的想象力，促进了相关人员的深入沟通，但是部分参与者可能缺乏必要的专业知识，难以提出有效意见。

2. 德尔菲法

德尔菲法又称专家调查法，起源于 20 世纪 40 年代，是一种典型的综合性群体决策方法。该方法可以通过群体交流和沟通来高效地解决复杂的非结构化问题。首先进行项目各种风险的识别，然后根据项目的风险特征，确定若干名相关领域的专家，之后确定风险评价指标并设计调查问卷，询问各位专家某项风险的重要性，附上所有的背景材料等发放给各位专家，由专家们做出回答。再将各位专家的第一次判断意见进行匿名汇总、归纳、统计并反馈给他们，专家们据此对自己的评估进行调整。一般至少要进行三四轮的意见收集和反馈，才能得到一致的意见。该方法的优点是简单易行，利用群体知识和智慧解决问题，有一定的科学性和实用性，但都是主观判断，且花费的时间较长。

3. 风险清单分析法

风险清单分析法主要依据专业风险管理人员设计得较为全面的风险清单。该清单列示此前已经存在的或其他企业普遍发生的基本风险，用来对照排查企业可能面临的风险。企业需要根据环境和企业的变化，及时调整清单。由于风险清单尽可能列示所有的潜在风险（通常较多），风险管理人员需要按照一定的顺序排列风险，并依据风险发生的可能性及危害程度，确定风险管理的优先顺序，并采取有针对性的控制策略。

4. 核对表法

基于相似项目的信息及其他信息编制的风险识别核对表。创业团队或相关人员基于过去项目成功或失败的原因、项目的其他内容（包括成本、质量、进展、合同、管理策略等）、项目产品或服务的说明书等资料，联想当下项目的潜在风险。利用核对表法进行风险识别较为简单，但是可能不够详尽。

5. 流程图分析法

将创业过程按照其流程和各个分支环节之间的内在逻辑、联系制成流程图（如创业的简单流程可视为：选定创业项目—拟订创业计划—筹集创业资金—办理创业法律手续—创业计划的实施与管理），并针对流程中的关键环节和薄弱环节进行风险的识别。流程图法可以帮助创业者清晰地了解到创业风险所处的具体环节，但是无法识别创业所面临的一切风险，而且流程图的准确性决定着风险识别的准确性。

6. 事故树分析法

事故树分析法是安全系统工程的重要分析方法之一。该方法利用逻辑关系、因果关系、事物发展的运行规律，运用演绎推理的方式从结果中分析风险原因。事故树分析即通过分析风险事故的现象、原因、结果及它们的组合，从而找到避免风险事故的措施。由于方法本身的复杂性，对使用者能力要求较高。

7. 情境分析法

情境分析法是识别在特定情境下可能发生的事件及其后果，并确定每种情境出现的可能性的方法。对于周期较短或未来变化不太大的情况，该方法可以给出比较精确的预测结果。但是存在很大不确定性的情况下，模拟结果可能不够准确。

（二）风险评估

风险评估是指在风险识别的基础上，通过对所收集的大量的详细损失资料加以分析。这一阶段可按照相关损失发生的概率进行分类，进行损失概率的评估，同时，对损失的规模与幅度进行分析，从而使风险分析定量化。将风险发生的概率、损失的程度与其他综合因素结合起来考虑，确定系统发生风险的可能性及其危害程度，通过比较管理风险所支付的费用，决定是否需要采取风险控制措施，以及控制措施采取到什么程度，从而为管理者进行风险决策、选择最佳风险管理技术提供可靠的科学依据。

风险评估一般采用专家调查法、风险因素取值评定法、分析报酬法等对采集到的数据进行定量估算。经过定量的风险评估结果是创业者进行风险管理的重要依据，但由于风险评估过程涉及主观方面测定，有些风险因素难以量化，其分析、测定过程对风险评估结果会产生显著的影响，因此，风险评估结果仍需要创业者进行最终判断。

（三）风险评价

风险评价是对风险估计的结果做测评，检验各种风险因素对风险估计结果的影响。一般是采取统计方法，如解析法，确定风险目标概率分布、均值、方差、变异系数。经过风险评价，决策质量将得到明显的提高，也为下一步风险管理工作提供重要的依据。

（四）风险应对

风险应对是根据风险识别、风险评估、风险评价的结果，制订并实施消灭或减少风险可能性或损失的措施。风险应对以预防为主，制订细致有效的预防措施避免风险发生是风险应对措施的主要内容，因此，对重大风险需制订风险应急方案、风险补救方案。

创业投资者进行风险应对措施采取的方法主要有风险回避、风险转嫁、风险分散和风险抑制。

1. 风险回避

风险回避是指设法回避损失发生的可能性，即从根本上消除特定的风险单位或中途放弃某些既有的风险单位。它是处理风险的一种消极方法。

避免风险的方法通常在两种情况下采用：一是某种特定风险所致损失的频率或损失的幅度相当高时；二是在用其他方法处理风险成本大于收益时。

没有风险就没有收益，避免风险虽然简单易行，但意味着收益机会的损失。因此，对企业而言，采用风险回避的方法在经济上是不适当的。在某些情况下，避免了某一风险又会产生新的风险。

2. 风险转嫁

风险转嫁是指一些企业或个人为避免承担风险损失，有意识地将损失或与损失有关的财务后果转嫁给另一个单位或个人去承担的一种风险管理方式。风险管理者会尽一切可能回避并排除风险，把不能回避或排除的风险转嫁给第三者，不能转嫁的或损失幅度小的可以自留。

转嫁风险的方式主要有保险转嫁和非保险转嫁两种。

（1）保险转嫁是指向保险公司缴纳保险费并同时将风险转给保险公司承担。当风险事故发生时，保险人按照保单的约定得到经济补偿。

（2）非保险转嫁又具体分为两种方式：一是转让转嫁；二是合同转嫁。前者一般适用于投机风险，如当股市行情下跌时卖出手中的股票；后者适用于企业将具备风险的生产经营活动承包给他人，并在合同中规定由对方承担风险损失的赔偿责任，如通过承包合同将某些生产、开发程序或产品销售转给他人等。

对创业企业而言，究竟选择哪种风险管理方式更合理，则需要根据对风险评估的结果和具体的环境进行选择。对于损失金额很小的风险宜采用自留的方式。而对那些出现概率大、损失金额高的风险，如财产责任风险，则宜采用转嫁的方式。而对诸如人力资源风险、财务风险、项目选择风险、环境风险等其他风险则宜采用预防和抑制的方法来处理。

3. 风险分散

在金融领域中，风险分散多指投资组合或资产的多元化。对于创业企业而言，可以通过组织形式的选择、多元化的投资主体和不同风险水平的项目投资组合来分散风险。具体来说，实践中，创业之初，创业者大多选择有限责任公司的创业形式，有限责任制度可以有效控制创业者的风险，使其所承担的风险以投资额为限。但是，对于合伙企业及个人独资企业，创业者所承担的风险不仅限于投资额，还包括全部的个人财产，风险较高。企业可以通过吸纳社会资本（包括风险投资、个人资金等）实现投资主体的多元化，将创业风险分散给广大投资者。企业也可以开展不同类型的技术研发、生产多元化的产品和业务，使风险在不同方向的经营中相互抵消。

4. 风险抑制

风险抑制是指在损失发生时或在损失发生后为缩小损失幅度而采取的各项措施。损失抑制的一种特殊形态是割离，它是指将风险单位割离成很多小的独立单位而缩小损失幅度的一种方法。损失抑制常常是在损失幅度高且风险又无法回避或转嫁的情况下采用，如损失发生后的各种自救和损失处理等。

（五）风险反馈与控制

风险反馈与控制贯穿于创业管理整个过程的具体工作之中。随着运营的变化，风险性质会发生变化，甚至会有新的风险因素出现。风险管理要不断揭示创业中存在的不对称信息，识别新的风险目标，进一步对风险估计和评价，提出应对措施，实施风险控制。总体而言，对创业项目进行风险管理是一个循序渐进的过程，只有对创业项目的整个运营过程进行风险管理，才能有效实现创业目标。

按照风险发生的时间顺序，风险控制可分为事前风险控制、事中风险控制和事后风险控制。

1. 事前风险控制

创业者在进行某项决策之前，对其相关的风险因素进行详尽地分析，综合评估各类风险，对创业决策的结果进行预测。针对那些可能出现且造成损失严重的风险因素，提前采取预防性的措施，降低风险的发生概率，从而保证创业决策顺利进行。

2. 事中风险控制

在创业企业经营过程中或某个决策进行中，需要监控项目进展情况及周围的环境变化，如果发现了某项风险因素，需要采取措施，快速反应，对创业决策进行及时调整。

3. 事后风险控制

创业者在某项风险事故发生后，造成的实际后果与预期后果进行对比，根据偏差情况找出具体的风险成因，总结经验教训，调整策略，降低风险再次发生的可能性，为后续的创业活动提供指导。

在创业过程中，常见的风险影响与控制措施见表6-1。

表6-1 常见的风险影响与控制措施

序号	常见的风险影响	风险控制措施
1	关键人才流失导致项目难以继续开展	设置合理的人才激励和保留机制；设置保密制度，防止人员流失导致技术外泄
2	团队目标不一致，产生冲突	在组建企业前，明确股权结构和利益分配；加强团队沟通交流
3	项目选择不当导致创业失败	创业前了解市场需求，切忌盲目跟风从众，冷静分析自身创业条件，选择自己熟悉、擅长且资源丰富的创业项目
4	企业的产品或技术不符合国家或地方的环保政策、科技政策等	提前查询相关政策标准，以此作为技术和产品的研发前提
5	生产所需要的材料、设备、技术方法等因为海关限制无法获得进口许可证等	在生产前了解原材料的限制条件，在不影响产品质量的前提下尽量寻求替代品
6	不了解创业企业优惠政策，增加成本	政府为创业者提供了包括咨询辅导、创业载体入驻、创业担保贷款、创业补贴、税收优惠等在内的一系列支持政策，提前了解可以为企业节约成本
7	技术机密泄露或被别人仿制，失去市场优势	在技术研发时注意知识产权保护，及时申请专利；必要时利用法律手段维权
8	生产的产品或服务存在质量问题，达不到相应的标准或规范	生产前将国内或国际的相关规范纳入合规管理体系，严格把控生产流程
9	技术更新迭代慢，难以满足市场需求	考虑团队能力，招募技术人员，提前了解市场需求，加快研发进度
10	市场需求小，产品滞销	研发生产前进行市场调研，动态监控市场变化趋势
11	行业竞争激烈，难以提升市场份额	采用科学的营销策略，找准目标用户和目标市场，提升产品和服务质量，赢取客户好感
12	融资渠道单一，无法筹足创业资金，研发难以进行	考虑自有资金、亲友借款、银行贷款、民间借贷、天使投资、风险投资、政府创新基金等多种融资渠道
13	财务意识淡薄，资金管理及使用、利益分配等权责不明，造成资金流失严重，使用效率低下	加强财务意识，建立完善的资金管理制度和权责分配制度
14	企业设立之初，可能存在创始人等出资不实的情况	合理评估非货币资产的出资价值，并及时办理财产所有权转移手续。如果后期发现手续存在法律风险，要及时纠正
15	股权配置、表决权设定等不合理导致的法律风险	股权结构不要平均化，按实际出资和贡献分配股权；设立防冲突机制，避免某个股东离开而产生矛盾

续表

序号	常见的风险影响	风险控制措施
16	企业印章管理不当（包括印制、保管、审批、丢失或被盗等情形下的不规范操作）造成企业损失	建立用章使用制度、流程标准化，依托现代化信息技术，建立智能化印章管理系统。
17	企业合同签订和履行过程中涉及的法律风险	在签订合同前考察对方资质和信用，并认真咨询法律专业人员，避免合同漏洞和合同欺诈，尽量掌握合同起草权。
18	创业者管理素质不高，注重技术和产品而忽略管理	创业者应掌握科学的管理理念和方法，运用到团队的管理中，提高团队效率。
19	获取信息能力不足，难以捕获外部的机会和威胁	加强信息意识，建立科学的信息收集和处理系统
20	创业者认知有限但具有绝对的话语权，根据自己的偏好或经验做出决策，导致决策失误，造成损失	创业者应汲取创业团队各方意见，避免"一家之言"

五、大学生创业风险的防范措施

1. 调整心态，做好创业准备

对自己充分了解，是大学生进行创业的前提。大学生创业时要对自己的个性特征、特长等有充分的了解，选择适合自己个性特征，符合个人兴趣爱好的项目进行创业，同时创业者要掌握广博的知识，具有一专多能的知识结构，才能进行创造性思维，才可能做出正确的创业决策。

大学生在创业前还要积累一些有关市场开拓、企业运营方面的经验，通过在企业打工或者实习、参加创业培训、接受专业指导，来积累创业知识，提高创业成功率。

2. 充分利用优惠政策，迈出创业坚实的第一步

支持大学生创业，已经成为各级政府的重要议事内容。

近年来，相关部门陆续出台了许多优惠政策，鼓励和支持大学生创业。虽然有些优惠政策在实施过程中出现了配套措施不到位、具体操作烦琐等情况，但大学生创业者一定要充分了解这些优惠政策，并把它们充分运用到自己的创业实践中。

具体来说，高校要向大学毕业生详细宣讲政府出台的创业优惠政策，使大学生创业者对自己能享受到的优惠政策熟记在心；相关部门对这些优惠政策要出台具体实施办法及操作指引等，以方便大学生创业者操作实施，使党和政府支持大学生创业的优惠政策，成为帮助大学生创业的阳光、雨露，使大学生迈出创业坚实的第一步。

3. 树立团队意识，与他人合作共赢

新东方教育集团创始人俞敏洪认为，创业除了自己成功，还要与他人一起成功。一个人的能力是有限的，创业一定要抛弃单打独斗、孤军奋战的个人英雄主义思想，牢固树立

团队合作共赢的理念。

大学生创业应建立一个由各方面专才组成的合作团队，大家既有共同的理想，又能有效地使技术创新与经济管理互补，保证团队形成最大合力，在市场竞争中取胜，推动企业发展，取得创业成功。

4. 审时度势，创业应有选择地量力而行

创业路途充满艰辛，绝不是一蹴而就的。因此，创业者应找到合适的切入点，选择合适的时机、项目和规模。大学生创业者大多手中资金较少，创业经验不足，可以选择起点低、启动资金少的项目进行创业。

另外，大学生创业要选择一种适合自己的企业法律形态。创业者选择个体工商户、合伙制企业的形态模式时，虽没有最低注册资本的要求，但创业者或投资人要对企业承担无限连带责任，企业如果经营不善欠下债务，股东要对企业的债务承担继续偿还的责任，创业时应慎重选择；创业时如果设立的是有限责任公司，公司具备法人资格，能够独立承担法律责任，公司如果资不抵债宣告破产，对公司不能清偿的债务，股东仅以其出资额承担法律责任，超出的部分不承担法律责任。

同时，有些人为的因素，可能会导致合伙人之间、股东之间因经营理念、利益分割而产生矛盾，甚至因性格原因发生冲突，因此，创业者在组建团队时，也应注意选择志同道合、善于沟通、以企业利益为重的合作者，这是非常重要的。

5. 多渠道融资，降低创业资金风险

虽然大学生创业融资渠道相对较少，但社会相关各方仍能为大学生创业提供资金。政府为大学生创业提供贴息贷款。有经营项目，能够提供有稳定收入的行政、事业单位的正式职工作为担保人的，大学生创业者可以申请最高额度为 10 万元、期限为 3 年的政府贴息贷款，还可以得到各类创业基金的资金支持。

目前，由中国社会福利教育基金会发起的中国大学生创业基金，由共青团中央发起的中国青年创业就业基金，由社会知名人士郑泽等人发起的中国大学生西部创业基金等，都可以帮助大学生解决部分创业资金的短缺问题。

由共青团中央、中国科学技术协会、教育部和中华全国学生联合会等单位主办的"挑战杯大学生创业大赛"为冠军提供 10 万元的创业基金。大学生参加创业大赛，既可以锻炼创业能力，又可能获得高额的创业资金，是一种很好的融资途径。

大学生创业者还可以引入风险投资。虽然风险投资风险高，但回报也高。风险投资者比较关注创业管理团队的构成、管理者的素质、创业者自身持续奋斗的精神等，有优秀的创业团队、独一无二的技术支撑、光明市场前景的创业项目，有可能得到风险投资家的青睐，从而获得创业资金。例如，大学生创业的成功典范——江南春创办的分众传媒，在两年内获得了近 5 000 万美元的风险投资。

6. 重法制、淡人情，在法律规则中稳步发展

市场经济是法制经济，企业的诞生和发展必须在法律框架下进行，符合法律规定。虽

然中国人很重视人情、关系，但要想使企业稳步发展，将企业做大做强，大学生创业者从开始就应该依法办事，淡化人情，使法律成为大学生创业成功的基石。

具体来说，创业之初选择企业形态要慎重，合伙制企业一定要制订合伙章程，明确合伙人之间的权利、义务，以及盈利或亏损的分配方式，最好找专业法律人士审查把关；企业形态最好选择有限责任公司的模式，分清公司责任和个人责任，降低个人风险；企业运营应严格遵守法律规定，安分守己，合法经营，切不可为小利而做违法乱纪之事；依法为企业员工缴纳社会保险，降低企业风险；出现纠纷最好通过法律途径解决，依法维护企业的合法权益。

总之，在社会发展的汹涌大潮中，大学生创业已成为时代的选择。随着社会各方对大学生创业的理解和支持，以及大学生自身身心发展的日趋成熟，知识结构更加完善，大学生创业遇到的风险会随之减少，创业者的风险管控能力更强，大学生创业必将发展到一个新阶段。

❯ 项目训练

（1）简述创业项目的特点和分类。
（2）简述创业项目选择的原则和影响因素。
（3）查阅有关创业项目的成功案例，谈谈选择创业项目的注意事项。
（4）简述大学生创业过程中常见的风险及防范措施。
（5）简述风险管理的意义。
（6）简述创业风险管理的过程。
（7）查阅有关创业项目的失败案例，谈谈该创业项目所受的风险影响及控制措施。

项目七

"成事在力，谋事在巧"
——创业计划的编制与演练

📝 **学习目标**

知识目标：

（1）了解创业计划书的相关概念。

（2）了解创业计划演练的相关概念。

能力目标：

（1）能够掌握优秀创业计划书的注意事项。

（2）能够掌握创业计划书的编制流程。

（3）能够掌握路演 PPT 的技巧及忌讳。

（4）能够掌握创业计划展示的注意问题。

素养目标：

培养大学生编制一份具有吸引力的创业计划书的意识。

👤 **名人箴言**

计划开始的最佳时间是现在，是马上。一个好的想法是在实践中完善成熟起来的，而不是先完善、成熟起来再去实践的。

——斯蒂文森

👤 **案例导入**

永远相信美好的事情即将发生

小米公司正式成立于 2010 年 4 月，是一家以智能手机、智能硬件和 IoT 平台为核心的消费电子及智能制造公司。创立至今，小米已成为全球领先的智能手机品牌之一，智能手机全球出货量稳居全球前三，并已建立起全球领先的消费级 AIoT（人工智能和物联网）平台。截至 2022 年 12 月 31 日，集团业务已进入全球逾 100 个国家和地区。

小米的使命是始终坚持做"感动人心、价格厚道"的好产品，使全球每个人都能享受科技带来的美好生活。

小米公司成立时就有一个宏大的理想：改变商业世界中普遍低下的运作效率。小米有勇气、有决心、有毅力推动一场深刻的商业效率革命；把每一份精力都专心投入做好产品，让用户付出的每一分钱都物有所值。

在众多领域小米都以一流的品质、紧贴成本的定价彻底改变了行业面貌，大大加速了产品普及。"感动人心，价格厚道"这八个字是一体两面、密不可分的整体，远超用户预期的极致产品，还能做到"价格厚道"，才能真正"感动人心"。

小米的愿景：和用户交朋友，做用户心中最酷的公司。

优秀的公司赚的是利润，卓越的公司赢的是人心。小米是一家少见的拥有"粉丝文化"的高科技公司。对于小米而言，用户非上帝，用户应是朋友。

为感谢米粉的一路相伴，小米将4月6日这一天定为"米粉节"，每年4月初都会举办盛大活动与米粉狂欢。同时自2015年起，每年年底小米都会举办小米家宴，邀请米粉回家吃"团圆饭"。同时，小米员工还会自发地为米粉手写10万张明信片，这是小米不一样的地方，是小米人发自内心、一笔一画亲手表达的情感，这是对愿景的最好诠释，这是和米粉交朋友的实际行动。

小米的核心价值观：真诚、热爱。

真诚就是不欺人也不自欺，热爱就是全心投入并享受其中。

2010年，小米创始人共饮一碗小米粥，开启了小米加步枪干革命的故事。2018年员工5周年活动上，雷军说道："老员工是小米最宝贵的财富，没有老兵，没有传承。没有新军，没有未来。"感谢有一帮志同道合的小伙伴，一起哭，一起笑，一起战斗！岁月数载，初心不变，始终真诚，永远热爱。

任务一　认知创业计划

创业计划是创业者首先应该做的。创业计划是创业者的创业想法、路径、目标的细化。

对于创业者而言，创业计划使其最初的创业想法系统化，并对企业的发展有更加明确的预期。

对于合作者而言，创业计划使其更加明确企业的远景及实现路径，能够增强合作的信心。

对于投资者而言，可以因此对自己投资的可能回报率有较为明确的预期。

虽然有了计划并不一定能保证成功，但是它可以提高创业的成功率。计划对于新创企业来说，好比建筑效果图，可能在施工的过程中会有所改变，但可以直观地反映实施后的效果，对于建筑施工图的绘制起着决定性的作用。

一、创业计划的内涵及作用

(一)创业计划的内涵

所谓创业计划，是对与创业项目有关的所有事项进行总体安排的文件。创业计划包括商业前景展望，人员、资金、物质等各种资源的整合，以及经营思想、战略的确定等，是为创业项目制定的一份完整、具体、深入的行动指南。一份创业计划应该能够有理有据地说明企业的发展目标，实现目标的时间、方式及所需资源。创业计划又称商业计划，是创业者在初创企业成立之前就已经准备好的一份书面计划，用来描述创办一个新的风险企业时所有的内部和外部要素。创业计划通常是各项职能如市场营销计划、生产和销售计划、财务计划、人力资源计划等的集成，同时，也是提出创业的前三年内所有中期和短期决策制定的方针。

创业计划的基本目标是分析商机，说明创业者的基本思想和预期目标；分析并阐述创业者如何利用这一创业机遇进行发展；分析说明影响创业成败的关键因素；分析并确定创业企业筹集资金的办法。实质上，创业计划是将创业者的理想和希望进一步具体化，它一般要考虑公司未来 3～5 年的发展情况。

(二)创业计划书的作用

无论是参加创业赛事还是入驻大学生创业园，申请者及其团队往往会被要求提交一份"创业计划书"。那么，什么是创业计划书？创业计划书对每个创业团队的价值和作用是什么呢？

创业计划书又称为商业计划书，是创业者针对项目的市场前景、主营业务、产品或服务、生产和销售计划、财务计划、人事计划等方面进行的先期预测和详细说明，是一份向投资者或投资公司、合伙人、消费者等群体做出的书面可行性商业报告，用以呈现新创企业的全部内在和外在因素，并就企业未来发展情况进行合理的预测。

编制一份创业计划书需要根据相对标准的文件格式，用书面语言对企业或项目的现实状况和未来发展预期进行说明。一份好的创业计划书能够非常清晰地对企业或项目进行描述，既起到对外说明展示的作用，又能帮助创业者理清创业思路，做出科学规划，提醒创业者应该注意和规避的问题，以及如何从内部和外部聚集资源，创造企业发展和项目运行的适宜条件。

一般来说，创业计划书的具体作用表现在以下几个方面。

1. 创业计划是指导新创企业走向成功的路标

（1）有助于分析创业的可行性。制订一份正式的创业计划，是创业资金准备和风险分析的必要手段。对初创的风险企业来说，创业计划的作用尤为重要，一个酝酿中的项目，往往很模糊，通过撰写创业计划，将正反理由都书写下来，然后逐条推敲，创业者就能对这一项目有更加清晰的认识，有助于分析创业的可行性。

（2）有助于明确创业目标，作为企业行动方向。在创业融资之前，创业计划首先应该是给创业者自己看的。办企业不是"过家家"，创业者应该以认真的态度对自己所有的资源、已知的市场情况和初步的竞争策略做尽可能详尽的分析，并提出一个初步的行动计划，通过创业计划做到心中有数，规划自己的创业蓝图，使创业者对自己的创业目标更加明晰。

（3）有助于吸引新的团队成员加入。创业计划通过描绘新创企业的发展前景和成长潜力，使管理层和员工对企业及个人的未来充满信心，并明确要从事什么项目和活动，从而使大家了解将要充当什么角色，完成什么工作，以及自己是否胜任这些工作。因此，创业计划对于创业者吸引所需要的人力资源、凝聚人心，具有重要作用。

（4）有助于指导新创企业的经营管理。创业计划涉及创业资金的筹措、战略与目标、财务计划、生产与营销计划、风险评估等企业经营管理的各个方面，可使创业者周密安排创业活动，有利于新创企业的经营管理。创业计划使目标得以量化，为创业者预测未来结果提供了可度量的标准。

2. 创业计划是与利益相关者沟通的桥梁和媒介

（1）有助于使利益相关者全面理解新创企业。创业计划作为一份全方位的项目计划，它是对即将开展的创业项目进行可行性分析的过程，也是在向风险投资家、银行、客户和供应商宣传拟建的企业及其经营方式，包括企业的产品、营销、市场及人员、制度、管理等各个方面，在一定程度上也是拟建企业对外进行宣传和包装的文件。另外，好的计划还可能有机会获得政府的扶持。

（2）有助于使外部读者评阅指导。创业计划涉及企业的诸多方面，难免有不妥或遗漏之处，作为企业自我推销的文件，在供外部读者评估审阅时，有机会得到他人的指导，使计划更加切实可行。

（3）有助于使投资者产生兴趣和信心。一份完美的创业计划不但会增强创业者自己的信心，也会增强风险投资家、合作伙伴、员工、供应商、分销商对创业者的信心。而这些信心正是企业走向创业成功的基础。

3. 创业计划书是创业者及其团队的共同愿景，是团队成员的黏合剂

创业计划书既是对企业现实状况的描述，也是对未来发展的预期，可以说是连接企业发展现实与理想的桥梁。

在创业计划书中，有对企业发展目标的科学阐释，也有对企业发展战略的清晰规划，更有对企业发展进程的合理布局。所以，创业计划书也是企业发展的宏伟蓝图，是创业者及其团队对企业未来的美好愿景，它构成了团队共同奋斗的精神支柱，也是团队凝聚力的迸发点。

一份好的创业计划书能够使团队每个人都明确企业的成长路线，使成员保持思想和行动的一致，增强组织的紧密团结，使团队成员在共同的愿景中，建立彼此信任和相互支持

的良性关系，进而同甘共苦，心往一处想，劲往一处使。

二、创业计划书的基本特征及分类

知识拓展：创业计划书带来的创业梦

（一）创业计划书的基本特征

面对同样的创业机会，不同的创业者制订的创业计划书也不同，但是成功的创业计划书却有一些相同的特征。成功的创业计划书都是对一项新兴业务所带来的机遇和风险进行明确的综合评估。虽然对创意的描述和风险的评估有相当的难度，但这是一份成功的创业计划书所必备的。

1. 清晰的结构

投资者应当能够在创业计划书中找到他们所关注问题的答案，很容易找到他们特别感兴趣的话题。这就要求创业计划书必须有一个清晰的结构，使读者能够灵活地选择他们想要阅读的部分。说服投资者不仅是靠分析和数据的多少，而是靠论点和基本论据的组织结构。因此，对任何能使投资者有兴趣的话题，都应该进行充分而准确的论证。一般情况下，创业计划书大约为 20 页。

投资者阅读创业计划书时，创业者并不在场，因此不能及时地回答问题并提供解释。考虑到这个因素，创业计划书的正文必须能够自圆其说。因此，在提交给投资者之前，创业计划书应当先让一些人试读。例如，可以是朋友或同事，最好是那些对此创意不了解的人先阅读创业计划书，并提出问题。

2. 让外行也能读懂

一些创业者相信，他们可以用丰富的技术细节、精心制作的蓝图，以及详细的分析给投资者留下深刻的印象。但他们错了，只有极少数情况下，会有技术专家详细地评估这些数据。大多数情况下，简单的说明、草图和照片就足够了。如果创业计划书中必须包括产品的技术细节和生产流程，应当把它们放到附录中。

3. 前后写作风格一致

一般情况下，会由几个人合作完成一份创业计划书。最后，必须对这项工作进行整合，以避免整个计划书风格不同、分析的深度不同，像一块打满补丁的破被子。考虑到这个因素，创业计划书最好由一个人负责，由最后定稿的编辑进行修改。

4. 以客观性说理

一方面，有些人在讲述他们的创意时会得意忘形。的确，有些事情需要以一种充满激情的方式讲述，但应该尽量使自己的语气比较客观，使投资者有机会仔细地权衡论据是否有说服力。如果一份创业计划书写得像是一份煽情的广告，那么它很可能会激怒而不是吸引投资者，结果导致投资者产生怀疑甚至拒绝接受。

另一方面，因以前有过某种计算失误或错误而对自己的项目过度批评也同样是危险的，这将使投资者对创业者的能力和动机产生怀疑。应当尽自己所能，提供最准确的数据。如果提到弱点或不足，那么一定要同时指出弥补的方法或措施。这并不是说创业者应当隐瞒重大的弱点或不足，而是说在制订计划时，就应当设计弥补这些不足的方案，并在计划中清楚地表达出来。

5. 版面格式统一

创业计划书应当有统一的版面格式。例如，字体应当与文章的结构和内容保持一致，插入必要的图表时应力求简洁，而且，也可以考虑使用印有（未来的）公司徽标的文头纸。

（二）创业计划的分类

根据不同的分类标准，创业计划可分为以下类型。

1. 按照创业计划的目标划分

（1）吸引创业伙伴的创业计划。吸引创业伙伴的创业计划是为了吸引创业团队的新成员及有特定意义的关键员工。创业初期，无论是从身边的亲朋好友中寻找创业伙伴还是从不熟悉的人群中寻找创业伙伴，一份结构清晰、前景良好的创业计划是吸引创业伙伴的最有力武器。因此，这一类的创业计划需要阐明"企业的商业模式"和"未来发展规划"，更要对创业伙伴的利益分配和权限做出清晰的说明。

该类创业计划通常包括八项内容，即创业机会及其商业价值描述、新企业将提供的产品以及可能的顾客、可能的市场竞争与拟采取的市场策略、可能的市场收益、可能遇到的风险以及应对策略、希望他人以怎样的方式参与、将给新进入者带来哪些利益、有待于新进入者讨论的话题。

（2）获取政府支持的创业计划。政府部门所制定的各项政策对创业活动的成败具有重要的影响。只有在政府政策允许和鼓励的条件下，新企业才能获得更多的国内外人才、贷款和投资、各种服务与优惠等。获取政府支持创业的计划应当强调"新企业的项目投资可行性"，尤其要着重关注"新企业的社会收益和社会成本"。只有这样才能得到政府的关注进而获得支持。

该类创业计划通常包括十项内容，即总论、团队情况、产品的市场需求预测、项目的技术可行性、项目实施方案、投资估算与资金筹措、项目收益分析及对社会的影响、项目风险及不确定性分析、关于项目可行性的综合结论、希望政府给予的具体支持。

（3）吸引风险投资的创业计划。吸引风险投资的创业计划主要面向风险投资者，目的是向风险投资者募集资金。美国的一位著名风险投资家曾说过："风险企业邀人投资或加盟，就像向离过婚的女人求婚，而不像和女孩子初恋。双方各有打算，仅靠空口许诺是无济于事的。"对于正在寻求资金的新企业来说，创业计划就是企业的名片。

风险投资者评估投资项目首要的资料就是创业计划，一份简练而有力的创业计划能让风险投资者对投资项目的运作和效果心中有数。这一类型的创业计划在撰写过程中要注意

"以风险投资者的需要为出发点"，要说明该项目拥有"足够大的市场容量和较强的市场盈利能力"，以此来吸引投资。

该类创业计划通常包括十项内容，即计划概述、产品背景和公司概述、市场调查和分析、公司战略、项目总体进度安排、关键风险和应对策略、管理团队的组成、企业经济状况、财务预测、假定公司能够提供的利益。

2. 按照创业计划的表现形式划分

（1）文本形式的创业计划（书面撰写）。文本形式的创业计划是指创业计划以文本的形式展现在创业者自己和他人面前。

优点：系统全面、理性表达。

缺点：时效性差，调整迟滞。

通常情况下，一份完备的创业计划都是以文本形式表现出来的。

（2）意念形式的创业计划（口头描述）。意念形式的创业计划是指创业计划以意念的形式形成一幅蓝图存在于创业者的头脑中，创业者可以用语言将其创业计划展现给他人。

优点：对创业环境和创业资源的变化较易修改，更容易深入人心。

缺点：系统性差，主观随意性强。

3. 按照创业计划的内容划分

（1）综合创业计划。综合创业计划是全面实现创业战略的创业计划。如果创业者计划开发销售一种新产品，那么这份创业计划就需要涵盖产品的开发、生产、销售等各个方面的情况，其内容非常具体而烦琐，是一份典型的综合创业计划。综合创业计划的主要阅读者为投资者等利益相关者，如供应商、潜在客户、应聘的关键员工。目的是使他们了解创业计划，激发他们的兴趣，使他们也投入创业活动中，进而促进创业的成功。

（2）专项创业计划。专项创业计划是创业中的某一项目的专门计划，如创业融资计划、产品开发计划、市场开拓计划等，其中，最重要的是创业融资计划，因为资金是能确保其他项目顺利开始的基石。专项创业计划为某一项目的发展定下比较具体的方向，从而使创业项目中的相关员工了解该项目的发展规划，并激励他们为创业成功而努力。

任务二　编制创业计划书

一、创业计划书的编制原则

一份好的创业计划书必须呈现竞争优势与投资者的利益，同时也要具体可行，并提出尽可能多的客观数据来加以佐证。编制过程中应具体把握以下原则。

1. 呈现竞争优势原则

编写创业计划书的重要目的之一是为投资者提供决策依据，借以融资。因此，创业计划书中要呈现出具体的竞争优势，显示创业者创造利润的强烈愿望，并明确提出投资者预期报酬。同时，也应该说明可能遇到的风险或威胁，不能只强调优势或机遇，而忽略不足与风险。

2. 前后一致原则

创业计划书的内容复杂繁多，容易出现前后不同、自相矛盾的情况。如果出现这种情况，就会让人很难明白，甚至对计划书产生怀疑。所以，整个创业计划书前后的基本内容要相互呼应、保持一致。

3. 便于操作原则

创业计划书是创业者拟定的创业行动蓝图，因此，它必须具有很强的可操作性，以便实施。特别是其中的营销计划、组织结构、管理措施、应对风险的方法和策略等，必须具有可行性和可操作性。

4. 通俗易懂原则

创业计划书中应尽量避免使用技术性很强的专业术语，这些术语不是谁都可以看得明白的，过多的专业术语会影响读者阅读的兴趣。即使不得已要使用专业术语，也应该在附注中加以解释和说明。

5. 客观实际原则

创业计划书中的所有内容必须实事求是，即使是财务规划，也要尽量客观、实际，切勿凭主观意愿进行估计。创业者必须事先进行大量的调查和科学分析，尽量陈列出客观、可供参考的数据文献资料。

6. 文字精练原则

创业计划书应避免那些与主题无关的内容，要开门见山、直切主题，并清晰明了地把自己的观点亮出来。风险投资者没有时间也不愿意花过多的时间来阅读一些对他来说毫无意义的东西。文字精练、观点明确，才能引起投资者的注意和兴趣，从而提高融资成功的概率。

7. 市场导向原则

利润来自市场的需求，没有明确的市场需求分析作为依据，所编写的创业计划书将是空泛、无意义的。因此，创业计划书应以市场导向的观点来编写，要充分展示对市场现状的把握与未来发展的预测，同时要说明市场需求分析所依据的调查方法与事实证据等。

二、创业计划书的编制流程

创业计划书是企业（项目）发展的蓝图，将指导一个企业运作、经营、管理等诸多环节。一份好的创业计划书一定是集体智慧的结晶，凝聚着企业（项目）主要成员、创业导师、行业企业专家等方方面面的力量。具有针对性和可行性的创业计划书在编制前需要经过充分的市场调研，创业计划书的内容应该基于企业成长和发展状况做出灵活的调整。一般来说，编制一份创业计划书需要经过以下步骤。

1. 撰写团队组建环节

通常，在撰写创业计划书前，应该首先由主创成员组建一个撰写团队，每个参与编制计划的人都需要对创业企业（项目）有足够的了解，对创业计划书包含的基本内容有着个人见解和看法，并具有相应的理论知识基础。团队成员在不断研讨中初步拟订一份粗略的计划方案，并就企业文化、主营产品、行业领域、客户群体等重要问题达成一致。

2. 计划构想细化环节

在形成粗略的计划方案后，做出统一的编制时间进度计划，根据撰写团队各人所长及其在企业（项目）中承担的职务（角色）进行分工。团队成员就各人领到的撰写任务查阅相关资料，做出全面细致的思考，落笔形成符合撰写要求的创业计划书文本，再由团队主要负责人进行文本的整合与梳理。

3. 实地走访验证环节

实地走访验证环节包含了客户群体调研、专家人物访谈、类似成熟企业调研和比对三个方面，针对不同写作部分，由团队成员进一步分工完成。在进行客户群体调研时，需要提前准备调研问卷、结构化问题清单及企业简介和产品试用装，与产品或服务的潜在消费者取得联系，进行购买意愿、产品定价、购买周期等信息的收集，根据反馈情况，修订创业计划书内容。

在专家人物访谈中，需要主动拜访创业导师、技术顾问、行业领域专家，就创业计划书的主要内容进行介绍，将已初步形成的创业计划书交予专家审阅，征求修改意见。在类似成熟企业比对中，应选取目标竞争企业进行分析，在充分认识自身企业（项目）优劣势的基础上，提炼企业（项目）特色，做出商业模式、生产工艺、原材料选择等方面的创新计划，进一步完善创业计划书内容。

4. 文件定稿制作环节

由团队主要负责人在对创业计划书文档内容做出修订、调整的基础上，进行语言润色和格式调整，并针对组织结构、商业模式、营销渠道等内容，适当设计图表进行展示，使文档更具有观赏性，也能够体现主创团队对文件撰写的重视。在文件定稿后，针对企业（项目）设计特色封面，开展排版印刷和装订等后续工作。

5. 计划实施调整环节

实施创业计划书既定内容，使创业计划真正得到落实。在实施过程中，可基于市场发生的变化、企业（项目）自身的需要等原因做出适当修订和调整，始终保证创业计划书内容的科学性与合理性。

三、创业计划书的内容

创业计划书没有严格统一的内容格式。创业计划书的内容会根据不同产品或服务，或者创业计划书的主要用途等而有所不同。但是，创业计划书的内容应尽可能完整、详细，以便为潜在投资者描绘一幅完整的企业蓝图，使他们对创业企业有一个较为准确的理解，并帮助创业者深化对企业经营的思考。

经过长期不断的实践，创业计划书的内容也逐步形成了约定俗成的基本格式。一般来说，一份完整的创业计划书主要包括企业概况、产品与服务、市场分析、选址、营销策略、法律形式、人员及组织结构、成本预测、现金流管理计划、营利情况预测、资产负债表等内容，这些都是整个创业过程中不可或缺的元素。

（一）封面和目录

封面页一定要能给人以积极正面的印象，其制作应既规范又专业。

封面页内容一般应包括创办企业的名称、地址及传真，创业者的姓名、电话及电子邮箱，日期，计划书编号（对计划书进行编号并记录发放的具体名单，以免计划书流传到未授权的人手中），有关报告保密性的陈述（这是为了安全起见，对创业者来说很重要）等内容。创业计划书是比较严肃、认真的文件，不可过于耀眼或花哨，封面的设计要有审美观和艺术性，一个好的封面会给阅读者产生最初的好感，形成良好的第一印象。

目录置于封面页后，列出计划书的主要章节、附录和对应页码，目的是便于查找计划书的内容。在计划书发送出之前，最好核对目录中的页码是否与正文页码一致。最后时刻增减计划书上的内容会打乱原来的页码，而一般较容易忘记修改目录中的页码。

（二）执行概要

执行概要很重要，是计划书开篇的精华之处。它应该以和创业计划书中各部分相同的顺序来描述，基本包括企业简介、产品或服务的描述和定位、市场分析、可行性分析、营销策略、管理团队与组织结构、财务分析、融资方案与风险投资的退出策略这几个方面。

执行概要部分应重点向投资者传达五点信息。

（1）创业企业的理念是正确的，创业企业在产品、服务、技术等方面具有竞争优势。

（2）企业的商业机会和发展战略是有科学根据且经过深思熟虑的。

（3）企业团队有管理能力，企业团队是专业的、有领导力和执行力的队伍。

（4）创业者清楚地知道进入市场的最佳时机，知道如何进入市场，并预料到什么时候应该恰当地退出市场。

（5）企业的财务分析是实事求是的，投资者可以得到预期的回报。

（三）企业概况

企业概况不同于自我介绍，目的是让投资者认识该企业。企业介绍中会涉及企业的基本概况（名称、组织形式、注册地址、联系方式等）、发展历史与现状、所提供的产品或服务的竞争力、未来的发展规划和目标等。其中，企业目标是企业要达到的效果，是企业发展的动力，在创业计划书中是亮点所在，因此必须下功夫写好。

（四）产品与服务

产品与服务是创业项目的核心部分，创业者对产品与服务的说明要详细、准确、通俗易懂，明确产品优势，同时对开发工作的进展程度及需要推进的其他工作进行简要的说明。其内容主要包括以下几个方面：

（1）产品或服务的名称与用途及产品的概念、性能及特性。

（2）产品或服务的市场竞争优势。

（3）技术优势、功能优势、产品的品牌优势及优势的保护。

（4）产品或服务的发展、产品的前景预测、技术与功能的变化、产品的系列化、新产品计划、风险与困难。

（5）产品或服务的理念。

（6）产品的技术开发状况。

产品和服务能否满足消费者需求是很关键的。产品和服务介绍中通常要回答以下问题：

（1）消费者希望产品或服务能解决什么问题？消费者能从企业的产品或服务中获得什么好处？

（2）与竞争对手相比，创业企业的产品具有哪些优势？消费者为什么会选择本企业的产品？

（3）企业为自己的产品或服务采取了何种保护措施？拥有哪些专利、许可证或与已经申请专利的厂家达成了哪些协议？

（4）为什么产品定价可以使创业企业产生足够的利润？为什么消费者会持续购买本企业的产品？

（5）创业企业采用何种方式改进产品性能？企业对发展新产品有哪些计划？

企业产品或服务的市场前景和潜力是决定一个企业价值的重要因素，风险投资者对企业价值的评估首先是从企业的产品和服务开始的。因此在创业计划书中，一定要提供所有与企业的产品或服务有关的细节，包括企业所进行的有关产品和服务的市场调查。

（五）行业与市场分析

行业与市场分析在整个创业计划书中起着举足轻重的作用，主要包括目标市场分析、行业分析、竞争对手分析等内容。

1. 目标市场分析

目标市场由著名的市场营销学者麦卡锡提出。他认为应当按消费者的特征，把整个潜在市场分成若干部分，根据产品本身的特性选定其中部分消费者作为一个特定的群体，这一群体被称为目标市场。例如，对手机目标市场的分析：高端人士青睐外观精巧、质量上乘、功能先进的手机；商务人士喜欢具备多样化的商务功能的手机；学生一族追求时尚型手机；而普通百姓则以结实耐用的手机为首选。对目标市场的分析，应从以下几个方面入手：

（1）你的细分市场是什么？

（2）你所拥有的市场有多大？

（3）你的市场份额是多少？

（4）你的目标顾客群是哪些或哪类人？

（5）你的五年生产计划收入和利润是多少？

（6）你的营销策略是什么？

详细的目标市场分析能够促进投资者判断企业目标的合理程度及他们所需承担风险的大小。在对目标市场的分析中，创业者需要阐明这样的观点：企业处在一个足够大、发展前景非常广阔的市场中，并有足够的能力应对来自各方面的竞争。

知识拓展：美国强生公司的市场细分

2. 行业分析

行业是企业要进入的市场。在创业计划书中，创业者要分析进入行业的市场全貌及关键性的影响因素。行业分析需要从以下几个方面来进行：

（1）该行业现处于萌芽期还是成熟期？发展到了何种程度？总销售额是多少？总收益如何？

（2）该行业的发展趋势及未来走向如何？

（3）该行业的影响因素，如国家的政策导向、社会文化环境、竞争者的现状、行业壁垒等。

（4）该行业市场上的所有经济主体概况：竞争者、消费者、供应商、销售要道等。

在进行行业分析时，应该对所选行业的基本特点、竞争状况及未来趋势有准确的把握，这些是建立在对所选行业充分了解的基础之上的。创业者只有做到这一点，才能了解行业的发展规律，清楚行业的发展方向，确立企业的发展目标。

3. 竞争对手分析

竞争对手是这样一类企业：它们在市场上和你的企业提供着相同或类似的产品和服务，并且在配置和使用市场资源过程中与你的企业具有一定的竞争性。如何打败竞争对手、如何在竞争中胜出是每个创业者都需要考虑的问题。

信息收集是进行竞争对手分析的前提。企业内部信息库、传统媒体、互联网、商业数据库、咨询机构、服务机构、人际关系网络等都是收集竞争对手信息的重要途径。当你获得竞争对手的基本情况、产品情况、营销策略、技术含量、商界信誉等信息后，做好了相关准备工作，你的创业计划书就会有据可循、表述充分。进行竞争对手分析时，应该从以下几个方面入手。

（1）你的竞争对手有哪些？你的主要竞争对手有哪些？你最大的竞争对手是谁？

（2）你的竞争对手的优势在哪里？它们有什么新动向？你在竞争中具备哪些优势和劣势？如何发扬优势，如何消除劣势？

（3）你能否承受竞争所带来的压力？

（4）你将采取什么策略战胜竞争对手？

（六）选址

选址通常由描述新企业位置开始。选址需要考虑合适的可用劳动力、工资率、供应商和消费者、社区支持等。另外，当地的税负和地区需求量、当地银行对新企业的支持也应在考虑之中。其他考虑因素包括供应商的数量和距离远近、有关装运材料交通费用等。另外，还应提及劳动力供给、需要的技术配置。

（七）营销计划

潜在的投资者通常认为营销计划是新企业成功的关键。营销计划是系统性的经营计划，包括产品从生产直至到达最终用户手中的全过程。营销计划主要描述产品或服务将如何被定价、促销及分销，这是创业计划书中的一个重要组成部分。营销计划回答了创业者如何实现产品在市场上的销售。瞬息万变的外部市场环境使营销计划的制订极富挑战性，营销计划的好坏可以充分展示创业者的创业能力。营销计划主要介绍以下内容：

（1）预期的销售渠道构成及实现的方案。选择销售渠道应从畅通高效、覆盖适度、稳定可控几个方面来考虑，并确定销售渠道的构成及如何实现。

（2）销售队伍人员的配置及管理方法。应该比较完整地介绍销售队伍的组建方式，包括人员安排、具体职责、培训计划及考核和管理办法等，尤其要提到培训计划和激励机制的问题。

（3）销售渠道建设中可能遇到的问题及解决方案。列出销售渠道建设中可能出现的问题，并提出可能的解决方案，提前做好准备。

（4）销售渠道的发展方向及各阶段目标。需要展示出新企业营销渠道的动态变化过程，明确销售渠道未来的发展方向和目标，统一、协调、有效地引导各渠道充分合作，确保总体营销目标的实现。

（5）产品的价格及制定依据。价格是一项非常敏感的因素，其决定因素有很多。既要考虑成本的补偿，又要考虑消费者的需求及对价格的承受能力，在创业计划中应该明确表述这些内容，并讲清楚缘由。

（6）产品的促销策略。主要有人员推销（推销人员和顾客面对面进行推销）和非人员推销（包括广告、公共关系、营业推广等方式），在创业计划书中应结合市场和产品的实际情况，设计贴合实际的促销策略，通过向消费者传递产品信息，引起他们的注意和兴趣，激发他们的购买欲望和购买行为，从而达到扩大销售的目的。

（八）法律形式

法律形式决定企业是自己创业，还是合伙创业。如果选择合伙创业，公司的起始资本额要如何分配等。选择哪种法律形式并没有一套可依循的准则，需要根据实际情况加以判断。因此，企业必须先了解各种公司法律形式的利弊及运营方式，再选择最适合的组合模式并配合企业的创业计划。虽然各种企业运营架构存在细微差异，但是需要注意的焦点是，企业运营出现状况时，企业内部将由谁负起最后法律上的财务责任。

（九）人员及组织结构

社会发展到今天，人力资源已成为最宝贵的资源之一，这是由人的主动性和创造性决定的。企业要管理好这种资源，就要遵循科学的原则，组建一支有战斗力的管理队伍。企业管理直接影响着企业经营风险的大小，而高素质的管理人员和良好的组织结构则是管理好企业的重要保证。在创业计划书中，创业者必须对主要管理人员进行介绍，介绍他们具有的能力、他们在本企业中的职务和责任、过去的详细经历及背景等。

另外，创业者还应对公司组织结构进行简要介绍，具体包括公司的组织结构图、各部门的功能和责任、各部门的负责人及主要成员、公司的薪酬体系、公司的股东名单（包括认股权、比例和特权）、公司的董事会成员、各位董事的背景资料等。图7-1所示为常见的公司组织结构，其主要由董事会、总经理和其他部门组成。

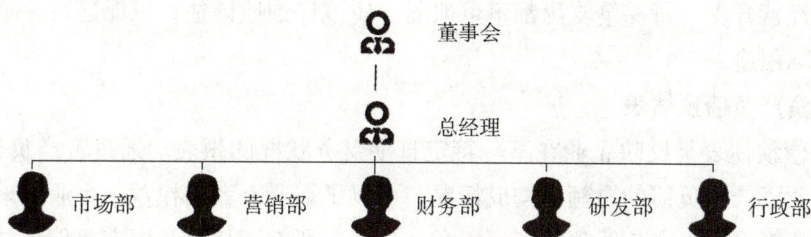

图7-1　常见的公司组织结构

（十）财务分析

投资者会从财务分析这部分来判断企业未来经营的财务损益状况，进而从中判断能否确保自己的投资获得预期理想的回报，因此，需要花费较多的精力来做具体的财务分析以吸引风险投资者。财务分析一般要包括以下内容。

1. 投资估算

准确全面估算创业计划的投资需求，是创业计划可行性研究的重要内容，对投资决策具有重大的影响。这一方面的内容包括创业者预计的投资金额、创业者期望从风险投资者那里获得的投资金额、可能的融资方式、投资资金的收支安排、企业的投资收益和未来再投资的安排。

创业者需要提议几种可能的融资方式，从普通股、优先股和可转换债券等几种融资工具中向投资者提议一种。创业者需要对融资方式的细节问题予以说明，特别是投资者可能的投入和收益。通常，创业者需要从以下几个方面进行论述：资金注入方式，是否分期注入；投资者对企业经营管理的介入，是否拥有一定的控制权和决策权。

2. 制作现金流量预估表

现金流量预估表是反映企业在一定期间内现金及现金等价物流入和流出信息的财务报

表。通过现金流量预估表，可以评价企业的支付能力、偿债能力和周转能力，可以了解企业未来的现金流量，有助于分析企业收益质量及影响现金净流量的因素。这一些信息对外部投资者来说非常重要，因为现金流量影响到银行的贷款能否顺利地收回，有助于创业者应对不时之需。

3. 制作损益预估表

损益预估表是反映企业在一定期间内经营成果的财务报表，主要提供有关经营成果方面的信息（包括收入、成本和费用、利润等）。利用这些信息，可以了解这一期间内收入实现情况和费用耗费情况，了解生产经营活动的成果，了解企业的盈利能力和变化趋势。

首先，应该按月估计销售收入。销售收入的估计应立足于市场研究、行业销售情况及一些试销经验，企业可以利用一些比较科学的预测方法（如专家意见法、德尔菲法、时间序列法）估计销售收入。任何一家新的企业，起步都是非常艰难的，开业前的几个月，销售收入可能极少，只有经过一段时间的潜心经营，销售收入才能达到一定的规模。其次，要按月估计经营开支。每一笔支出都不可遗漏，应该仔细地评估，以保证每一笔开支尽可能地符合实际用途。

4. 制作资产负债预估表

资产负债预估表是反映企业在某一特定日期财务状况的报表。通过资产负债预估表，可以了解企业资产和负债的总额及构成情况，可以了解所有者的权益。企业未来的每一笔经济业务都会影响到资产负债预估表。资产＝负债＋所有者权益，资产负债预估表就是根据这一关系，依照一定的分类标准和顺序，把企业一定日期的资产、负债和所有者权益各项目予以适当排列。创业者至少应给出新企业开始的 3～5 年的预计财务报表，以便对企业的长期经营有一个全面的估计和认识。它应与损益预估表和现金流量预估表的数据保持一致，汇总创业者的资产、负债、财产净值。

5. 盈亏平衡分析

盈亏平衡分析是通过盈亏平衡点分析创业项目成本与收益的平衡关系的一种方法。各种不确定因素（如投资、成本、销售量、产品价格、项目寿命期等）的变化会影响投资方案的经济效果。当这些因素的变化达到某一临界值时，就会影响投资方案的取舍。盈亏平衡分析的目的就是找出这种临界值，即盘亏平衡点（在这一点上，项目刚好不亏不盈），以此判断投资方案对不确定因素变化的承受能力，为决策提供依据。

6. 预计投资回收期

预计投资回收期是指项目投产后用所获得的年净收益抵偿全部投资（包括固定资产投资和流动资金）所需要的时间，也称投资返本期。预计投资回收期的计算可分为静态和动态两种。静态投资回报期是指项目从建设开始之日起，到用项目每年所获得的净收益将全部投资恰巧抵偿所需的时间，通常以年来表示；动态投资回收期实质上就是项目在某一特定折现率下，各年净现金流量现值累计和为零的年限，是使累计净现金流量现值从负变正的临界点。

(十一) 风险管理

通常，企业在发展中面临着四大风险，即生产风险（可能产生的市场风险因素对产品市场的影响和敏感度，如客源流失、市场疲软、价格波动等带来的市场影响）、竞争风险（主要竞争对手带来的竞争风险因素对竞争力的影响和敏感度，如经济实力、产品价格优势、市场认可度等）、管理风险（企业管理活动中可能产生的管理风险因素对产品开发和生产的影响和敏感度，如人事、人员流动、关键雇员等原因造成的企业不稳定因素）、环境风险（企业外部环境给企业带来的环境风险因素对产品的开发和生产的影响和敏感度，如国家产业调整政策、行业规章变化、国家商业环境变化等因素给企业带来的不利影响）。创业者在进行风险分析时，主要是向投资者分析企业可能面临的各种风险隐患、风险的大小及融资者将采取何种措施来降低或防范风险、增加收益等。其主要包括以下几个方面：

（1）你的公司在市场、竞争、技术、财务等方面都有哪些基本的风险？

（2）你准备怎样应付这些风险？

如果你的估计不那么准确，应该估算出你的误差范围到底有多大。如果可能，对你的关键性参数做最好和最坏的设定。对于企业可能面临的各种风险，融资者最好采取客观、实事求是的态度，不能因为其产生的可能性小而忽略不计，也不能为了增大获得投资的机会而故意缩小、隐瞒风险因素，而应该对企业所面临的各种风险都认真加以分析，并针对每种可能发生的风险做出相应的防范措施，这样才能取得投资者的信任，也有利于引入投资后双方的后续合作。

(十二) 退出机制

如果新企业准备吸引风险投资，那么在创业计划书中必须说明风险资本退出的方式，因为风险投资家并不愿意长期持有企业的股份。风险投资者退出的方式包括以下几种。

1. 偿付协议退出

创业者在一定时期按照约定的价格和比例回购风险投资者持有的股份。

2. 兼并收购退出

在创业计划书中规定风险投资者在一定的条件下可以将手中持有的股份通过协议的方式转让给其他股东或企业。

3. 上市退出

如果企业能够实现公开上市，那么风险投资者能够通过证券市场把手中持有的股份卖出去，这样就能够成功地退出企业。

(十三) 附录

创业计划书一般应有附录，附录中一般包含一些在正文中不是必需的补充材料。来自顾客、分销商或分包商的信函应作为例证信息而包含在附录中。任何资料文件，

即用来支持计划有关决策的第二手资料或主要研究数据也应包含在附录中。租约、合同或已经发生的其他协议也应包含在附录中。最后，来自供应商和竞争者的报价单应加在后面。

四、优秀创业计划书的注意事项

(一) 创业计划书的关键问题

创办企业的第一件要事就是设计创业计划书，一份强有力的创业计划书是吸引投资家的关键所在。因此，制作一份简练而有说服力的创业计划书，是进行成功融资的第一步。产业风险投资公司对创业计划书的基本要求集中在四个方面，即团队管理、商业模式、竞争态势和市场空间。这是创业者必须高度关注的四个关键问题。

1. 互补的团队管理

常言道"以人为本"，人是最重要、最根本的，起着决定性作用的因素，人才也是企业发展的关键和决定性的因素，专业技术人才更是推动企业发展、增强后劲的关键。对于大多数大学生创业团队来讲，在技术和经验方面相比其他创业者来讲要弱一些，但有的是充足的干劲和较好的学习能力，因此在撰写创业计划书时，可以着重介绍团队成员的学历背景、工作经历和创业经历等，如果学历不出色，可以选重点的介绍，如丰富的创业经历。除经历外，还需要列出一些主要成就，尽量用数据来展示。

2. 独到的商业模式

当今企业的竞争已经从产品层面上的竞争上升到商业模式层面上的竞争。商业模式决定企业价值的实现，好的商业模式就是创造好的企业价值。独到的商业模式必须紧贴市场、以客户为本，满足需求，特别是个性化需求和整体解决方案，为客户创造独到的价值，只有为客户创造了好的价值，才能从中分享价值，从而实现丰厚的企业价值。

良好的商业模式也决定了企业项目的成功与否。找到属于自己的商业模式，依靠什么来吸引客户、依靠什么来赚钱，这都是在创业计划书里可以探讨的。当然，商业模式并不是一成不变的，需要适时地调整，才能打造属于自己独特的商业模式。

另外，在团队中有不同专业的人员，有懂经营的，有懂技术的，有懂财务的，有懂市场的；又有不同性格的人员，有善于战略谋划的，有精于管理执行的，有对外公关的。而团队的结构就成为决定管理团队的关键因素，团队的组成不应是单一的，而是多元的、互补的，所以团队的领导者，必须是具备比较全面的管理素质，带领一帮人发挥整体能力的帅才。投资是投入，互补的管理团队是投资者的决定性选择。

3. 有壁垒的竞争态势

市场竞争是不可避免的，但竞争壁垒决定着竞争的态势。企业在选择创业项目时，必须考虑提高竞争壁垒，以形成相对良好的发展环境。当代市场竞争越发贴近客户需求，客户需求大规模的快速改变使企业家对竞争壁垒的认识也逐渐发生改变。竞争涉及很多方面，如技术壁垒、资源壁垒等，但最核心的在于客户体验的竞争壁垒。只有为客户、用户创造价值并使其得到最大化才是尊重客户核心价值，而尊重客户核心价值才是建立核心竞争力的目标，客户核心价值才是企业的根本目标。通过提高市场进入壁垒，以获得持久的竞争能力。

4. 可拓展的市场空间

市场是企业的根本，市场空间决定企业的发展空间和可持续经营。拓展战略是多角度、多层次的一种延展战略。市场拓展战略的选择依赖于市场本身的特征、各个市场的联系、市场竞争状况及企业所具备的实力等条件。所以，企业在选择市场目标拓展战略时应做深入、细致、全面的分析。产业项目的市场要具有可拓展性，可以从低端市场向中端、高端市场拓展。总之，市场的可拓展性对企业的发展至关重要。对于那些市场增长率和相对市场占有率都高的企业，由于增长迅速，企业必须投入巨资以支持其发展。

(二) 创业计划书的"三不要"

1. 预测未来收益，不要画大饼

创业计划书的收益预测部分往往是"水分"最多的地方。融资方自己做的收益预测往往离实际情况很远，创业者的预测高估程度超过已有该行业经历的企业。但是无论融资方出于何种目的"掺水"，投资方总希望能把多余的水分挤掉。在对风险与收益方面进行预测时，创业者可以针对 SWOT 中的 Weakness 加以分析，作为创业者，关键点是帮助自己寻找有没有致命的弱点，帮助投资人分析整个执行过程中可能出现的意外，然后提早做好预警措施。要做好灵敏度分析，不要都是在一种理想状态下编制创业计划书，要考虑到那些不理想的状况，并准备好对策。另外，现金流量预估表要做详细，不要按年计量，最好按月计量。制作创业计划书，其实是一门艺术。创业计划书的艺术性主要体现在能够在最节省的篇幅里，用最简练的文字和数据，使风险投资者认同企业的项目、盈利模式、管理团队、增长潜力、投资回报等，并对创业者和项目团队产生信任感，从而恰到好处地实现融资目的。

从这个意义上讲，过短或太长的创业计划书都不会达到令人满意的效果。

创业计划书的艺术性还体现在，创业计划书的完成过程其实就是创业者对企业成长过程的规划，而不仅仅是一份分析报告。创业路上充满艰辛，任何的创业项目都有风险，创业者在制订创业计划书的过程，其实就是对企业潜在问题和已存在问题的再认识、再思考过程。风险投资者首先需要看到的是一份诚实的计划书，项目本身发展阶段的不完善是客观和普遍存在的，创业者更重要的是提出所面临困难的解决办法。这样一项融资中至关重要的工作，创业者最好是在有经验的融资机构的辅导下完成，既可避免融资方的盲点和误区，又可借助专业顾问的力量完善商业和盈利模式，而且更容易打动投资方，并可以与投资银行的融资活动顺利对接，少走弯路，提高项目融资成功率。

2. 分析行业，不要兜圈子

一个行业好不好，要看它的规模大不大、进入门槛高不高、竞争充不充分等因素。最好的行业壁垒高，竞争充分而又利润高，其他竞争者不易模仿。但是如果投资人不考虑进入某些行业，即使创业者的项目再好，都不可能得到投资者的青睐。

风险投资者一般有自己关注的行业和感兴趣的领域。融资者在选择投资者时，一定要先对投资者所在的领域进行了解。但是行业分析并不是决定投资者是否投资的唯一考虑因素。融资方自己制订创业计划书的最大毛病是把各方面都描画得十分美好，完美到了足以引起投资者警惕的程度。因此，兜圈子是非常不明智的做法。

创业计划书中最常见的兜圈子的做法是，融资方总是"无意"中犯了用大的行业来代替细分行业，或者用其他地区代替本地区等假借概念的错误。例如，用整个游戏软件行业的分析代替手机游戏行业，用一线城市房地产数据代替本地房地产发展分析，用服装制衣行业的分析代替制服行业等。由于细分市场的数据不容易收集到，在做调查时也经常被一些错误的信息干扰，而整体行业或发达地区的规模数据比子行业或者其他地区大很多，也易于收集到，所以一些创业者往往在市场调研时，用整个市场的数据来说明细分市场的情况，结果给投资人的印象很不好，而且这部分内容一般是放在计划书比较靠前的位置，投资人在无法找到自己所需要的可信行业分析数据时，很可能因为手中项目太多而放弃继续读下去。

创业计划书无法代替投资人进行尽职调查和独立研究，因此，在行业分析时，一定要从可替代性、进入门槛、竞争性和市场规模四个方面对行业进行分析，数据要真实有效。

3. 分析竞争对手，不要顾左右而言他

《孙子兵法》有云：知己知彼，百战不殆；不知彼而知己，一胜一负；不知彼不知己，每战必败。商场如战场。在创业计划书中，对于竞争对手分析的忽略或语言不详显然不是"知己知彼"的表现，至少是"不知彼"，甚至是"不知己"。

企业在任何领域经营必然遇到竞争者，哪怕是全新的商业模式，也将会遭遇对手的挑战。投资人的收益不仅与被投资方是否做得好有关，也与其竞争对手的强弱变化紧密联系。对竞争对手的分析，每项都应该有其针对性。然而融资方在制作创业计划书时，存在回避或不愿意正视竞争对手的倾向，轻描淡写地处理市场竞争分析，不仅容易误导投资方，也导致自己对竞争对手的了解不够彻底。还有的企业在对竞争对手进行分析时，往往把所能掌握的竞争对手信息都罗列出来，但之后便没有了下文。如何有的放矢地对待已有的竞争者，提出有效防范未来竞争者进入的对策，是确保投资方利益、降低投资风险的必要环节。

创业者要明确对竞争对手分析的目的是什么。按照战略管理的观点，对竞争对手进行分析是为了找出本企业与竞争对手相比存在的优势和劣势，以及竞争对手给本企业带来的机遇和威胁，从而为企业制定战略提供依据。所以，对于竞争对手的信息也要有一个选择过程，善于剔除无用的信息，避免工作的盲目性和无效率。

一份优秀的创业计划书是打动投资者对项目融资的"敲门砖"，创业者在制作创业计划书时，一定要尽量避免以上 3 个误区，制作出一份含金量高的创业计划书。

任务三 演练创业计划

一、认识大学生创业创新大赛

（一）我国创新创业大赛概况

近年来，党中央、国务院高度重视创新创业工作，将其作为落实创新驱动发展战略的重大举措，作为应对新一轮科技和产业变革的有效手段，也作为稳增长促改革、调结构惠民生、打造经济发展新动能的重要引擎。历经几年的发展，中国创新创业大赛涵盖了我国大部分省、自治区、直辖市，形成了我国规格高、规模大、质量好、影响广的创新创业品牌活动，在神州大地掀起了"大众创业、万众创新"的高潮，为提升大众创业、创新创业水平做出了积极贡献。创新创业大赛不仅是创新创业企业和团队的服务平台，也是创业者整合资源的平台；不仅是创业项目和创业英才价值发现的平台，也是每个创业者实现梦想的舞台。习近平总书记说，让广大青年敢于有梦、勇于追梦、勤于圆梦。中华民族伟大复兴的中国梦终将在一代代青年的接力奋斗中变成现实。

大学生创新创业大赛起源于美国，现已风靡全球高校。它借用风险投资的运作模式，要求参赛者组成优势互补的竞赛小组，提出一项具有市场前景的技术、产品或服务，并围绕这一技术、产品或服务，以获得风险投资为目的，完成一份完整、具体、深入的创业计划。

在我国，随着"大众创业，万众创新"浪潮的掀起，各类大学生创新创业大赛也层出不穷，为大学生参与科技创新活动，深化高校素质教育的实践，将所学知识与科技成果向现实生产力转化，促进优秀青年人才脱颖而出，引导高校学生推动现代化建设提供了重要的平台。

目前，我国高校主要的创新创业大赛见表7-1。

表7-1 我国高校主要的创新创业大赛介绍

序号	项目名称	主办单位	开始时间
1	中国国际"互联网＋"大学生创新创业大赛	教育部与政府、各高校共同主办	2015年
2	"挑战杯"全国大学生课外学术科技作品竞赛	共青团中央、中国科协、教育部和全国学联、举办地人民政府共同主办	1989年
3	"挑战杯"中国大学生创业计划竞赛	共青团中央、中国科协、教育部、全国学联主办	1999年
4	全国大学生电子商务"创新、创意及创业"挑战赛	教育部	2009年

序号	项目名称	主办单位	开始时间
5	中国大学生服务外包创新创业大赛	教育部、商务部、无锡市人民政府	2010 年
6	全国大学生节能减排社会实践与科技竞赛	教育部	2008 年
7	中美青年创客大赛	教育部	2014 年

本任务以中国国际"互联网＋"大学生创新创业大赛、"挑战杯"全国大学生课外学术科技作品竞赛、"挑战杯"中国大学生创业计划竞赛、全国大学生电子商务"创新、创意及创业"挑战赛、中国创新创业大赛为例，做如下介绍。

1. 中国国际"互联网＋"大学生创新创业大赛

2015 年 5 月 21 日，教育部发布关于举办首届中国国际"互联网＋"大学生创新创业大赛的通知，拉开了中国国际"互联网＋"大学生创新创业大赛的帷幕。首届中国国际"互联网＋"大学生创新创业大赛，以"'互联网＋'成就梦想，创新创业开辟未来"为主题，由教育部与有关部委和吉林省人民政府共同主办，吉林大学承办。大赛旨在深化高等教育综合改革，激发大学生的创造力，培养造就"大众创业、万众创新"的生力军；推动赛事成果转化，促进"互联网＋"新业态形成，服务经济提质增效升级；以创新引领创业、创业带动就业，推动高校毕业生更高质量地创业就业。

首届参赛项目要求能够将移动互联网、云计算、大数据、物联网等新一代信息技术与行业产业紧密结合，培育产生基于互联网的新产品、新服务、新业态、新模式，以及推动互联网与教育、医疗、社区等深度融合的公共服务创新。主要包括以下类型：

"互联网＋"传统产业：新一代信息技术在传统产业（含一、二、三产业）领域应用的创新创业项目。

"互联网＋"新业态：基于互联网的新产品、新模式、新业态创新创业项目，优先鼓励人工智能产业、智能汽车、智能家居、可穿戴设备、互联网金融、线上线下互动的新兴消费、大规模个性定制等融合型新产品、新模式。

"互联网＋"公共服务：互联网与教育、医疗、社区等结合的创新创业项目。

"互联网＋"技术支撑平台：互联网、云计算、大数据、物联网等新一代信息技术创新创业项目。

（1）大赛总体目标及任务。每届大赛都有其总体目标及主要任务，以第九届中国国际"互联网＋"大学生创新创业大赛为例，其总体目标及主要任务如下：

1）总体目标。更中国、更国际、更教育、更全面、更创新、更协同，落实立德树人的根本任务，传承和弘扬红色基因，聚焦"五育"融合创新创业教育实践，开启创新创业教育改革新征程，激发青年学生创新创造热情，打造共建共享、融通中外的国际创新创业盛会，让青春在全面建设社会主义现代化国家的火热实践中绽放绚丽之花。

①更中国。更深层次、更广范围体现红色基因传承，充分展现新发展阶段高水平创新

创业教育的丰硕成果，集中展示新发展理念引领下创新创业人才培养的中国方案，提升新时代中国高等教育的感召力。

②更国际。深化创新创业教育国际交流合作，汇聚全球知名高校、企业和创业者，服务以国内大循环为主体、国内国际双循环相互促进的新发展格局，搭建全球性创新创业竞赛平台，提升新时代中国高等教育的影响力。

③更教育。推动思想政治教育、专业教育与创新创业教育深度融合，弘扬劳动精神，加强学生创新实践能力培养，造就敢想敢为又善作善成的新时代好青年，提升新时代中国高等教育的塑造力。

④更全面。推进职普融通、产教融合、科教融汇，鼓励各学段学生积极参赛，形成创新创业教育在高等教育、职业教育、基础教育、留学生教育等各类各学段的全覆盖，打通人才培养各环节，提升新时代中国高等教育的引领力。

⑤更创新。积极开辟发展新领域、新赛道，不断塑造发展新动能、新优势，丰富竞赛内容和形式，激发全社会创新、创业、创造动能，促进高校创新成果转化应用，服务国家创新发展，提升新时代中国高等教育的创造力。

⑥更协同。充分发挥大赛平台纽带作用，促进优质资源互联互通，推动形成开放大学、开放产业、开放问题的良好氛围，助推大赛项目落地转化，营造支持青年大学生创新创业、共同合作、互相包容、互相支持的良好生态。

2）主要任务。

①以赛促教，探索人才培养新途径。全面提高人才自主培养质量，强化高校课程思政建设，深入推进新工科、新医科、新农科、新文科建设，深化创新创业教育改革，引领各类学校人才培养范式深刻变革，形成新的人才培养质量观和质量标准，切实提高学生的创新精神、创业意识和创新创业能力。

②以赛促学，培养创新创业生力军。着力造就拔尖创新人才，激励广大青年扎根中国大地了解国情民情，在创新创业中增长智慧才干，怀抱梦想又脚踏实地，敢想敢为又善作善成，做有理想、敢担当、能吃苦、肯奋斗的新时代好青年。

③以赛促创，搭建产教融合新平台。把教育融入经济社会发展，推动成果转化和产学研用融合，促进教育链、人才链与产业链、创新链的有机衔接，以创新引领创业、以创业带动就业，推动形成高校毕业生更高质量创业就业的新局面。

（2）历届大赛回顾。为贯彻落实党的二十大精神，深入贯彻落实习近平总书记给第三届中国"互联网＋"大学生创新创业大赛"青年红色筑梦之旅"的大学生的回信的重要精神，"三位一体"统筹推进教育、科技、人才工作，把创新教育贯穿教育活动全过程，以创造之教育培养创造之人才，为全面建设社会主义现代化国家提供基础性、战略性支撑，定于 2023 年 5 10 月举办第九届中国国际"互联网＋"大学生创新创业大赛。回顾历届大赛，中国国际"互联网＋"大学生创新创业大赛历届主题及冠军项目见表 7-2。

表7-2 中国国际"互联网+"大学生创新创业大赛历届主题及冠军项目

届次	举办时间	主题	冠军项目
第一届	2015年	"互联网+"成就梦想，创新创业开辟未来	哈尔滨工程大学的"点触云安全系统"项目
第二届	2016年	拥抱"互联网+"时代，共筑创新创业梦想	西北工业大学的"翱翔系列微小卫星"项目
第三届	2017年	搏击"互联网+"新时代，壮大创新创业主力军	浙江大学杭州光珀智能科技有限公司研发的一代固态面阵激光雷达
第四届	2018年	勇立时代潮头敢闯会创，扎根中国大地书写人生华章	北京理工大学的"中云智车——未来商用无人车行业定义者"项目
第五届	2019年	敢为人先放飞青春梦，勇立潮头建功新时代	清华大学交叉双旋翼复合推力尾桨无人直升机
第六届	2020年	我敢闯、我会创	北京理工大学的"星网测通"项目
第七届	2021年	我敢闯、我会创	南昌大学的"中科光芯——硅基无荧光粉发光芯片产业化应用"项目
第八届	2022年	我敢闯、我会创	南京理工大学的"光影流转——亿像素红外智能成像的开拓者"项目

2. "挑战杯"全国大学生课外学术科技作品竞赛与"挑战杯"中国大学生创业计划竞赛

"挑战杯"竞赛是"挑战杯"全国大学生系列科技学术竞赛的简称，是由共青团中央、中国科协、教育部和全国学联共同主办的全国性的大学生课外学术实践竞赛，"挑战杯"竞赛在中国共有两个并列项目，一个是"挑战杯"中国大学生创业计划竞赛，简称小挑；另一个则是"挑战杯"全国大学生课外学术科技作品竞赛，简称大挑。两者的比赛侧重点不同，大挑注重学术科技发明创作带来的实际意义与特点；而小挑更注重市场与技术服务的完美结合，商业性更强；小挑奖项设置为金奖、银奖、铜奖，而大挑设置特等奖、一等奖、二等奖、三等奖；大挑发起高校可报六件作品，其中三件为高校直推作品，另外三件要与省赛组织方协商推荐，而小挑只能推荐三件作品进国赛；大挑有学历限制，而小挑没有，大挑分为专本科组、硕士组、博士组分开评审；大挑国赛最多可以报八人，而小挑最多可以报十人；大挑比赛证书盖共青团中央、中国科协、教育部、全国学联、举办地人民政府的章，而小挑证书盖共青团中央、中国科协、教育部、全国学联的章。

（1）"挑战杯"全国大学生课外学术科技作品竞赛。"挑战杯"全国大学生课外学术科技作品竞赛（以下简称"'挑战杯'竞赛"）是由共青团中央、中国科协、教育部、全国学联和地方政府共同主办，国内著名大学、新闻媒体联合发起的一项具有导向性、示范性和群众性的全国竞赛活动。自1989年首届竞赛举办以来，"挑战杯"竞赛始终坚持"崇尚科学、追求真知、勤奋学习、锐意创新、迎接挑战"的宗旨，在促进青年创新人才成长、深化高校素质教育、推动经济社会发展等方面发挥了积极作用，在广大高校乃至社会上产生了广泛而良好的影响，被誉为当代大学生科技创新的"奥林匹克"盛会。竞赛的发展得到党和国家领导同志的亲切关怀，江泽民同志为"挑战杯"竞赛题写了杯名，李鹏、李岚清等党和国家领导同志题词勉励。历经十届，"挑战杯"竞赛已经成为：

1）吸引广大高校学生共同参与的科技盛会。从最初的 19 所高校发起，发展到 1 000 多所高校参与；从 300 多人的小擂台发展到 200 多万大学生的竞技场，"挑战杯"竞赛在广大青年学生中的影响力和号召力显著增强。

2）促进优秀青年人才脱颖而出的创新摇篮。竞赛获奖者中已经产生了多名国家重点实验室负责人、教授和博士生导师，大多数学生获奖后继续攻读更高层次的学历，也有学生出国深造。他们中的代表人物有第二届"挑战杯"竞赛获奖者、国家科技进步一等奖获得者、中国十大杰出青年、北京中星微电子有限公司董事长邓中翰，第五届"挑战杯"竞赛获奖者、"中国杰出青年科技创新奖"获得者、安徽中科大讯飞信息科技有限公司总裁刘庆峰，第八届、第九届"挑战杯"竞赛获奖者、"中国青年五四奖章"标兵、南京航空航天大学 2007 级博士研究生胡铃心等。

3）引导高校学生推动现代化建设的重要渠道。成果展示、技术转让、科技创业，让"挑战杯"竞赛从象牙塔走向社会，推动了高校科技成果向现实生产力的转化，为经济社会发展做出了积极贡献。

4）深化高校素质教育的实践课堂。"挑战杯"竞赛已经形成了国家、省、高校三级赛制，广大高校以"挑战杯"竞赛为龙头，不断丰富活动内容，拓展工作载体，把创新教育纳入教育规划，使"挑战杯"竞赛成为大学生参与科技创新活动的重要平台。

5）展示全体中华学子创新风采的亮丽舞台。香港、澳门、台湾众多高校积极参与竞赛，派出代表团参加观摩和展示。"挑战杯"竞赛成为青年学子展示创新风采的舞台，成为增进彼此了解、加深相互感情的重要途径。

（2）"挑战杯"中国大学生创业计划竞赛。创业计划竞赛起源于美国，又称商业计划竞赛，是风靡全球高校的重要赛事。它借用风险投资的运作模式，要求参赛者组成优势互补的竞赛小组，提出一项具有市场前景的技术、产品或服务，并围绕这一技术、产品或服务，以获得风险投资为目的，完成一份完整、具体、深入的创业计划。

竞赛采取学校、省（自治区、直辖市）和全国三级赛制，分为预赛、复赛、决赛三个赛段进行。

大力实施"科教兴国"战略，努力培养广大青年的创新、创业意识，造就一代符合未来挑战要求的高素质人才，已经成为实现中华民族伟大复兴的时代要求。作为学生科技活动的新载体，创业计划竞赛在培养复合型、创新型人才，促进高校产学研结合，推动国内风险投资体系建立方面发挥出越来越积极的作用。

3. 全国大学生电子商务"创新、创意及创业"挑战赛

全国大学生电子商务"创新、创意及创业"挑战赛（以下简称三创赛）是在 2009 年由教育部委托教育部高校电子商务类专业教学指导委员会主办的全国性在校大学生学科性竞赛。根据教育部、财政部（教高函〔2010〕13 号）文件精神，三创赛是激发大学生兴趣与潜能，培养大学生创新意识、创意思维、创业能力及团队协同实战精神的比赛。

三创赛在中国高等教育学会发布的全国普通高校大学生竞赛排行榜的 57 项赛事中排名第 13 位，是全国广大师生信赖、支持的比赛。

大赛的目的：强化创新意识、引导创意思维、锻炼创业能力、倡导团队精神。

大赛的价值：大赛促进教学，大赛促进实践，大赛促进创造，大赛促进育人。

三创赛一直秉持着"创新、创意及创业"的目的，致力于培养大学生的创新意识、创意思维和创业能力，为高校师生搭建一个将专业知识与社会实践相结合的平台，提供一个自由创造、自主运营的空间。

三创赛自 2009 年至 2022 年，已成功举办了 12 届，全国总决赛分别在浙江大学、西安交通大学、西南财经大学、华中师范大学、成都理工大学、太原理工大学、河南科技大学、云南工商学院、湖北经济学院举办。经过多年的发展，大赛的参赛队伍不断增加，从第一届的 1 500 多支到第十二届的 130 000 多支；参赛项目的内涵逐步扩大，从最初的校园电商到"三农"电商、工业电商、服务电商、跨境电商，以及 AI、5G、区块链等领域的创新应用；同时，创造性地举行了跨境电商实战赛。大赛的规则也在不断完善，从而保证了大赛更加公开、公平和公正。随着比赛规模越来越大，影响力越来越强，三创赛现已成为颇具影响力的全国性品牌赛事。

基于教育部落实国家"放管服"政策，从第十届三创赛开始，大赛主办单位由教育部高等学校电子商务类专业教学指导委员会转变为全国电子商务产教融合创新联盟和西安交通大学。以此为契机，三创赛竞赛组织委员会对大赛的生态服务体系进行了多方面的创新建设与探索：2021 年对外正式发布了原创的《三创赛之歌》（获得了著作权证书）；为了助推产教融合的成功转化，在第十一届全国总决赛中引入了投资商参加。

2021 年 3 月，三创赛竞赛组织委员会秘书处所在高校西安交通大学联合全国 20 多所高校积极响应教育部的号召，创新地提出了"基于'三创赛'的新文科创新创业人才培养研究与实践"项目，并最终获得教育部首批新文科研究与改革实践项目立项。由此，三创赛为新文科创新人才培养及跨学科创新人才培养提供了更好和更大的舞台。

第十三届三创赛将分为常规赛和实战赛两类进行。常规赛包含《三创赛指南》中主题；实战赛包含跨境电商实战赛、乡村振兴实战赛、产教融合（BUC）实战赛等。两类赛事都按校级赛、省级赛和全国总决赛三级赛事进行比赛。

第十三届三创赛的启动仪式于 2022 年 9 月 26 日在江苏省徐州市的中国矿业大学（全国总决赛承办单位）举行。我们期盼各级政府、全国高校、企业和媒体等共同努力，为培养三创人才再立新功。

4. 其他创新创业大赛

（1）"创青春"全国大学生创业大赛。2013 年 11 月 8 日，习近平总书记向 2013 年全球创业周中国站活动组委会专门致贺信，特别强调了青年学生在创新创业中的重要作用，并指出全社会都应当重视和支持青年创新创业。为贯彻落实习近平总书记系列重要讲话和党中央有关指示精神，适应大学生创业发展的形势需要，在原有"挑战杯"中国大学生创业计划竞赛的基础上，共青团中央、教育部、人力资源和社会保障部、中国科协、全国学联决定，自 2014 年起共同组织开展"创青春"全国大学生创业大赛，每两年举办一次。以"中国梦，创业梦，我的梦"为主题，以增强大学生创新、创意、创造、创业的意识和能力为重点，以深化大学生创业实践为导向，着力打造权威性高、影响面广、带动力大的全国大学生创业大赛。

大赛的总体思路：以大赛为带动，将大学生的创业梦与中国梦有机结合，打造可深入持久开展"我的中国梦"主题教育实践活动的有效载体；将激发创业与促进就业有机结合，打造整合资源、服务大学生创业就业的工作体系和特色阵地；将创业引导与立德树人有机结合，打造增强大学生社会责任感、创新精神、实践能力的有形工作平台。

大赛设立领导小组、全国组织委员会、指导委员会、全国评审委员会，负责本地预赛的组织开展、项目评审等相关工作。

2014 年大赛下设三项主体赛事，包括第九届"挑战杯"大学生创业计划竞赛、创业实践挑战赛、公益创业赛。其中，大学生创业计划竞赛面向高等学校在校学生，以商业计划书评审、现场答辩等作为参赛项目的主要评价内容。创业实践挑战赛面向高等学校在校学生或毕业未满 5 年且已投入实际创业 3 个月以上的高校毕业生，以经营状况、发展前景等作为参赛项目主要评价内容。公益创业赛面向高等学校在校学生，以创办非营利性质社会组织的计划和实践等作为参赛项目的主要评价内容。大赛的三项主体赛事分为预赛、复赛和决赛三个阶段进行。

（2）"中国创翼"青年创业创新大赛。"中国创翼"青年创业创新大赛由中国宋庆龄基金会、人力资源和社会保障部联合主办，以"共圆中国梦、青春创未来"为主题，包括主体赛事——创业创新路演赛、专项赛事——"欧格玛"杯大学生营销策划赛。参赛对象为 18～40 周岁的境内高校青年学生、社会青年及海外留学青年。大赛分为 8 大赛区，覆盖全国 31 个省、自治区、直辖市。

大赛为优秀项目提供资金、政策、融资、众筹、商业合作及宣传推广等支持，组委会为大赛设立数百万元奖励基金。大赛坚持公益原则，通过比赛，发现和选拔一批优秀青年创业创新项目，建立青年创业创新项目库；为优秀青年创业创新项目提供创业培训、创业指导、风险投资、园区孵化等对接服务，加速项目的落地和发展壮大；营造政府鼓励创业、社会支持创业、青年奋发创业的良好环境，推动以创新引领创业、以创业带动就业。

2015 年 10 月 22 日，第一届"中国创翼"青年创业创新大赛总决赛在北京中关村国家自主创新示范区会议中心举行。参赛项目涉及电子商务、节能环保、新能源、新材料、高端装备制造等多个战略性新兴产业，以及金融、旅游、医疗、教育培训等多种现代服务业，其中"互联网+"项目占报名总数的一半以上。参赛团队 3 000 多个，参赛项目 5 000 多个，最后有 20 个项目进入总决赛。

首届"中国创翼"青年创业创新大赛的成功举办具有十分重要的意义。

1）创建了公益机构、政府部门、投资方共同参与的高效协同机制，丰富了创业创新活动的组织形式，通过市场有效引导社会资金和金融资本支持创业活动。

2）设立奖金，落实帮扶，努力为青年搭建创业创新展示平台，激发青年创业创新热情。

3）努力营造青年创业创新的生态环境，带头打造创新的社会模式，为青年融入市场提供创新互动平台，有效地聚集了创业的新动能。

（3）中国创新创业大赛。中国创新创业大赛是由科技部、财政部、教育部、国家网信办和中华全国工商业联合会共同指导举办的一项以"科技创新，成就大业"为主题的全国性创业比赛。大赛秉承"政府主导、公益支持、市场机制"的模式，既有效发挥了政府的统筹引导能力，又最大化地聚合激发了市场活力。

为深入贯彻党的二十大和中央经济工作会议精神，深入实施创新驱动发展战略，强化企业科技创新主体地位，加速创新要素向企业集聚，推动科技与金融深度融合，优化企业科技创新生态，科技部、财政部、教育部、国家网信办和中华全国工商业联会将共同举办第十二届中国创新创业大赛。

大赛以习近平新时代中国特色社会主义思想为指导，深入贯彻党中央、国务院重大决策部署，落实创新驱动发展战略，秉承"政府引导、公益支持、市场机制"的办赛理念，聚焦国家战略和重大需求，突出高新技术产业和战略性新兴产业重点领域，推动创新链、产业链、资金链、人才链深度融合，强化企业战略科技力量，助推关键核心技术攻关，推动大中小企业融通创新，构建企业主导产学研深度融合的创新要素集聚平台，持续推进国家高新区产业协同创新和区域协调发展，提升产业发展现代化水平，打造高质量发展强劲引擎。

（4）中国深圳创新创业大赛国际赛。中国深圳创新创业大赛国际赛源自 2015 年中国深圳海外创新人才大赛。从 2016 年开始，中国深圳海外创新人才大赛与中国（深圳）创新创业大赛两赛合一，统一品牌，正式更名为中国深圳创新创业大赛国际赛。

第一届国际赛是由国家科学和技术部、国家外国专家局指导，深圳市人民政府主办，深圳市龙岗区人民政府、深圳市坪山区人民政府、深圳市人力资源和社会保障局、深圳市科技创新委员会共同承办的一场创新创业盛会。大赛旨在积极响应国家"大众创业、万众创新"的号召，充分利用海外办赛平台，深化国际创新交流与合作，进一步促进人才、技术和资本的有机结合，推动构建以开放、融合为特点的深圳创新创业生态体系，宣传推介深圳的创新创业环境，吸引更多海外人才来深圳创业，助力深圳现代化、国际化创新型城市和国际科技产业创新中心的建设。大赛紧扣深圳市重点发展的互联网、电子科技、生物与生命科技、先进制造、材料与能源等行业领域，分行业进行比赛，奖金总额高达 912 万元。大赛于 2016 年 12 月 1 日正式启动，共有 1 210 名参赛者报名。2017 年 3 月 16—30 日，大赛在澳大利亚悉尼、加拿大多伦多、德国慕尼黑、印度班加罗尔、以色列特拉维夫、日本东京、英国伦敦和美国硅谷举办了 8 场分站赛，有 74 个项目晋级。

（5）中国虚拟现实创新创业大赛。2017 年 9 月，在中国创新创业大赛组委会办公室的指导下，由中国电子信息产业发展研究院、虚拟现实产业联盟、国科创新创业投资有限公司共同举办的首届中国虚拟现实创新创业大赛在北京举行。大赛以"科技创新，成就未来"为主题，旨在搭建中国虚拟现实领域最大的产融对接平台，支持虚拟现实领域中小企业和团队创新创业。大赛针对虚拟现实领域的中小企业与创业团队痛点，秉承"政府引导、公益支持、市场机制"模式，凝聚社会资本力量，支持虚拟现实领域中小企业和团队创新创业，推动虚拟现实技术在各行业领域应用落地。大赛涌现的优秀企业和团队将有机会被推荐给国家中小企业发展基金设立的子基金、国家科技成果转化引导基金设立的子基金、科技型中小企业创业投资引导基金设立的子基金、中国互联网投资基金等国家级投资基金，大赛合作单位择优提供融资担保及融资租赁服务。获奖企业和团队还将优先入驻当地 VR 产业基地，享受地方行业部门、创业服务机构给予的配套政策支持。

（6）中国农业科技创新创业大赛。2010 年 7 月，由科技部农村科技司、国家科学技术奖励工作办公室等多家国家单位联合主办的首届中国农业科技创新创业大赛正式启动，大赛旨在创造风险投资与农业科技创业团队对接的范例，培育用科技引领推动现代农业产业发展的生态环境。

大赛高举农村科技创业，瞄准世界农业科技发展前沿，重点关注高科技生物农业、环保农业、精准农业、商贸物流、信息服务等领域，开辟高附加值的现代农业发展道路。大赛共收到有效参赛项目 1 771 个，初选和初赛网上评审后，122 个项目进入复赛。经过激烈角逐，最终江苏盐城的"盐土农业植物资源综合开发"和北京的"现代农业规模化牧场建设"项目分获首届中国农业科技创新创业大赛初创项目组和企业成长组一等奖，并分别获得天使投资 200 万元和 1 000 万元。

（7）iCAN 大学生创新创业大赛。党的二十大首次将科教兴国战略、人才强国战略、创新驱动发展战略摆放在一起统筹部署。重视、加快创新型人才的培养，是推动我国经济发展、科技进步的重要举措。为深入贯彻落实国家发展战略，给广大青年人才创造良好的创新创业生态环境，中国信息协会决定于 2023 年 5—12 月举办第十七届 iCAN 大学生创新创业大赛。

iCAN 大学生创新创业大赛（原中国 MEMS 传感器应用大赛，以下简称"iCAN 大赛"）是一个无固定限制、鼓励原始创新的赛事。自发起至今，得到了广大青年学生的热爱。2023 年，大赛入选《全国普通高校大学生竞赛分析报告》竞赛目录。希望越来越多的青年人才积极参与，在不断发展完善自我的同时，为社会创造更多、更大的价值和财富。

iCAN 秉承"自信、坚持、梦想"的精神，倡导科技创新服务社会，引导和激励高校学生勇于创新，发现和培养一批有作为、有潜力的优秀青年创新人才，促进和加强物联网、智能制造、人工智能等高科技领域的产、学、研结合，搭建科技人才创新生态平台。

（二）我国创新创业大赛优秀案例

"大学是新科技产生的温床"，在全球范围内，大学在创新与技术产业化中扮演着重要的角色，我国高校经过数十年的发展，创新创业能力都有了重大突破。近几年大赛更加重视"关键核心技术"的突破。

1. 北京理工大学"中云智车——未来商用无人车行业定义者"项目

中云智车是国内首个拥有全栈研发能力的车规级特定场景无人整车研发者，以系列"特定场景无人车"为旗舰产品。该项目通过"系列模块化通用底盘＋定制化功能上装"开辟了无人车应用的新模式。通过不同模块叠加，可将无人车改造成为"派送车""摆渡车"等不同功能车型。目前，公司已申请专利10余项，获多个省（市）高新园区扶持并应用于多个无人驾驶场景，已签订订单10余台，与多家物流电商、高等院校达成了战略合作。项目负责人倪俊展示了团队多年的创新成果，其中包括在他担任北理工方程式车队、无人赛车队队长的6年间里，带领团队研制出世界领先的无人驾驶赛车、全线控重型无人车、纯电动无人赛车等，赢得现场阵阵掌声。中云智车已经形成了"模块化车规级无人车通用底盘＋定制化功能上装及算法"的无人车整车研发与生产新模式。打造无人物流车、无人摆渡车、无人运货车、无人军用车等特定场景商用无人车，为推动其快速落地与汽车产业升级而不懈努力。目前已与多家物流电商、高等院校达成战略合作，生产基地完成建设，预计年产能超1 200台。

2. 北京理工大学的"星网测通"项目

星网测通是一家用B2B模式为商业航天用户提供一体化解决方案的公司。目前已与航天科工集团、航天科技集团等行业顶尖设备制造商达成了合作意向，合同总金额超过2.7亿元。

卫星互联网是重要的太空基础设施，是由成千上万颗通信卫星组成的新型互联网，是由国家发改委发布的"新基建"。测量是卫星的"体检"，是卫星互联网至关重要的一个环节。

"星网测通"项目打破了国外对我国航天领域测量技术的严格封锁，解决了制约我国通信卫星发展的"卡脖子"问题。宋哲团队针对现有产品功能单一、性能不足、价格高昂等痛点问题，开拓创新，发明了系列卫星通信测量仪，用一台仪器就能检测数百种场景，测量效率提升100倍，为客户节省90%的成本，真正做到测得了、测得快、测得起。项目申请国家发明专利21项，授权11项，获得软件著作权8项，实现了核心技术自主可控，得到了王小谟院士、樊邦奎院士、周志成院士等多位院士及大批航天领域龙头企业的高度评价。

3. 南昌大学的"中科光芯——硅基无荧光粉发光芯片产业化应用"项目

南昌大学的"中科光芯——硅基无荧光粉发光芯片产业化应用"项目主要致力于"硅基无荧光粉发光芯片"产业化推广工作，目前技术产业应用已涵盖户外照明、家居照明、教育照明、特种照明、农业照明等领域。这种"无蓝光伤害"的LED的优势体现在，芯片不使用稀缺资源荧光粉，采用的是多基色混合LED芯片发光。临床试验表明，该光源能促进人体褪黑素的分泌，提高深度睡眠比，具有低色温、高显指等特征。其在黄光LED的发光效率属于世界领先地位，高于世界水平一倍以上。

该项目第一指导教师王光绪是南昌大学国家硅基LED工程技术研究中心（以下简称"研究中心"）的硕博连读研究生，毕业后留校任教，现兼任研究中心所属公司总裁。王光绪介绍，该项目以研究中心发明的黄光 LED 技术为核心，创业团队包括本硕博参与者有 70 余人。从基础研究到技术发明，到产品创造，再到市场推广，最终形成一个完整可行的创新创业方案，项目既解决了"卡脖子"问题，又实现了全产业链的"自主可控"。如今项目已完成了上中下游全产业链的建立。团队打造的"无蓝光、不伤眼"产品销往国内 31 个省份及美国、意大利等七个国家。

二、认识创业路演

（一）路演的定义及作用

1. 路演的定义

路演最初是国际上广泛采用的证券发行推广方式，是指证券发行商通过投资银行家或支付承诺商的帮助，在初级市场上发行证券前针对机构投资者进行的推介活动。它是一种基于投融双方充分交流的条件下促进股票成功发行的重要推介、宣传手段，能够有效促进投资者与股票发行人之间的沟通和交流，以保证股票的顺利发行，并有助于提高股票潜在的价值。商业路演是在此意义上的演进，是通过现场演示的方法，引起目标人群的关注，使之产生兴趣，最终达成投融对接和产品推广的目的，通常是指企业代表在公共场所向观众讲解自己的企业产品、发展规划、融资计划，用以向他人展示和推广自己的公司、团队、产品和想法等。

知识拓展

河北：主动服务＋"点餐"互动提升基层科技创新效能

激励引导企业加大研发投入，组织科研人员服务重点企业、择优建设高能级创新平台……为深入贯彻党的二十大精神，落实省委十届二次、三次全会部署，2022 年 11 月 26 日，省科技厅印发的《"盯末端、强服务、促发展"支持市县科技创新专项行动方案》提出，用心、用力、用情当好"科技服务员"，打造"五个一"科技服务品牌，完善省市县联动推进科技创新的六项工作机制，促进科技资源向市县集聚，采取主动服务和市县自主"点餐"互动方式，提升基层科技创新效能。

"一支队伍"下基层。在全省科技系统内遴选精干力量，吸纳科技特派员、科技服务机构等专业人员，组成帮扶队伍深入地方、园区、企业，将服务措施解读到位、落在基层，协调解决问题、困难，做到对接联系市县常态化，指导服务全覆盖。省科技厅相关负责人介绍，"我们将实行'直通车'模式和首问首办负责制，市县重大需求和创新难题可实时与包联厅领导沟通反映，重大事项安排一事一议专题会商解决，包联服务中的创新诉求由首次受理同志专人盯办、一跟到底。"

"一套菜单"给支持。方案明确37条举措，聚焦支持加大研发投入、服务产业创新发展、促进科技成果转化、引进培养高端人才等诸多方面，助力地方区域经济高质量发展。"十四五"期间，对研发投入强度高于上年的设区市，每增加0.01个百分点，奖励100万元；对研发投入强度超过全国平均水平的设区市，一次性奖励5 000万元。推行企业研发投入后补助制度，对享受研发费用加计扣除政策优惠的科技型企业，按照企业上一年度享受优惠的实际研发投入新增部分给予一定财政资金补助。面向专精特新"小巨人"企业，帮助对接匹配省内外高校院所相关领域专家，以高水平科技特派团形式，"一对一"帮扶企业优化技术工艺、提升产品质量、研发新产品新工艺、降低生产成本等，协助转化科技成果、攻克关键技术、搭建创新平台。鼓励和支持有条件的产业集群头部企业，建设省级和国家级技术创新中心、重点实验室、省校省院合作共建科技平台。

"一个平台"宣政策。开通"科技政策一点通"平台，集中展示国家和我省支持地方科技创新、服务企业创新发展的各项政策措施。上线"科技政策一点通"手机版，帮助地方政府部门、基层创新主体全面了解相关政策，充分享受政策红利。

"一座大厅"常服务。在省科技大厦建设科技创新展示服务大厅，通过"线下"和"线上"相结合的方式，对各类创新主体开展一站式服务，帮助企业找人才、找成果、找专利、找政策，提供各类科技业务咨询。举办项目路演、科技金融对接等活动，为科技企业开展全方位服务。

"一份报告"提建议。针对基层渴望创新而不善于创新的难题，组建专业化研究队伍，在进行科技创新能力监测评价的基础上，精准分析诊断，每年为各市、县（市、区）、高新区编制创新能力评价报告，既"把脉会诊"又"对症开方"，帮助明确科技创新的发力方向和工作重点，增强"支撑点"，打造"新亮点"。

另外，为推动各项服务工作见实效，省科技厅在建立领导包联帮扶、需求一站受理及重大事项会商机制之外，还建立学习交流联动机制、跟踪问效督办机制、纪律约束问责机制，将支持服务市县科技创新工作任务列入重点任务督办台账，确保各项支持服务市县科技创新举措长效推进。

2. 路演的作用

（1）补充计划，动态展示。在路演前，通常企业（项目团队）已经向投资人或大赛评委等提交了书面的创业计划书。但是，由于书面资料呈现形式有限，部分内容通过动态图示或视频等方式才能清楚、明晰地表述出来，再加上一些重要内容是需要通过面对面的交流才能够进一步确定的，所以，路演也被看作是创业计划书的补充。参加路演的人员需要对创业计划书内容足够熟悉，将重要内容提炼出来加以强调，将亟待呈现但书面表达不够充分的部分拿出来加以补充说明。

（2）展示实力，强化信任。投资项目的达成很大程度上取决于投资者对融资者的信任，企业主创团队如果能够给人一种信赖感，让投资人感受到团队能做事、能做成事，那么，投融合作达成的概率会大大增加。而商业路演正是展现团队精神和表达主创人情怀的重要时机，一次成功的路演，要求企业代表能够表述出创业成功的信心和勇气，也要向投资人展示出团队的魅力和能力，这可以加强投资人对团队的信任，增加项目落地和企业发展的可信度，为投融双方的进一步沟通奠定基础。

（二）路演的基本环节

路演是一项重要的商业性活动，企业决定参加路演活动后便应该做好充分的准备，以使路演效果能够达到理想状态。

1. 明确路演的情境

不同的路演情境对路演内容和形式设计有着不同的要求。例如，推介性路演更侧重于介绍产品，产品优劣势分析、竞争产品比较分析、产品性价比分析等是讲演的重点。而融资性路演则更侧重于介绍企业的现实基础、发展规划、融资需求、股权出让等情况。所以，企业代表在参加商业路演前，首先需要明确路演所在的情境，及时了解参加路演的具体流程、展现形式、相关要求等，以便为后续的准备工作提供指导。

2. 选择路演的人员

商业路演从本质上来看属于一种宣讲活动，重点还是侧重于"讲"字，这便对上台讲话的人有所要求。一般情况下，能够代表企业在台上进行路演的人应该是组织内部的核心成员，对企业相关情况足够熟悉，对企业产品足够了解，能够就企业运营发展的方向性问题和细节性问题都做出明确回答。从这一要求来看，企业的负责人或项目的创始人是最为合适的，这也是一些路演活动会指定企业创始人或负责人参会的主要原因。当然，企业也可以根据不同的路演情境派出更加合适的人选，或派出路演团队参加。

3. 设计路演的文案

在明确路演情境、确定路演人员后，便需要开始设计路演文案了。路演文案也就是演讲过程中演讲人使用的讲稿，它涵盖了需要表述的全部信息。演讲者应该根据企业参加路演的主要目标，根据路演的通知要求，根据个人的表述习惯进行文案的编写和设计，并且文案应该主题明确、内容充实、逻辑清晰、重点突出、高度凝练、朗朗上口。

4. 准备路演的材料

除路演文案外，参加路演还需要做好其他材料的准备，主要包括与文案相对应的电子演示文稿即路演 PPT、企业商业计划书、企业宣传片或产品介绍片、产品（实物、模型或试用装等）、企业产品的技术专利及权威机构的相关证明材料，以及具有重要价值的销售资质证明材料或销售授权证明材料，能够体现企业文化或社会影响力的报纸或期刊，能够体现企业核心竞争力的奖项和荣誉，观众可能提问的问题和准备的回答内容等。这些材料是企业运营发展和产品质量保证的强有力说明性材料，能够有效增强企业和产品的说服力，提升观众对企业的好感和信任度。

5. 排练路演的环节

在讲演文稿、路演 PPT 及其他相关材料准备就绪后，演讲者需要进行路演环节的推演。推演过程不仅包括根据时间要求确定每张 PPT 文稿对应的演讲内容，还包括确定企业宣传片或产品介绍片的播放时间、明确参加路演全部人员的登台顺序和站台位置、确定企业产品实物的呈现方式或样品发放的时间节点及形式、思考可能面临的问题及回答内容（如果有多人登台，需要做好问题回答的分工，避免人员没有演说任务空站台的尴尬）、防范演讲台上可能发生的意外情况和解决方案等。当然，最重要的还是演讲人对讲演内容做到足够熟悉，牢牢把握每项内容和每个环节。

6. 进入路演的状态

在路演现场，演讲人需要提前候场，在后台做好演示文稿的存储和试播工作，并注意调整呼吸节奏，做好心理准备，进入演讲状态。在演讲过程中，表情应该自然得体，说话应该注意抑扬顿挫，表述应该注重情感投入，时刻牵引观众的注意力，带动观众进入演讲情境中，以达到加深印象、赢得好感的实际效果。同时，还应注意是否有问答环节，面对观众提问注意听清问题，对于表述不清楚或不明确的问题需有礼貌进行复述确定，给人一种沉着冷静、处变不惊的印象，也会为路演增色。

7. 做好路演的跟进

商业路演特别是融资性路演和推介性路演结束后，企业应该及时进行情况跟进。对于融资性路演，企业需要及时联系有意向的投资人，洽谈相关事宜，把握融资机会，集聚外部资源，为企业的进一步发展奠定基础。对于推介性路演，企业需要及时与目标客户沟通，搭建人脉网络，表达合作诚意，进一步扩展企业产品的销售渠道。当然，针对路演环节中出现的瑕疵，还需要查找原因、进行总结，为下一次商业路演积累经验。

（三）路演 PPT 的技巧及忌讳

1. 路演 PPT 的技巧

要做出一个成功的路演 PPT，需要从目标、环境、逻辑、设计和准备五个角度去努力。

首先需要明确创业路演 PPT 的目标未必是获得融资，特别是在公开的创业路演场合，PPT 至少还有以下四种可能的目标。

（1）吸引投资人的兴趣，建立联系。

（2）借路演场合宣传自己的产品或品牌。

（3）通过路演验证自己商业模式的成熟程度。

（4）通过路演吸引来合伙人或员工。

目标不同，在后续素材选择、排版设计、演讲方案等方面要考虑的因素也不同。

其次需要学会分析路演的环境，具体见表 7-3。

表 7-3　路演环境分析

路演环境分析要素	细节
路演目标	这次路演的目的是什么
路演时长	时间能否把控
路演人员	演讲能力及演讲风格如何
路演方式	是否需要其他道具

续表

路演环境分析要素	细节
路演环境	现场光线如何
投资人心态	是积极期待还是缺乏兴趣
竞争对手	是强手如云还是鹤立鸡群

我们可以参考表 7-3 把一次演讲可能会涉及的细节都列举出来，然后分析这些细节对路演方案的影响，进而确定路演 PPT 的演讲框架和展示细节。

最后要严格控制 PPT 页数和发言时间。在很多内部排练性质的路演场合，没有经过精心准备的团队发言超时的情况非常普遍。在正式的投资人路演场合，每个队伍的发言和答辩时间是严格控制的，那么在这种情况下，严格控制 PPT 页数，控制自己的发言时间就非常重要。

2. 路演 PPT 的忌讳

在做创业项目路演汇报时，PPT 制作质量的好坏与汇报者临场发挥的效果，直接影响到项目汇报的结果，对能否获得好的成绩至关重要。通过总结这些年来参加创业项目路演评审的经验，笔者梳理归纳出制作创业路演 PPT 时应该重点避免的忌讳。

（1）字号、字体不合理。如果你的 PPT 里面的文字很小，评委就不容易看清楚 PPT 里面的文字内容，这对于评委来说是非常不好的体验。如果在 PPT 中所有内容使用的字号大小相同，就会看不到醒目的标题；如果 PPT 中的所有文字不仅字号大小一致还使用同一种颜色，就更不容易一眼看清楚哪里是重点内容。所以，在制作 PPT 时，一定要用黑体字或大号字来突出标题，用不同颜色来突出重点部分。总之就是要让评委瞬间能捕捉到内容的重点和亮点，使他们在最短的时间内了解项目关键信息。

（2）文字描述太多。如果 PPT 文字太多，整页都是文字描述，有的 PPT 一页有几十行文字，将页面空间填充得满满的，项目内容描述十分啰唆，看不到项目的重点，也看不出项目的亮点，这是很忌讳的。有些汇报者在路演时从头到尾逐字念，再加上语气平淡，音调没有起伏，让评委看得发晕、听得昏昏欲睡。项目路演汇报都是有时间限制的，如果 PPT 文字太多，汇报时逐字去念，汇报时间肯定是不够的。为了避免这类现象，建议在制作 PPT 时，每页的文字不要写太多，文字表述简洁，尽可能凝练出项目亮点、突出项目的重点，最好能用关键词、提示符号和一些图标来表述清楚项目的重点内容，使评委在最短的时间内了解项目内容的重点和亮点。

（3）页数太多。项目路演的汇报时间十分有限，通常为 8 ~ 10 分钟，而有的 PPT 页数甚至达到 40 多页，项目路演时根本展示不完，从而导致由于项目汇报不完整而被评委扣分，十分可惜。项目路演的汇报人要在 8 ~ 10 分钟的时间里，完整、清晰、全面地把项目汇报好，难度很大，再好的项目如果汇报内容不完整、汇报重点不突出、汇报亮点不鲜明，都会导致汇报结果不理想，不可能拿到高分。所以，用于项目路演的 PPT 如果页数太多往往是很忌讳的。为了能够控制好汇报时间，完整地汇报项目，一定要控制好 PPT 的页数。如果汇报时间为 5 ~ 8 分钟，建议 PPT 的篇幅在 14 页左右；如果汇报时间为 10 分钟，建议 PPT 控制在 18 页以内。

（4）内容不全。参加项目路演的目的就是汇报项目内容，在好不容易争取到的项目路演机会中，不能完整地介绍项目是十分可惜的。目前，很多参赛者并不清楚应该如何编写 PPT 的汇报内容，不清楚应该如何突出 PPT 汇报中的项目重点，从而使本来还不错的项目由于没有汇报好而与大奖擦肩而过。由于项目路演的时间十分有限，不可能将创业计划书的内容全部复制进 PPT，这就要求我们把创业计划书中主要的模块尽可能呈现在 PPT 里面。一般来说，做项目路演 PPT 最起码要包括以下的内容：创业团队、产品与服务、市场痛点、市场空间、竞品分析、商业模式、市场策略、发展规模、资金筹措、财务分析、风控分析、创新点、知识产权等。这么多内容可能不能完全写入 PPT 中，有些内容可用关键词来呈现。

（5）背景颜色昏暗。如果你的 PPT 背景颜色昏暗，字体和背景颜色很接近，字体不突出，评委看 PPT 时就会看不清楚，看几页后眼睛就会觉得很累。这样，评委对你的印象就不好。一方面，由于评委看不清楚项目内容难以完全了解你的项目情况；另一方面，评委由于看不清楚容易引起烦躁，在这种情况下让评委给你打出一个高分就比较难了。例如，制作的 PPT 采用的是浅绿色或浅黄色的背景，而 PPT 的文字使用白色字体，文字内容就会十分模糊，看不清楚；或者制作的 PPT 采用的是灰色的背景，而使用的是黑色字体，字体颜色与背景颜色太接近，距离 PPT 远一点的评委就会根本看不清楚 PPT 内容。所以，我们在制作 PPT 时，第一个要注意的地方就是要让 PPT 的文字与背景对比鲜明，让评委看得清楚、真切、舒服。

（6）插图太多。有的 PPT 中插图太多，有些 PPT 不仅插图多还排布凌乱，再加上项目内容的文字与插图配合得不协调，汇报效果十分不好，这也是很忌讳的。由于 PPT 的页面空间有限，为了更好地突出项目汇报效果，是可以采用一些插图来提高 PPT 汇报的生动性和展示性的，但是切记不要弄巧成拙，要化繁为简，通过有限的插图和图标，尽可能完美地展示项目，突出想要介绍的项目重点内容，特别是项目的亮点之处。例如，有的路演 PPT 中，把 10 多个专利证书的影印件全部插入其中，不仅乱，而且专利名称和专利号还看不清楚，并没有达到汇报的预期效果；有的 PPT 中插入了很多开展项目服务活动的照片，显得汇报内容拖沓冗长，不仅 PPT 篇幅增加了很多，还占用了很多的汇报时间；还有的 PPT 插图多、文字少，项目内容描述不清晰、不完整，汇报效果也不理想。

（7）亮点不突出。在参加创业大赛项目路演时，比的就是项目特色、项目优势、项目创新性、项目盈利性和项目成长性。如果在项目路演时不能说出项目亮点和优势，不能突出项目创新性、盈利性和成长性，那么这种项目一般不会获得评委的青睐，不太容易获得高分。所以，在制作 PPT 时，一定要围绕创业计划书的主要模块内容，梳理和提炼出有项目亮点的内容在 PPT 中展示，并尽可能有条理、完整地汇报清楚项目的特色与优势，无论是产品的特色与优势还是团队的特色与优势，无论是市场的竞争策略还是项目的发展规划，无论是市场空间还是融资计划，都要尽可能地表述完整，汇报清楚，突出重点。

三、创业路演的展示

（一）创业计划的路演展示

1. 明确创业计划的展示对象

（1）企业内部（员工或股东）。表述清晰的书面商业计划，有助于澄清创业目标，协调团队的各项工作，增强团队凝聚力和行动力，激发团队一致行动向目标前进。

对于企业职能部门经理而言，通过分析各环节和未来战略目标的商业计划，能确保自己所做的工作与企业整体计划方向一致。

（2）投资者和其他外部利益相关者。投资者、潜在商业伙伴、潜在客户、前来应聘的关键员工等外部利益相关者是创业计划的第二类读者。

要吸引这些人，创业计划不要过分乐观，过分乐观会破坏创业计划的信度。

创业计划必须明确显示商业创意可行，并与那些风险更小的投资选择相比，商业创意能给潜在投资者带来更高的资金回报；对于商业伙伴、客户和前来应聘的关键员工而言，仍须如此。

创业计划必须论证其商业创意的可行性，并开发出一套行之有效的商业模式；深入认识所处的竞争环境；注意要展现的事实，即用事实说话。

2. 向投资者陈述创业计划的技巧

陈述一般是由创业的主讲人按照幻灯片演示文件来向投资者介绍项目情况，还要准备好回答投资者的问题。

通常情况下，所做的介绍应给出创业计划的关键要点。陈述的过程是宣传创意的机会，也是一个展示创业者自我的机会。应该抓住演讲的机会充分展示你的创业计划。演讲时要充满激情，语言要充满感染力。演讲的开头很重要，一定要选择好合适的形式来开场以引起投资者的兴趣；演讲的过程中要适当运用肢体语言和音量的变化，来吸引投资者的注意力，演讲的结尾也要让投资者提起精神，建立投资信心。

3. 现场答辩与反馈

创业者要敏锐地预见投资者可能会提出什么问题，从而做好准备。

投资者可能会用很挑剔的眼光看创业计划，这时，创业者可能会很泄气。其实，投资者仅仅是在做分内的事情，提出的问题可能会有很大的帮助，会给创业者很大启发。

回答问题阶段是非常重要的，此时投资者往往考察创业者是否挖掘到了问题的本质，以及对新创企业了解多少。

现场回答投资者问题时要注意以下几点：

（1）对投资者问题的要点有准确理解，回答具有针对性而不是泛泛而谈。

（2）能在投资者提问结束后迅速做出回答，回答内容连贯、条理清楚。

（3）回答问题准确可信。回答问题要建立在准确的事实和可信的逻辑推理上。

（4）特定方面的充分阐述。对投资者特别指出的方面能做出充分的说明和解释。

（5）整体答辩的逻辑性要求。陈述和回答的内容有整体一致性。

（6）团队成员在回答时有较好的配合，能协调合作，彼此互补，对相关领域的问题能阐述清楚。

（二）创业计划展示的注意问题

（1）做好充分准备。展示者一定要有备而战，备战中不但要对展示的内容、方式和应该注意的问题有所准备，而且要事先推测对方可能会提出哪些问题，以及如何回答这些问题。展示的准备要由集体完成，每次展示后也要进行集体讨论，以便及时总结经验教训。

（2）展示时不要只顾自说自话。要创造机会让到场的投资者也参与发言或演示，实现相互之间的交流和互动。展示应保持条理清晰的风格，突出市场前景，刺激投资者的兴奋点。为此，在展示开始时就应声明在展示过程中允许提问。

（3）分别做两份完整的计算表，一份面向技术背景有限的私人投资部门，另一份则面向熟知专业技术的精明投资者。演示应针对投资者的技术基础和专业背景。如果投资者的背景是财会专业，则有侧重地应用账务举例。

（4）不要过分强调技术因素或故意使技术环节复杂化。关于技术问题，可以准备一份专门介绍的活页，在需要的时候可以适时插入。技术类图表的出发点应该是为支持市场与产品定位预测服务，如果没有特殊要求，不必画蛇添足地多做解释。

（5）实际执行演示的人员应具备突出的沟通表达能力。演示者不一定是经理，这样安排的效果可能更好。因为此时经理可以观察听众们的反应，并在适当的时机，给一些强调或补充性说明，增加内容的可信性。

（6）如有必要，在演示前应先签一份保密协议。通常，第一次演示不要披露太多的专业信息。所以除非不得已不要强求对方签订这种协议，不要在与项目无关紧要的地方滋生不必要的矛盾。

知识拓展：创业计划答辩过程中的常见问题

▶ 项目训练

（1）简述创业计划的内涵。

（2）简述创业计划书的作用、基本特征及分类。

（3）简述创业计划书的编制原则及流程。

（4）简述优秀创业计划书的注意事项。

（5）简述创业路演的基本环节及注意问题。

（6）查阅有关创业创新大赛的成功案例，并结合自身实际情况，写一份完整的创业计划书，并自行录制创业计划的展示视频。

项目八
"万事俱备，只欠东风"
——创业资源的整合与融资

学习目标

知识目标：

（1）了解创业资源的相关概念。

（2）了解创业融资的相关概念。

能力目标：

（1）能够掌握创业资源的获取途径。

（2）能够掌握影响创业资源获取的因素。

（3）能够掌握整合创业资源的步骤。

（4）能够掌握创业融资的途径。

素养目标：

培养大学生树立创业资源整合及创业融资的意识。

名人箴言

对创业型的企业来说，确立正确的市场定位和明晰的战略发展目标是经营成功的一半。

——阿尼塔·罗迪克

案例导入

2018年9月20日，美团正式上市。美团从成立到上市用了8年。对美团来说，这8年走得并不轻松，同为互联网科技公司的拼多多从成立到上市用了3年，趣头条只用了2年多。

2004年年初，25岁的王兴中断了在美国特拉华大学电子与计算机工程系的博士学业，回国创业。他先后创办了校内网（后改名人人网）、海内网、饭否网等，用他自己的话说，经历了创业九败。其中，校内网因为融资失败，最后以200万美元的价格卖给了陈一舟，2 年以后，校内网获得了软银的融资。连续的创业失败后，王兴看清了互联网的趋势，加入了团购的战局，创办了美团。

刚刚起步时，现金不足是美团最大的劣势。在 2010 年"千团大战"时期，美团、糯米网、拉手网、窝窝团相继成立，投资者纷纷入局。到 2011 年 5 月，国内团购网站甚至达到了 5 000 多家。当时，拉手网、糯米网相继拿到了融资，并开始了快速扩张，这对美团构成了不小的威胁。2010 年 8 月，美团获得了红杉资本 1 200 万美元的 A 轮融资，加入了团购网站的竞争，开始了漫长的市场争夺战。2011 年 7 月，美团拿到阿里巴巴和红杉资本 5 000 万美元的 B 轮融资。2014 年 5 月，美团宣布获得 3 亿美元的 C 轮融资，领投机构为泛大西洋资本，红杉资本和阿里巴巴跟投，美团的估值达 40 亿美元。

2015 年，外卖成了行业风口，美团快速跟进，与饿了么、百度展开了竞争。2015 年 1 月，美团刚完成 D 轮总额为 7 亿美元的融资，估值达 70 亿美元。

2017 年 10 月，美团获得由腾讯领投的 40 亿美元 F 轮融资，估值达 300 亿美元。

从发展团购，到涵盖旅游、打车、票务、短租、生鲜零售业务，虽然美团身上如今还带着鲜明的"外卖"标签，但在王兴的规划中，公司的未来是服务电商平台。有人评价说，在美团成长和发展的各个阶段，王兴始终在"多线开战"，而每次市场开拓都是用真金白银砸出来的。

任务一　认知创业资源

一、创业资源的概念及分类

（一）创业资源的概念

创业的前提条件之一就是创业者拥有或能够支配一定的资源。所谓资源，依照目前战略管理中很有影响的资源基础理论（Resource-Based Theory，RBT）的观点，企业是一组异质性资源的组合，而资源是企业在向社会提供产品或服务的过程中所拥有的或所能够支配的用以实现企业目标的各种要素及要素组合。

概括地讲，创业资源是企业创立及成长过程中所需要的各种生产要素和支撑条件。对于创业者而言，只要是对其创业项目和新创企业发展有所帮助的要素，都可归入创业资源的范畴。因此，在创业过程中，应当积极拓展创业资源的获取渠道。

创业资源之于创业活动的重要意义不仅局限在单纯的量的积累上，应当看到创业过程实质上是各类创业资源重新整合、获取竞争优势的过程。从这一角度看，创业活动本身是一种资源的重新整合。因此,在创业过程中,不仅要广泛地获取创业资源,更要懂得如何使用这些资源。

(二)创业资源的分类

1. 按其对企业成长的作用分类

按照资源对企业成长的作用可将其分为两大类:对于直接参与企业日常生产、经营活动的资源,称为要素资源;对于未直接参与企业生产,但可以极大地提高企业运营有效性的资源,称为环境资源。表8-1是要素资源和环境资源的具体类别及内容。

表8-1 创业资源的种类

资源种类		具体内容
要素资源	人力资源	创业者、创业团队的知识、经验、智慧、判断力、人际关系
	财务资源	银行贷款、风险投资、政策性的低息或无偿扶持基金、租金等
	物质资源	创业或经营活动所需的有形资产,如厂房、土地、设备
	技术资源	关键技术、制造流程、作业系统、专用生产设备
	管理资源	企业诊断、市场营销策划、制度化和正规化企业管理的咨询等
环境资源	品牌资源	借助大学或优秀企业的品牌,科技园或孵化器的品牌,以及社会上有影响力的人士对企业的认可等
	市场资源	经营许可权、销售渠道、顾客关系等
	政策资源	政府扶持政策、与政府的关系
	信息资源	宣传和推介信息、中介合作信息、采购和销售渠道信息等
	组织资源	企业的战略规划、员工开发、评价和报酬系统等

2. 按其存在形态分类

创业资源按其存在形态可分为有形资源和无形资源。

(1)有形资源。有形资源包括金融资源、实物资源和组织资源三大类。

1)金融资源。金融资源是企业物质要素和非物质要素的货币体现。其具体表现为已经发生的能用会计方式记录在账的、能以货币计量的各种经济资源,包括资金、债权和其他。

2)实物资源。实物资源是企业从事生产经营活动所需的一切生产资料。其构成状况可按在生产经营过程中的作用划分为劳动对象和劳动手段。

3)组织资源。组织资源是指为了实现既定的目标,按照一定规则和程序设置的多层次岗位及其相应人员隶属关系的权责角色结构。其包括企业的战略规划、员工开发、评价和报酬系统等。

(2)无形资源。无形资源主要包括社会资本、技术及专业人才三大类。

1)社会资本。社会资本是指存在于人们的社会关系中,并建立在信任、互惠基础上的一种资源。创业中的社会资本主要是指创业企业所面临的社会关系网络,即创业者与供

应商、分销商、顾客、竞争对手及其他组织（包括当地政府、社会团体等）之间的相互关系，即创业企业所面临的整个创业环境。其表现形式有社会网络、规范、信任、权威、行动的共识及社会道德等方面。其外在的指标可以表现为声誉、人缘、口碑等。

2）技术。技术是指基于实践和科学原理发展而成的、用于解决实际问题的知识、经验和技能的总和。在创业过程中，技术可以是创业者自身具备的某种专业技能，也可以是创业者从他人手中买来的技术专利，只要是有助于创业的技能都是技术。

3）专业人才。专业人才是指存在于劳动人口之中的，从事经济及社会活动，并能创造价值的人力资源，包括创业者、创业合伙人、职业经理人、专业技术人员、营销人员和财务人员等。有的创业者本身有技术、懂管理，是专业人才的重要组成部分；有的创业者只有资金，就需要聘请职业经理人对创业进行管理。在创业过程中，专业人才常常表现为创业团队，团队成员有的有资金、有的有技术、有的懂管理。

3. 按其来源分类

创业资源按其来源可分为自有资源和外部资源。

（1）自有资源。自有资源是指创业者或创业团队自身所拥有的可用于创业的资源，如自有资金、自有技术、自己获得的创业机会信息、自建的营销网络、控制的物质资源或管理才能等。甚至在有些时候，创业者所发现的创业机会就是其所拥有的唯一创业资源。在这个问题上，我们也许可以从阿玛尔·毕海德的话中得到启示："准创始人中绝大部分面临的最大挑战不是筹集资金，而是如何在没有资金的情况下把事情办好的智慧和干劲。"

自有资源可以通过内部培育和开发，企业通过一定的方式在内部开发无形资产、培训员工，以及促进内部学习等获取有益的资源。

（2）外部资源。外部资源是指创业者从外部获取的各种资源，包括从朋友、亲戚、商务伙伴或其他投资者筹集到的投资资金、经营空间、设备或其他原材料等，或者通过提供未来服务、机会等换取到的。外部资源是实现企业成长的重要来源。由于企业受自有资源"瓶颈"的影响，需要吸取适合本企业发展的新鲜资源，其中关键是具有资源的使用权并能控制或影响资源部署。自有资源的拥有状况（特别是技术和人力资源）会影响到外部资源的获得和运用。

二、创业资源的特征及获取途径

（一）创业资源的特征

资源在《辞海》中被定义为生产资料和生活资料的天然资源。可是资源并不代表是创业资源，那么，创业资源又具有怎样的特征呢？

1. 广泛性

创业资源非常广泛，有无形的环境资源、信息资源，有形的资金资源、人力资源，围绕在人们身边无所不在。在倡导垃圾是放错地方的资源的时代，从生活中发现资源从而进行创业的公司不胜枚举。资源虽然广泛但也有质量高低之分，创业者应该冷静分析，并研究公司的具体现状及市场行情，再选择合适的、高质量的，并能给企业带来更大收入的创业资源。

2. 整合性

创业资源可塑性很强，不同的资源之间需要相互整合。企业只有通过对资源进行有效整合，才能形成企业的核心竞争力，并获得市场独占性和企业长期的生命力。创业者可以通过整合人力资源、技术资源和硬件资源得到产品，再通过信息资源或社会资源把产品投向市场并交换资金资源。缺少这些资源，企业将无法运转。

3. 时效性

创业资源具有时效性，只有在恰当的时机才可以被利用，受时间影响最大的就是环境资源、信息资源。依靠时效性资源创办的企业，虽然可以在成立发展较短的时间内聚集人气和资金，但同时也受时效的限制，容易被后来的时效性企业赶超。例如，曾经红极一时的网易博客现在已濒临破产。所以，企业在积累到一定财富的时候，应该注重时效性的作用，尝试开创新的项目。

（二）创业资源的获取途径

1. 获取人力资源的途径

对于大学生创业群体来说，可以通过社会实践活动，接触社会，积累经验，从而拓展自己的人脉资源。

2. 获取技术资源的途径

一般来说，获取技术资源的途径如下：

（1）吸引技术持有者加入创业团队。

（2）购买他人的成熟技术，并进行分析。

（3）购买他人的前景型技术，再完善开发，或者同时购买技术和技术持有者。

另外，还可以自己研发，但存在时间长、耗资大等问题。

3. 获取外部资金资源的途径

大学生在创业初期往往求"资"若渴，如何获取外部资金是创业者需要重点考虑的问题。创业者融资要研究影响融资的各种要素，讲求综合经济效益。主要可以通过以下途径获取外部资金资源。

（1）靠亲友筹资，这是成本最低的创业"贷款"。

（2）抵押、银行贷款或企业贷款。

（3）用好政策，争取得到政府计划的资金支持。

（4）所有权融资，包括吸引新的拥有资金的同盟者加入创业团队，吸引现有企业以股东身份向新企业投资，以及吸引企业孵化器或创业投资者的股权资金投入等。

（5）拟订一份好的创业计划，可以吸引创业基金甚至风险投资。

三、影响创业资源获取的因素

资源获取是在识别资源的基础上，得到所需资源并用之于创业过程的行为。对于新创企业而言，是否能够从外界获取所需资源，首先取决于资源所有者对创业者或创业团队的认可，而这一认可在很大程度上取决于创业项目的商业价值。创业项目为资源获取提供了杠杆，一项能被资源所有者认同的、有价值的创业项目，才有助于降低创业者获取资源的难度。

除创业项目的商业价值外，影响资源获取的因素还有很多，其中主要因素有创业者（创业团队）先前的工作经验，创业者的管理能力、资源整合能力和社会网络等。

1. 创业者（创业团队）先前的工作经验

创业者（创业团队）的先前工作经验可分为创业经验和行业经验两大类。其中，创业经验是指先前创建过新的企业或组织，是创业者在此过程中所获得的感性和理性的观念、知识和技能等，它提供了如机会识别与评估、资源获取和公司组织化等方面的信息。行业经验是指创业者在某行业中的先前工作经历，它提供了有关行业规范和规则、供应商和客户网络及雇佣惯例等信息。

创业过程本身就是一个知识转移的过程。从先前创业经验中转移来的知识能够提高企业家有效识别和处理创业机会的能力，有助于发现、获取创业资源。拥有创业经验的创业者有一种"创业思维定式"，驱使他们寻求和追求那些最好的机会。在不确定性和时间下，先前的创业经验提供了有利于对创业机会做出决策的隐性知识，这种隐性知识可以通过创业者转移到新创的组织，因此，创业者拥有较多的创业经验更容易获得可取的特定机会，从更多的途径获取到创业资源。另外，先前的创业经验还提供了帮助创业者克服新企业面临的新的不利因素的知识。这些都能够帮助社会企业家规避风险，增强他们的资源获取能力。

2. 创业者的管理能力

创业资源获取的关键往往取决于企业的软实力。创业者的管理能力是企业软实力的主要表现，管理能力越高，获取资源的可能性越大。创业者的管理能力可以从其沟通能力、激励能力、行政管理能力、学习能力和外部协调能力等多方面予以衡量。

"创业教育之父"杰弗里·蒂蒙斯曾说过，作为一位领跑者和企业文化的创造者，创业带头人是团队的核心，他既是队员，也是教练。吸引其他关键管理成员加入，然后建立起团队，这样的能力和技巧是投资家苦苦寻找的最有价值的东西之一。

良好的沟通能力可以使创业团队表现出坚强的凝聚力，采取共同的行动，从而更容易获取必要的外在资源；团队激励和合作有助于企业综合能力的提升，产生团队外溢效果，获取必要的资产和资源；较强的行政管理能力有利于将各种资源进行较完美的匹配与组合，使企业的正常运作更有效率，企业因而会根据成员的要求和组织发展的需要，去吸引更多的人力资源和其他无形资产；学习能力则可以不断地使创业者提升自身管理能力，了解外部市场的变化和创业企业内部的需求，对其做出理性判断，运用一定的方式获取企业所需的资源；外部协调能力是创业者个人才能的外向性应用，创业者的外部协调能力越强，与合作者（如供应商、销售商等）达成一致的可能性就越大，创业者就可以利用外部资源为企业服务，得到资源获取的外在效应，在获取必要资源的同时，为企业创造良好的发展环境。

3. 创业者的资源整合能力

资源整合能力是指在创业过程中，以人为载体，在资源整合过程中所表现出的对资源的识别、获取、配置和利用的主体能力。

创业资源在未整合之前大多是零散的、一般性的商业资源。要想发挥其最大的效用，转化为竞争优势，为企业创造新的价值，就需要新创企业运用科学的方法将不同来源、不同效用的资源进行优化配置，使有价值的资源充分整合起来，发挥"1+1 > 2"的放大效应。

4. 社会网络

社会网络是多维度的，能够提供企业正常运转所需的各种资源，也是新创企业最重要的资源之一。社会网络是隐性知识传播的重要渠道，它能通过促进信息（包括技能、特定的方法或生产工艺等）的快速传递来协助组织学习，同时，还可以大大降低企业的交易成本，帮助获取与企业需求相匹配的资源。因此，其对于创业资源的获取具有重要的意义。

研究表明，社会网络的关系强度、关系信任及网络规模对创业资源的获取具有正向影响。由于大学生大部分的时间是在学校内读书学习，因此他们很少有机会接触到社会，这就造成了大学生的社会网络中几乎没有政府网络、商业网络的存在。所以，大学生创业者应关注强关系网络的维护和利用以弥补其合理性的不足。强关系网络的主体通常以家庭、亲戚、朋友为主，与这些关系的频繁、密切接触，更易于获取资金、技术、人力等运营资源和有益的创业指导和建议。

不同的社会网络和网络地位，为人们之间的沟通协作提供了不同的渠道。在社会网络中处于优势地位的创业者，具有较好的社会关系依托，可以有选择地了解不同对象的效用需求，有针对性地对不同对象传递商业创意的不同方面，有目的地获取不同资源所有者的不同理解和信任，最终成功地从不同网络成员那里获取所需的不同资源，为自己进行资源配置方式创新提供基础。

任务二 整合创业资源

一、创业资源整合的内涵

创业的精髓在于使用外部资源的能力和意愿，创业者的任务就是实现创业资源的新组合。所以，创业者要想创业成功就必须要优化资源配置，一个优秀的创业者在创业初期不

一定拥有充足的资源，但是却可以通过思维创新及冷静地分析局势来整合资源，达到企业扩张的目的。创业是个独木桥，能一路走到底的并不多，创业是创业者不断探索市场的过程，也是创业者一步步学会整合资源的过程，同时，更是创业者自我挑战的过程。

1. 内部资源整合

企业是一个整体，只有企业内部想法协调一致才能在市场上打造出一片天地。因此，创业者创业的第一步就是整合内部资源。整合内部资源的原则就是大众服从精英，集体大于个人。

每个企业都是依靠人来维持的，只要有人聚集的地方就会有大众与精英的区别。企业不可能听取每位职员的意见，也不是每位职员都可以经营公司。因此，企业的精英要对职员的个人能力进行评估并有效地领导他们，然后再通过对市场的分析和公司实际情况的考察为他们安排合适的岗位，从而发挥他们最大的潜能。只有这样，公司才能协调一致地行走在创业大道上。

企业的每项计划或多或少都会影响到个人或局部的利益。创业者在配置和整合资源的时候必须以集体的利益为大，不能只看到局部或个人的利益。只关注个人或局部的利益是目光短视的表现，虽然短时间内会获得一定的利益，但不会长久，最终会导致亏损。

2. 外部资源整合

没有一个企业是仅仅依靠协调内部来盈利的，想要获利就必须与外部接触，整合外部的资源，充分发挥各种优势。

在创业初期，企业应该利用及整合社会关系以获取较低的成本或争取到初期的销售对象，合理利用社会资源的企业在初期往往能得到稳定的发展，赢得人生的第一桶金。在创业后期，企业更应该看重和其他企业的合作及和利益相关者的合作。企业必须正确处理合作与竞争的关系来整合外部资源，合理地划分利益，这样才能实现共赢。

二、创业资源整合的步骤

创业资源的整合是一个复杂的过程，是创业企业对不同来源、不同层次、不同结构、不同内容的资源进行选择、汲取、配置、激活和有机融合的过程，以使之具有很强的柔性、条理性、系统性和价值性，并对原有的资源体系进行重构，摒弃无价值的资源，以形成新的核心资源体系。创业资源的整合过程可分为资源扫描、资源控制、资源配置和资源拓展四个步骤。

1. 资源扫描

创业者要知道自己的资源禀赋及企业所拥有的最初资源。将已有资源识别出来，包括己方所有有价值的有形资产和无形资产，如人才、设备、技术、品牌等，找到自己的资源优势和不足，认清哪些属于战略性资源、哪些属于一般性资源，同时，还要确定资源的数量、质量、使用时间及使用顺序。

扫描自身已有资源的同时，也要对外部环境进行扫描，及时发现创业企业所需的资源，确定自己所缺的资源可以从哪些渠道获得、谁拥有这些重要资源，并对各种资源渠道的获得难易程度进行排序；然后对资源所有者的利益需求进行深度分析，并与自己所拥有的资源进行比较，找到利益契合点。这通常需要创业者具有行业知识和一定的社会关系网络。创业者在初始创业阶段会利用与自己关系较近的资源网络，随着业务的发展而逐渐扩充这一网络。

2. 资源控制

资源控制的范围包括创业者自身拥有的资源、通过交易等形式可获得的资源，以及通过社会网络等形式可以控制的资源。在许多情况下，创业者自身拥有的资源（如教育、经验、声誉、行业支持、资金和社会网络等）存在于创业团队中。在特定的行业，创业团队中成员的社会资源、网络资源和技术对于企业的成功至关重要。在获取资源的同时需要判断这种资源对实现企业的目标是否关键，并且创造性地设计好合作方案，形成长期的互利关系。

3. 资源配置

在获取和控制大量资源的基础上，创业企业会将它们合理、有效地配置到最能发挥其使用效益的地方，体现出这些资源的价值。企业资源在未整合之前大多是零碎、低效的，要想发挥这些资源的最大使用价值、产生最佳效益，就必须运用科学的方法对各种类型的资源进行细化、配置和激活，将有价值的资源有机地融合起来，使它们相互匹配、互为补充。

在资源配置之后，新的资源或竞争优势就会形成，企业必须利用区别于其他企业的这种优势来赢得市场。资源在整合并转化为企业内部的独特优势之后，创业者需要协调各种资源之间的关系，匹配有用的资源，剥离无用的资源。通过协调使资源的联系更加紧密、更具匹配性，形成"1+1 > 2"的效果，并为下一步资源拓展奠定基础。

4. 资源拓展

资源拓展即将以前没有建立起联系的资源形成联系，将新获取的资源与已有的资源进行对接融合，进一步开发潜在的资源为企业所用，这也是企业持续竞争优势的根本来源。资源拓展过程能为企业创业带来新的能力，从而使其能够更充分地发现和掌握创业机会。

知识拓展：资源
的选择

知识拓展：UPS
的资源整合

三、创业资源的有效利用

大部分创业者因为受到有限资源的约束，被迫寻找创造性的方式开发机会去建立企业，并推动企业的发展，学术界用"Bootstrapping"一词来描述这一过程中创业者有效利用资源的方法。这个方法主要是指在缺乏资源的情况下，创业者分多个阶段投入资源，并且在每个阶段或决策点投入最小的资源，因此也被称为步步为营法。

美国学者杰弗里·康沃尔（Jeffery Cornwall）指出，步步为营法不仅是一种做事最经

济的方法，还是在有限资源的约束下获取满意收益的方法；不仅适合小企业，同样适用于高成长企业、高潜力企业。

步步为营法的主要策略是成本最小化，设法降低资源的使用量，降低管理成本。但过分强调降低成本，会影响产品和服务质量，甚至会制约企业的发展。例如，为了求生存和发展，有的创业者不注重环境保护，或者盗用他人的知识产权，甚至以次充好。这样的创业活动尽管短期内可能赚取利润，但就长期而言，企业发展潜力有限。所以，需要"有原则地运用成本最小化的步步为营法"。

步步为营法的策略还表现为自力更生，最大限度地减少对外部资源的依赖，最大限度地发挥创业者投在企业内部资金的作用，目的是降低经营风险，加强对所创企业的控制。很多时候，步步为营法不仅是一种做事最经济的方法，也是创业者在资源受限的情况下寻找实现企业理想目的和目标的途径，更是在有限资源的约束下获取满意收益的方法。习惯于步步为营法的创业者会形成一种审慎控制和管理的价值理念，这对创业型企业的成长与其向稳健成熟发展期的过渡尤其重要。

在兼顾企业使命的情况下，新创企业运用步步为营法时仍有很大可供选择的余地。例如，创业者可以通过申请政府创立的创业园或创业孵化器，享受那里的免费办公室，与其他创业者一起共享办公设备等，也可以利用兼职人员、招聘实习生。总之，在实现创业目标的过程中，创业者能够独辟蹊径地找到许多降低成本的方法。

四、创业资源的创造性拼凑

在创业情境下，资源约束是创业者面临的首要限制性因素，大多数创业者都缺乏资源来开发创业机会。那么，创业者如何利用手头现有、零散、在他人看来没有什么价值的资源，富有创造力地构想资源的新用途，并且用它们来开发机会或支持创业成长呢？这个问题是传统的资源基础观无法回答的。

Baker、Nelson 和 Aldrich 等学者在他们的早期创业研究中已经借用了法国人类学家列维·斯特劳斯在《野性思维》（*The Savage Mind*）一书中提出的"拼凑"（Bricolage）概念，对创业者和创业企业的资源拼凑行为进行了系统的研究。他们创建的创业资源拼凑理论从一个全新的视角来认识现实中不同类型的创业过程，同时，也对创业者在资源利用方面的战略行为特征进行了深刻的解读和生动的描述。

资源拼凑理论在自身的发展过程中形成了 3 个核心概念，即"凑合利用""突破资源约束"和"即兴创作"。这 3 个概念都与资源紧密相关，从不同角度反映了创业过程的资源拼凑特点。具体而言，"凑合利用"是指利用手头资源来实现新的目的和开发新的机会，重在对资源的创新性利用；"突破资源约束"是指创业者拒不向资源、环境或者制度约束屈服，积极主动地突破资源传统利用方式的束缚，利用手头资源来实现创业目标，因而，凸显了创业者在资源拼凑过程中表现出来的创新意识及创造创业价值所必需的可持续创业能力；而"即兴创作"与前面两个概念紧密相关，是指创业者在凑合利用手头资源、突破资源约束的过程中必须即兴发挥，创造性地使决策和行动同时进行。

综上所述，创造性地拼凑不是凑合，而是指在资源约束条件下，创业者为了解决新问题，开发新机会，整合身边现有资源，立即行动，创造出独特的服务和价值。实现创造性拼凑需要三个关键要素，即身边有可用的资源、整合资源实现新的目的和凑合使用。

1. 身边有可用的资源

善于进行创造性拼凑的人常常拥有一批"零碎"资源，它们可以是物质，也可以是一门技术，甚至是一种理念。这些资源常常是免费的或廉价处理品。在他人眼里，它们一文不值，最多只是一块鸡肋。

身边的已有资源经常是通过日积月累慢慢积攒下来的。当时创业者也许并不十分清楚它们的用途，只是基于一种习惯，或是"也许以后用得着"的想法。而那些根据当前项目的需要，经过仔细调研而获得的资源，不属于身边资源的范畴。综观目前成功的企业家，很多都是拼凑高手，将身边的破铜烂铁改造为早期的设备。

另外，很多高新技术企业，创业者并不是科班出身。出于兴趣或其他原因，对技术略知一二。但后来往往就是凭借这个"一二"敏锐地发现机会，并将这一身边资源迅速转化成生产力。联想的"掌门人"柳传志毕业于西安电子科技大学（简称"西军电"），专业是与计算机没有丝毫关系的雷达系统，但在中科院计算机研究所工作期间耳濡目染的一些相关知识，成为他日后掌舵联想的重要基石。

2. 整合资源实现新的目的

拼凑的另一个重要特点就是为了其他目的重新整合已有资源。市场环境日新月异，对企业是挑战也是机遇，环境的变化使一些前所未闻的问题层出不穷，但同时机会也接踵而来。机会稍纵即逝，任何企业的资源结构不可能适用于所有情况，也没有企业总是能够在第一时间找到合适的新资源。于是，整合手边已有的资源，快速应对新情况，成为企业"保卫阵地，抢占制高点"的利器。这些资源可能是被藏在仓库中的废旧物资，也可能是旁人弃之如履的二手货。拼凑者有一双善于发现的眼睛，洞悉身边资源的各种属性，将它们创造性地整合起来，开发新机会，解决新问题。同时，这种整合不是事前仔细计划好的，往往是具体情况具体分析、"摸着石头过河"的产物。

3. 凑合使用

出于成本和时间的考虑，创造性拼凑的载体常常是身边一些废旧资源。这种先天不足从一开始就注定了拼凑出的东西品质有限。凑合意味着拼凑者需要突破固有观念，忽视正常情况下人们对资源和产品的常规理解，有意识且持续地试探一些惯例的底线，坚持尝试突破并承担随之而来的后果。完美主义者或怯于承担风险的人常常难以忍受，因为拼凑的东西会事故频发，需要一次次地尝试，一次次地矫正，然后才能满足企业的基本需求。但在资源束缚的条件下，创业者除了凑合，还有其他的选择吗？而且拼凑有时候就是在一个

个不完美中逐渐蜕变出辉煌。

对于新业务，创造性拼凑的 3 种要素往往同时出现，使企业资源结构独树一帜。由此可见，创造性拼凑的 3 种要素能合力创造出一种强有力的机制，使贫瘠的土地盛开出绚丽的"生命之花"。

任务三　理解创业融资

创业者应该根据新创企业在不同发展阶段的资本需求特征，结合创业计划及企业发展战略，合理确定资本结构及资本需求数量。

一、创业融资的原则

1. 及时性原则

企业的经营是有很强的时效性的，一个机会窗口从打开到关闭，其时间是很短暂的，企业如果没有及时地开展生产，抢抓市场，这个机会往往会被其他人抓住。

巧妇难为无米之炊，足够的资金是抢抓机会的基本保证，创业者在制定融资策略的时候必须预测到企业每个需要资金的阶段，提前做好准备，同时，也要准备一定数量的储备融资渠道，以保证随时可以融到资金以确保不错过不在计划之中的创业机会。

2. 低成本原则

融资是需要成本的，无论是利息费用还是股权转让，创业者都需要付出一定的费用才能获得资金的使用权，在同等情况下，创业者在融资的时候应该首先选择那些所需成本较低的融资渠道。这里所说的融资成本，还应当考虑投资者所能带来的管理、营销网络、技术和社会资本，有些投资者的引入，可以使企业具有某种特殊的背景，也就应当考虑在内。低成本的原则，不仅是指每单位融得资金的成本，也意味着准确、及时地融资。准确、及时地融资意味着把企业使用外部资金的时间缩到最短，避免因为多余的融资导致的融资成本。

3. 低风险原则

企业融资也是有风险的，特别是创业者在制订创业计划的时候，对于融资渠道必须考虑到各种可能出现的不可融资的情况。例如，由于银企关系的恶化，银行可能取消对于企业的信用额度；由于相关政策的变化，政府和各种公共机构可能取消对于企业的资金支持。

企业在确定每一阶段的融资策略的时候，必须首先考虑较稳定、变数较小的融资来源，如有抵押的银行贷款等，而风险较大、不确定性较强的融资渠道，只能作为备用融资渠道。这决定了虽然可以制订一定的财务计划，但却不能完全按照财务计划实施，财务计划始终只是对于远景财务战略的勾画，具体每个时期如何筹资和投资，只能根据当时的环境决定。

财务战略的作用是厘清融资的方向和顺序，预判企业可能出现的一些资金需求而提前做好准备，加强企业现金流的管理。财务战略的确立有利于企业在发展过程中的财务管理遵循企业整体经营战略，不至于出现资金管理失控而导致的财务状况恶化的现象。

二、创业所需资金的测算

正确测算创业所需资金有利于确定筹资数额，降低资金成本。新创企业投入运营后，很难立即带来收入，为了保证公司在启动阶段业务运转顺利，在公司经营达到收支平衡之前，创业者必须准备足够的资金以备支付各种费用。按照资金投入企业的时间可将创业资金分为投资资金和营运资金。

1. 投资资金的测算

投资资金发生在企业开业之前，是企业在筹办期间发生各种支出所需要的资金。投资资金包括企业在筹建期间为取得原材料、库存商品等流动资产投入的流动资金；购建房屋建筑物、机器设备等固定资产，购买或研发专利权、商标权、版权等无形资产投入的非流动资金；以及在筹建期间发生的人员工资、办公费、培训费、差旅费、印刷费、注册登记费、营业执照费、市场调查费、咨询费和技术资料费等开办费用所需资金。

对创业投资资金进行估算需要丰富的企业管理经验，以及对市场行情的充分了解。为了较为准确地估算出自己的创业投资资金，需要分类列表，而且是越详细越好。这里推荐一个聪明的办法就是集思广益，想出你所需要的一切，从有形的商品（如场地、库存、设备和固定设施）到专业的服务（如装潢、广告和法律事务等），分门别类，就可以开始逐项测算创业启动所需要支付的费用。

范围：包括新创企业开业之前的固定资产、流动资金及开办费等投入，见表8-2。

表8-2 投资资金估算表

序号	项目	数量	金额
1	房屋、建筑场地		
2	设备		
3	办公家具		
4	办公用品		
5	员工工资		
6	创业者工资		
7	市场调查费用		
8	房屋租金		

续表

序号	项目	数量	金额
9	购买存货／原材料		
10	营销费用		
11	水电费、电话费		
12	保险费		
13	设备维护费		
14	员工培训费		
15	开办费		
……	……		
n	合计		

2. 营运资金的测算

营运资金是从企业开始经营之日起到企业能够做到资金收支平衡为止的期间内，企业发生各种支出所需要的资金，是投资者在开业后需要继续向企业追加投入的资金。企业从开始经营到能够做到资金收支平衡为止的期间称为营运前期。营运前期的资金投入一般主要是流动资金，既包括投资在流动资产上的资金，也包括用于日常开支的费用性支出所需资金。

创业企业开办之初，企业的产品或服务很难在短期内得到消费者的认同，企业的市场份额较小且不稳定，难以在企业开业之时就形成一定规模的销售额；而且，在商业信用极其发达的今天，很多企业会采用商业信用的方式开展销售和采购业务。赊销业务的存在使企业实现的销售收入的一部分无法在当期收到现金，从而现金流入并不像预测的销售收入一样多。规模较小且不稳定的销售额，以及赊销导致的应收款项的存在，往往使销售过程中形成的现金流入在企业开业后相当长的一段时间内，无法满足日常的生产经营需要，从而要求创业者追加对企业的投资，形成大量的营运资金。

营运前期的时间跨度往往依企业的性质而不同，一般来说，贸易类企业可能会短于一个月；制造企业则包括从开始生产之日到销售收入到账这段时间，可能要持续几个月甚至几年；不同的服务类企业其营运前期的时间会有所不同，可能会短于 1 年，也可能会比 1 年长。

在很多行业，营运资金的资金需求要远远大于投资资金的资金需求，对营运资金重要性的认识，有利于创业者充分估计创业所需资金的数量，从而及时、足额地筹集资金。

营运资金的测算步骤如下。

（1）测算创业企业营业收入。测算营业收入是制订财务计划、编制预计财务报表的基础，新创企业无既往销售业绩可供参照，只能依据市场调查、销售人员意见综合、专家咨询，甚至同类创业企业销售量等，预测月度、季度乃至年度的销售量，再根据定价估算出营业收入。创业者可以依据表 8-3 所列的形式项目进行营业收入的预测。

表8-3 营业收入预测

项目		1月	2月	3月	4月	5月	……	合计
产品一	销售数量							
	平均单价							
	销售收入							
产品二	销售数量							
	平均单价							
	销售收入							
……	……							
合计	销售收入							

（2）编制预计利润表。利润表又称为损益表,是反映企业在一定时期内经营成果的会计动态报表,见表8-4。

表8-4 预计利润表

项目	1月	2月	3月	4月	5月	6月	7月	……	n
一、营业收入									
减:营业成本									
增值税金及附加									
销售费用									
管理费用									
财务费用									
二、营业利润 (损失以"—"号填列)									
加:营业外收入									
减:营业外支出									
三、利润总额 (损失以"—"号填列)									
减:所得税费用									
四、净利润 (损失以"—"号填列)									

（3）编制预计资产负债表。资产负债表也称财务状况表,是反映企业在一定时期内全部资产、负债和所有者权益的财务报表,是企业经营活动的静态体现。资产负债表根据"资产=负债+所有者权益"这一会计方程式,依照一定的分类标准和要求编制而成,是会计上重要的财务报表,其更重要的功用在于确切反映了企业的营运状况和企业需要外部融资的数额,见表8-5。

表 8-5　预计资产负债表

项目	1月	2月	3月	4月	5月	6月	7月	……	n
一、流动资产									
货币资金									
应收货款									
存款									
其他流动资产									
流动资产合计									
二、非流动资产									
固定资产									
无形资产									
非流动资产合计									
资产合计									
三、流动负债									
短期借款									
应付款项									
应缴税费									
其他应付款									
流动负债合计									
四、非流动负债									
长期借款									
其他非流动负债									
非流动负债合计									
负债合计									
五、所有者权益									
实收资本									
资本公积									
留存收益									
负债和所有者权益合计									
六、外部筹资额									

三、创业融资的途径

如果你想组建一个创业团队，想注册一家公司，那就要考虑一个至关重要的问题——创业的第一桶金从哪里来？长期以来，这个问题困扰着无数的创业者。或许对于部分起点高的人而言，他们能够通过各种渠道迅速找到创业的突破口，挣得第一桶金，但对于仅凭满腔热血创业的普通创业者来说，赚取第一桶金几乎难如登天。正如古戏所唱："一文钱买鸡蛋、蛋变鸡、鸡变蛋能变个没完"，而大多数人就差那一文买蛋钱。其实，钱是有的，关键是到哪里去找。

很多创业故事已经告诉我们，充足的启动资金绝对会帮助我们在创业路上少走一些弯路。这里列举了几种获取创业融资的途径。

（一）自我筹资

私人融资最方便和最快捷的方式便是使用自己的积蓄，这是创业融资的重要来源，几乎所有的创业者在他们的创业过程中都投入了或多或少的个人积蓄，调查发现，在所调查的 5 000 名创业者中，只有10%的创业者在创业期间向外部融资。对于大学生而言，在校读书基本是一个只有消费而无获利的过程，因此，个人的积蓄十分有限。基础服务业和个人消费业创业初期投资大部分为 5 万～10 万元，而工业加工业及农产品加工业的资金进入门槛分别为 30 万元和 10 万元。这些行业中创业初始所需资金较少，为依靠自有资金的方式融资提供了可能。

（二）向亲朋融资

向家人朋友借钱，应该是很多创业者采取的方法。这种方法有优势也有劣势。优势是成功概率高、投资和利息条件更优惠，而且能够更快地拿到钱，劣势是容易出现纠纷，父母可能会插手公司；如果创业失败，可能一辈子会对他们有负罪感。向父母借钱时不要超出他们的损失承受能力。你当然希望可以借到足够创一番事业的钱，但要考虑到如果你创业失败，可能会给家人带来很大的麻烦。

（三）机构融资

1. 银行贷款

比较适合创业者的银行贷款形式主要有抵押贷款和担保贷款两种。缺乏经营历史从而也缺乏信用积累的创业者，比较难以获得银行的信用贷款。抵押贷款是指借款人以其所拥有的财产作为抵押，作为获得银行贷款的担保。在抵押期间，借款人可以继续使用其用于抵押的财产。抵押贷款有动产抵押贷款和不动产抵押贷款两种。不动产抵押贷款是指创业者可以用土地、房屋等不动产作抵押，从银行获取贷款；动产抵押贷款是指创业者可以用股票、国债、企业债券等银行承认的有价证券，以及金银珠宝首饰等动产作抵押，从银行获取贷款。

担保贷款是指借款方向银行提供符合法定条件的第三方保证人作为还款保证的借款方式。当借款方不能履约还款时，银行有权按照约定，要求保证人履行或承担清偿贷款的连带责任。其中，较适合创业者的担保贷款形式有自然人担保贷款和专业公司担保贷款两种。自然人担保贷款是指自然人提供担保取得贷款。自然人担保贷款可采取抵押、权利质押、抵押加保证三种方式；专业担保公司担保贷款是由担保公司提供担保取得贷款。目前，各地有许多由政府或民间组织的专业担保公司，可以为包括初创企业在内的中小企业提供融资担保。这些担保机构大多属于公共服务性非营利组织。创业者可以通过申请，由这些机构担保向银行借款。除此之外，可供创业者选择的银行贷款方式还有托管担保贷款、买方贷款、项目开发贷款、出口创汇款、票据贴现贷款等。

2. 非银行金融机构贷款

非银行金融机构是指以发行股票和债券、接受信用委托、提供保险等形式筹集资金，并将所筹资金用于长期性投资的金融机构。根据法律规定，非银行金融机构包括经银监保会批准设立的信托公司、企业集团财务公司、金融租赁公司、汽车金融公司、货币经纪公司、境外非银行金融机构驻华代表处、农村和城市信用合作社、典当行、保险公司、小额贷款公司等机构。创业者还可以从这些非银行金融机构取得借款筹集生产经营所需资金。

（四）政府扶持资金

由政府主导的创业扶持基金不但能为企业带来现金流，更是企业壮大无形资产的利器。

政府提供的创业扶持基金通常被称为创业者的"免费皇粮"。近年来，政府充分意识到创业对促进经济增长、扩大就业容量和推动技术创新有着非常重要的作用。为此，各级政府相继设立了一些政府基金予以支持，主要包括科技创新基金、政府创业基金、专项基金和地方性优惠政策，如税收优惠、财政补贴、贷款援助等。

政府提供的创业基金通常被所有创业者高度关注，其优势在于利用政府资金不用担心投资方的信用问题；而且，政府的投资一般都是免费的，进而降低或免除了筹资成本。但申请创业基金有严格的申报要求；同时，政府每年的投入有限，筹资者须面对其他筹资者的竞争。

（五）风险投资

风险投资是指投资人将风险资本投向刚刚成立或快速成长的未上市新兴公司（主要是高科技公司），在承担很大风险的基础上为融资人提供长期股权投资和增值服务，培育企业快速增长，数年后再通过上市、兼并或其他股权转让方式撤出投资，取得高额投资回报的一种投资方式。

风险投资一般采取风险投资基金的方式运作。风险投资基金在法律结构上是采取有限合伙的形式，而风险投资公司则作为普通合伙人管理该基金的投资运作，并获得相应报酬。

风险投资基金又称创业基金，是当今世界上广泛流行的一种新型投资机构。它以一定的方式吸收机构和个人的资金，投向于那些不具备上市资格的中小企业和新兴企业，尤其是高新技术企业。风险投资基金无须风险企业的资产抵押担保，手续相对简单。它的经营方针是在高风险中追求高收益。风险投资基金多以股份的形式参与投资，其目的就是帮助所投资的企业尽快成熟，取得上市资格，从而使资本增值。一旦公司股票上市后，风险投资基金就可以通过证券市场转让股权而收回资金，继续投向其他风险企业。风险投资基金的管理者被圈内人士亲切地称为"风险投资家"，它常常反映了真实情况。这些投资人是寻找巨额的回报，而不仅仅是较好的回报。获得风险投资是极其困难的，申请风险投资的企业之间的竞争相当激烈，最终只有两个或三个企业能获得风险投资。

（六）天使投资

天使投资虽然是创业融资市场上的"新面孔"，但由于门槛比风险投资低许多而备受创业者的青睐，甚至大有青出于蓝的势头，成为创业融资的新渠道。

天使投资（Angel Investment）最初是具有一定公益捐款性质的投资行为，后来被运用到经济领域，主要是指具有一定资本金的个人或家庭，对具有发展潜力的初创企业进行早期投资的一种民间投资方式。天使投资是一种非组织化的创业投资形式，其资金来源大多是民间资本，而非专业的风险投资商；天使投资的门槛较低，有时即使是一个创业构思，只要有发展潜力，就能获得资金，适宜于这些尚未诞生或嗷嗷待哺的创业"婴儿"。对刚刚起步的创业者来说，从银行贷款的"蓄水池"里舀水太难，又沾不了风险投资"维生素"的光，在这种情况下，只能靠天使投资的"婴儿奶粉"来吸收营养并茁壮成长。但它只将发明计划或种子期项目"扶上马"，而"送一程"的任务则由机构风险投资来完成。针对我国国情，天使投资因其独特优势，可以有效缓解中小企业创业投资不足的困难。

"天使投资人"通常是指投资于非常年轻的公司以帮助这些公司迅速启动的投资人。这些投资人在公司产品和业务成型之前就把资金投入进来。天使投资人通常是创业企业家的朋友、亲戚或商业伙伴，由于他们对该企业家的能力和创意深信不疑，因而愿意在业务还未开展起来之前就投入大笔资金。

天使投资虽是风险投资家族的一员，但与常规意义上的风险投资相比又有不同。其常常具备以下特点。

1. 通常只提供"第一轮"融资

天使投资的资金往往是投资者自己的积蓄，不足以满足较大的资金需要，因此，只有那些处于最初发展阶段、具有较好发展前景的创业项目才能够得到天使投资人的青睐。

2. 带有强烈的感情色彩

创业者说服天使投资人投资常常需要一定的感情基础，即创业者与天使投资人往往是志同道合的朋友或者亲戚等，如字节跳动获得海纳亚洲创投基金的投资，字节跳动创始人张一鸣和海纳亚洲创投基金的投资者王琼就有很好的私交。

3. 融资程序简单迅捷

天使投资人只是代表自己进行投资，投资行为带有偶然性和随意性，投资决策主要基于天使投资人自己的想法，不需要经过复杂而烦琐的投资决策程序。

4. 天使投资人通常只进行短期投资

因为是利用自己的资金进行投资，所以，天使投资人对投资回报的期望较高，而且创业企业的抗风险能力不如大型公司，因此，天使投资人对亏损的忍耐力不强，往往只进行短期投资。

一般来说，天使投资人是天生的冒险者，他们倾向于将钱投资于高风险、高回报的种子期企业。天使投资人往往自身具备雄厚的资金，他们不满足于传统投资渠道的收益率，想要追逐更高的经济回报，甚至为了获取亲身参与投资的成就感，而将资金投资于高风险的中小企业。尽管天使投资者在投资前就已十分清楚，无论所投项目经历过多少审慎调查，无论其潜在的利润有多大，它们的未来都是难以预料的。但是，由于自身雄厚的资金和天生的冒险精神，天使投资人仍然勇往直前，视风险较大的中小企业为其投资的乐土。天使投资人更倾向于利用自身的知识和才能为企业提供增值服务。天使投资人普遍具有较高的素质和良好的社会背景，具有为所投企业提供服务的先天条件。另外，天使投资人的一个很重要的目的就是为企业的成长出谋划策以获得成就感，而且其获取高额回报的初衷也促使他们尽力为企业的发展壮大助一臂之力。国内著名天使投资人的投资风格见表8-6。

表8-6　国内著名天使投资人的投资风格

投资人	投资风格	投资领域	主要投资项目
蔡文胜	1.对草根创业者比较偏爱 2.投资的阶段更早 3.投资速度很快 4.投资规模一般在几十万到500万元，会占10%~30%股份	互联网、游戏	暴风影音、网际快车、ZCOM、58同城、美图秀秀、大旗网、优化大师、易名中国
雷军	1.一般只投熟人、不熟的人不投，或者只投很少的钱 2.帮忙不添乱，不是"控制型"天使投资人 3.倾向于解决中国本土用户需求的项目	游戏、软件、移动互联网、电子商务	多玩游戏网、IS语音、乐讯、7K7K、拉卡拉、乐淘、凡客诚品
徐小平	1.投资判断非常感性，很多时候只会看人不会看报表 2.与其他大多数天使投资人"只投熟人、不熟不投"的投资风格不同，投资了很多陌生人 3.投资完成后对企业和项目过问较少，不会太多干涉和介入企业的发展与运营	互联网	世纪佳缘、兰亭集势、聚美优品
周鸿祎	1.通常进行小份额战略投资 2.不寻求控股地位	互联网	迅雷、酷狗、火石软件

（七）创业板上市融资

创业板是指交易所主板市场以外的另一个证券市场。其主要目的是为新公司提供集资途径，助其发展和扩展业务。创业板市场最大的特点就是低门槛进入、严要求运作，有助于有潜力的中小企业获得融资机会。

创业融资不只是一个技术问题，还是一个社会问题，应从建立个人信用、积累社会资本、写好创业计划、测算不同阶段的资金需求量等方面做好准备。因此，突破创业融资束缚，可以提升整体创业的成功率。这需要政府、社会、高校等协调配合，形成合力，以期为创业融资乃至整个创业进程保驾护航。

（八）融资租赁

融资租赁又称设备租赁、金融租赁，是指实质上转移与资产所有权有关的全部或绝大部分风险和报酬的租赁。资产的所有权最终可以转移，也可以不转移。融资租赁适合资源类、公共设施类、制造加工类企业，如果在企业经营过程中遇到资金困难，可将工厂设施卖给金融租赁公司，后者可以通过返租给企业获得收益，而银行则贷款给金融租赁公司提供购买资金。制造企业可以通过该项资金偿还债务或投资，盘活资金链条。

从国际租赁业的情况来看，绝大多数租赁公司都是以中小企业为服务对象的。由于中小企业一般不能提供银行满意的财务报表，只有通过其他途径来实现融资，金融租赁公司就提供了这样的平台，通过融物实现融资。

金融租赁不仅可以使企业获得资本融资，节省资本性投入，无须额外的抵押和担保品，而且可以降低企业现金流量的压力，并可以用作长期贷款的一个替代品，已经成为成熟资本市场国家与银行和上市融资并重的一种非常通用的融资工具，成为大量企业实现融资的一个重要和有效的手段，并在一定程度上降低了中小企业融资的难度。

但是，目前我国金融租赁业还处于初期阶段，市场活跃程度不高，业绩不够理想，加上租赁企业资金严重不足，根本不能满足市场上庞大的需求，金融租赁市场供不应求。因此，创业者在寻找金融租赁的时候，也要根据租赁公司的实际情况，尽量挑选那些实力强、资信度高的租赁公司，且租赁形式越灵活越好。

（九）股权融资

股权融资属于直接融资的一种。股权融资是指企业的股东愿意让出部分企业所有权，通过企业增资的方式引进新的股东的融资方式。股权融资所获得的资金，企业无须还本付息，但新股东将与老股东同样分享企业的盈利。这种融资方式对于创业者来说，也是一种较为现实和便捷的融资方式。

方兴未艾的股权融资，在短时间内得到了越来越多的认可，成功案例不断涌现。对于创业者来说，来自股权融资的资本不仅意味着获取资金，同时，新股东的进入也意味着新合作伙伴的进入。在进行股权融资时，创业者需要注意的是对企业控制权的把握。

（十）众筹融资

众筹融资，即大众筹资或群众筹资，由发起人、跟投人和平台构成，具有低门槛、多样性、依靠大众力量、注重创意的特征，是一种用"团购＋预购"的形式向网友募集项目资金的模式。

众筹作为一种融资形式，有以下区别于其他融资方式的一些特性：

（1）不同于银行等机构贷款，众筹资金的供给方面很多时候可以是任何人（某些情况下可能会对投资者设定一定的门槛），而且数额不限。

（2）资金的投向可以是公司，也可以是某个项目，甚至是某次活动。众筹的与众不同之处在于提供给投资者参与其中的方式。

很多时候，当一个众筹被展示出来时，你会发现有时它仅仅是一个有趣的点子，距离最终成为一个产品还有很长的路要走。正是在这个过程中，你有机会见证它是如何一步步成熟起来，由一个创意的种子经历萌芽、成形并最终结出成果。通过了解项目每阶段的进展，以及与项目发起人的沟通，投资者可以全程参与到产品或服务的开发中来，并贡献自己的想法。众筹融资并不是慈善，对于每个投资者来说，都有权期待得到回报，而其多种多样的回报方式可能是投资者想象不到的。

用一句时髦的话讲，众筹融资属于新型运动"预消费"中的一环，"预消费"已经成为最新的一种潮流，在当下的"期望经济"中，消费者想要最好的产品，并希望能够参与到产品设计和发行的过程中，而众筹融资无疑提供了这样一种方式。

四、创业融资的选择

（一）创业融资的选择

在创业融资的过程中，创业者在企业建立之初，必须筹备足够的运营资金，但是当面对各种融资渠道的时候，创业者不知道如何选择。天使投资界有位人士曾说过："你的钱、我的钱都是钱，但是用谁的钱这是一个问题。问题在于，在哪个时间点，用谁的钱更有优势，在于你的项目是否允许你对用谁的钱有所选择。"因此，在创业融资的过程中，要根据自身的情况合理选择融资方式，这样才能使企业更好地发展。创业者在制订融资计划时，需要着重关注以下事项。

1. 选择风险较低的融资方式

不同的融资方式风险大小往往不同，有的融资采取可变利率计算，当市场利率上升时，创业者就需要支付更多的利息。利用外资方式融资，汇率的波动也可能使创业者偿付更多的资金；或者是出资人发生违约，不按合同出资或提前抽回资金，都会给创业者造成重大的损失。

商业融资必须选择那些风险较小的方式，努力降低融资的风险。如目前利率较高，而预测不远的将来利率要下落，这时融资，应要求按照浮动利率计息；如果情况相反，则应按固定利率计息；再如利用外资，应避免硬货币来偿还本息，而应该争取以软货币偿付，避免由于汇率上升、软币贬值带来的损失。同时，在融资过程中，创业者还应选择那些信誉良好、实力较大的出资人，以减少违约现象的发生。

2.增强融资渠道的可转换性

由于各种融资方式的风险大小不同，因此在筹集资金时，创业者应注意各种融资方式之间的转换，即从这一种方式转换为另一种方式的能力，以避免或减轻风险。通常情况下，短期融资方式变换较为困难，长期融资中，如果合同中规定可以通过一定手续进行转换，如利用外资的币种转换，则风险小一些。除此之外，创业者融资应广开渠道，不能过分地依赖一个或几个资金渠道，进行多元化和分散化融资，也可增强转换能力，降低风险，提高创业成功的概率。

（二）创业融资的注意问题

对于大学生创业者而言，在创业融资过程中，要注意以下两个方面问题。

1.不要空泛地描述市场规模

企业初创者常犯的错误是对市场规模的描述太过空泛，或者没有依据地说自己将占有百分之几十的市场份额，这样并不能让使他人相信你的企业可以做到那么大的规模。

2.吸引投资者的注意力

在商界有一个著名的"电梯间演讲"理论，也许你会在公共场合偶然遇到一位投资者，也许投资者根本不想看长长的商业计划企业书，你只有几十秒的时间吸引投资者的注意力。当他的兴趣被你激发起来，问起你公司的经营队伍、技术、市场份额、竞争对手、金融情况等问题时，你已经准备好了简洁的答案。

知识拓展：电梯间演讲

▶项目训练

（1）简述创业资源的分类、特征及获取途径。

（2）简述影响创业资源获取的因素。

（3）简述整合创业资源的步骤。

（4）简述创业融资的原则。

（5）查业融资成功的相关实例，谈谈其成功的因素有哪些。

项目九

"三分造林，七分管理"
——创业企业的建立与管理

知识目标：

（1）了解创业企业的相关概念。

（2）了解创业企业管理的相关概念。

能力目标：

（1）能够掌握创业企业的创建条件及组织形式。

（2）能够掌握创业企业的选址步骤。

（3）能够掌握创业企业注册的相关要求。

（4）能够掌握创业企业基础、营销及财务管理要求。

素养目标：

培养大学生树立创业企业的管理意识。

名人箴言

企业家完成使命，靠意志胜于靠智慧，靠权力、魅力，胜于靠新思路。

——约瑟夫·熊彼特

案例导入

马云——改变国人消费方式的创业者

创业精神：用左手温暖你的右手

马云说，他的座右铭是"永不放弃"，因为这世界上最大的失败就是放弃，放弃其实是最容易的。所以，活着就是胜利。这个世界上最痛苦的是坚持，而最快乐的也是坚持。"我相信两个信条：态度比能力重要，选择同样也比能力重要"。

经营理念：让天下没有难做的生意

事实上，马云一直都是一个执着于梦想的人。"不忘初心，方得始终"，他告诫创业者一定要坚持自己的梦想，在创业过程中要时刻铭记创业的初衷。马云曾提出要让企业存活80年的口号，因为马云认为百年太长，80年正好是一个人的生命周期。实际上，无论是80年还是100年，都体现了马云对梦想的坚持不懈。马云曾经说过："永不放弃，同时要坚信，今天很残酷，明天更残酷，后天很美好。但是，绝大部分企业都死在明天晚上。我坚信，只要坚持，就能看到后天的太阳！"

战略竞争：心中无敌，就无敌于天下

说到市场，都会想到竞争。在如今的市场经济的体制下，市场成为强者胜、弱者败的竞争场地。"心中有敌，天下皆为敌；心中无敌，无敌于天下"是马云的战略竞争观念。他认为，"失败也是一种经历，对所有创业者来说，永远要告诉自己一句话：从创业的第一天起，你每天要面对的是困难和失败，而不是成功！你最困难的时候还没有到，但有一天一定会到。困难不是不能躲避，但不能让他人替你去扛。9年创业的经验告诉我，任何困难你都必须自己去面对，创业就是面对困难。"马云10年取得的任何成功和失败的经历，就是他最大的财富。

成功之道：智慧的人用心讲话

"用脑袋讲话，用心讲话，你的人生将无往不胜"。智慧是一个人成功的必要因素。花时间去学习别人成功的经验，也花时间去学习他人失败的经验。世界上最聪明的人是用他人撞得头破血流所得到的经验来完善自己，而最笨的人是自己撞得头破血流从而得到经验教训。愚蠢的人用嘴巴讲话，智慧的人用心讲话。

综上所述，马云是中国市场上一颗闪耀的巨星，他的成功之道值得每位创业的青年人学习和借鉴。

任务一　创建与选择创业企业

一、创业企业的创建条件

有关学者和业内人士认为，创业企业的创建及新事业的诞生是衡量创业者创业行为的直接标志，甚至可以将是否创建了创业企业作为个人是否为创业者的衡量标准。无论是在既有企业内部创业，还是创办新企业，创业者都面临着时机、地点等要素的选择。创业者在决定创业之前，先应该清楚自己该不该建立新企业，是否具备建立新企业的一些必要条件。

1. 是否可以开发出能创造市场的产品

开发出能创造市场的产品是创业者起步创业最为直接的可能性。

2. 是否有机会掌握独立创业的独特资源

这里所说的独特资源有很多种，如获得了某种有利于自己独立创业的特许权就是一种独特资源。创业者一旦拥有了这类资源，就不会遇到过多的竞争者，也就不会进入一个拥挤的市场，其创业成功的概率会大大提高。

3. 是否具有强烈的创业意识

很多创业者都是在强烈的"做老板"的意识下创建了自己的企业，在自己创办的企业里为自己工作，做自己喜欢的事情，实现自己的人生理想和抱负，这也是大多数创业者的创业动因。一个没有"做老板"欲望的人是无法创业的，因为他不可能有应对创业的挑战、机遇、困难、烦恼的任何心理准备，即使他受人挑动，盲目上阵创办企业，也必然会败下阵来。

4. 是否有能创造市场的商业模式

21 世纪是信息时代，互联网的飞速发展极大地推动了信息的数字化和网络化，信息的获取和传递变得非常容易。一些著名的大公司和中小公司纷纷通过互联网获取和发布信息，直接进行网上交易。借助互联网，消费者可以随时在网上购物，企业也可以利用互联网为消费者提供适时、特定的服务，企业之间也可以通过互联网进行产品销售或购买，因此，互联网上蕴藏着大量的商机。正是看到了这一庞大的商机，亚马逊公司创造了新的图书销售模式，团购、云计算等新兴的商业模式造就了大量的市场。

5. 是否出现了有利的市场机会

市场机会源于创意，但并不是所有的创意都会成为市场机会。大多数经营者在代理其他品牌产品的时候，往往希望能够存在一个很好的市场机会，使自己目前的业务有所发展或开拓更多的业务方向。因此，绝大多数经营者对创意都很敏感，而很多很好的市场机会并不是突然出现的，而是对于"一个有准备的头脑"的一种"回报"。

寻找市场空白是最直接有效的发掘有利市场机会的方法。市场存在空白就意味着巨大的消费需求的存在，但问题是，创业者本人看到的市场空白其他人往往也能看到，即使创业者是最先看到这片市场空白的人，也有可能被后来者模仿甚至超越。

6. 是否具备创建新企业的外部环境

一个好的外部环境可以为创业者提供建立企业的良好时机。创业需要有适当的制度、政策、金融、市场、科技和人文环境。传统计划经济时期，个人无法创业，关键在于那时缺少个人创业的经济制度与政策环境，而现在虽然国家和社会对创业都非常支持，但是创建一个新企业之前同样要考察相关的外部环境。

政府对创业者的帮助和支持表现在对新企业提供包括房产、水电、通信方面的基础设施支持，鼓励创业的财政支持和税收等方面的政策支持，以及对特定行业的发展支持等。没有政府的政策支持，新企业很难在艰苦的投入大于收益的阶段获得持续的发展动力和回报。例如，政府对于高科技企业的创办给予了良好的支持，包括制定具有引导性的政策，制定新的法律法规；建立高新技术创业园区、减免部分新企业税收；提高新企业的审批效率；鼓励留学人员创业等。

创业者在做出创业决策时，需要考虑新企业的产品或服务是否符合当地政府的要求、企业的经营业务将受到政府鼓励还是抑制、能够享受哪些优惠政策、需要履行怎样的企业义务等。

二、创业企业的商业模式

21 世纪是知识经济时代，从竞争的角度来说，知识将会逐渐成为竞争优势的重要来源，而一个企业的先进商业模式将是知识成为竞争优势的具体表现。从我国目前的情况来看，谁拥有了先进的商业模式，谁就拥有了更多的市场机会及资源。从某种意义上说，商业模式的创新在很大程度上促进了一批新企业的高速成长。综合国内外经验，商业模式创新主要可以通过以下几种方式来实现。

1. 改变技术模式

正如产品创新往往是商业模式创新的最主要驱动力，技术变革也是如此。企业可以通过引进激进型技术来主导自身的商业模式创新，如当年众多企业利用互联网进行商业模式创新。当今，最具潜力的技术是云计算，它能提供诸多崭新的用户价值，从而提供企业进行商业模式创新的契机。另一项重大的技术革新是 3D 打印技术。如果一旦成熟并能商业化，它将帮助诸多企业进行深度商业模式创新。例如，汽车企业可用此技术替代传统生产线来制造零件，甚至可采用戴尔的直销模式，让用户在网上订货，并在靠近用户的场所将所需汽车"打印"出来。

2. 改变企业模式

改变企业模式的含义是指改变企业在产业链中的位置及扮演的角色，换而言之，就是改变了其价值定义中的"造"和"买"的搭配，一部分由自身创造，其他由合作者提供。

一般来说，企业的这种变化是通过垂直整合策略或出售外包来实现。例如，谷歌在意识到大众对信息的获得已从桌面平台转移到移动平台，而自身的竞争优势仅限于桌面平台搜索引擎，于是，谷歌迅速实施垂直整合策略，大手笔收购摩托罗拉手机和安卓移动平台操作系统，从而进军移动平台领域，改变了自己在产业链中的位置及商业模式。IBM 也是如此，其在 20 世纪 90 年代初期意识到个人计算机产业无利可求，便出售此业务，并进入 IT 服务和咨询业，同时扩展它的软件部门，一举改变了它在产业链中的位置和它原有的商业模式。甲骨文（Oracle）、礼来（Eli Lilly）、香港利丰和 Facebook 等都是采取这种思路进行商业模式创新。

3. 改变收入模式

改变收入模式即改变一个企业对用户价值的定义及相应的利润方式。要想做到这一点，企业必须以用户的新需求为切入点。这里的用户新需求并不是指营销范畴里的新需求，而是从更宏观的层面来定义用户需求，即从更深入的层面了解用户购买产品用来完成什么样的任务或实现什么样的目标。其实，用户真正需求的并非一件产品，而是由这件产品所带来的解决方案，确定了这个解决方案也就真正确定了对用户价值的定义，并可依此来进行商业模式的创新。

4. 改变产业模式

所谓改变产业模式即企业重新定义本产业，进入或创造一个新产业。这种模式在很大程度上会重新整合资源，进入新领域并创造新产业，如商业运营外包服务和综合商业

变革服务等，力求成为企业总体商务运作的大管家。亚马逊正在进行的商业模式创新向产业链后方延伸，为各类商业用户提供如物流和信息技术管理的商务运作支持服务，并向它们开放自身的 20 个全球货物配发中心，并大力进入云计算领域，成为提供相关平台、软件和服务的领袖。其他如高盛、富士和印度大企业集团等都在进行这类的商业模式创新。

三、创业企业的组织形式

创业企业的组织形式不同，对创业者的要求也不同。只有对创业企业的概念、组织形式有了深入的了解后，创业者才能做出正确的选择，使创业企业得以生存和发展。

企业指依法设立的以营利为目的，从事商品的生产经营和服务活动的独立核算经济组织。现代企业的组织形式按照财产的组织形式和所承担的法律责任不同，通常划分为不设立公司的企业和设立公司的企业。不设立公司的企业形式为个体工商户、个人独资企业、合伙企业。设立公司的企业通常称为"公司"，指依照《中华人民共和国公司法》规定设立的企业，包括有限责任公司和股份有限公司两种。

（一）个体工商户

个体工商户是我国特有的一种公民参与生产经营活动的形式，也是个体经济的一种法律形式。个体工商户指在法律允许的范围内，依法经核准登记，从事工商业经营的自然人或家庭。个体工商户业主只需一个人或一个家庭，人数上没有过多限制，注册资本也无数量限制，开办手续比较简单。这类组织只需要业主有相应的经营资金和经营场所，到工商部门办理登记手续即可开业，个体工商户还可根据自己的需要起字号。

个体工商户具有以下特征：

（1）有经营能力的公民在中华人民共和国境内从事工商业经营，依法登记为个体工商户的，适用《促进个体工商户发展条例》。

（2）个体经济是社会主义市场经济的重要组成部分，个体工商户是重要的市场主体，在繁荣经济、增加就业、推动创业创新、方便群众生活等方面发挥着重要作用。

（3）个体工商户可以个人经营，也可以家庭经营。个体工商户的财产权、经营自主权等合法权益受法律保护，任何单位和个人不得侵害或者非法干预。

（4）个体工商户可以自愿变更经营者或者转型为企业。变更经营者的，可以直接向市场主体登记机关申请办理变更登记。涉及有关行政许可的，行政许可部门应当简化手续，依法为个体工商户提供便利。个体工商户变更经营者或者转型为企业的，应当结清依法应缴纳的税款等，对原有债权债务作出妥善处理，不得损害他人的合法权益。

（二）个人独资企业

个人独资企业是指依照《中华人民共和国个人独资企业法》在中国境内设立，由一个自然人投资，财产为投资者个人所有，投资者以其个人财产对企业债务承担无限责任的经营实体。

1. 个人独资企业的相关要点

（1）个人独资企业的设立条件。

1）投资人为一个自然人。

2）有合法的企业名称。

3）有投资人申报的出资。

4）有固定的生产经营场所和必要的生产经营条件。

5）有必要的从业人员。

（2）个人独资企业设立申请书应当载明的事项。

1）企业的名称和住所。

2）投资人的姓名和居所。

3）投资人的出资额和出资方式。

4）经营范围。

（3）个人独资企业有下列情形之一时，应当解散。

1）投资人决定解散。

2）投资人死亡或者被宣告死亡，无继承人或者继承人决定放弃继承权。

3）被依法吊销营业执照。

4）法律、行政法规规定的其他情形。

（4）个人独资企业解散的，财产应当按照下列顺序清偿。

1）所欠职工工资和社会保险费用。

2）所欠税款。

3）其他债务。

2. 个人独资企业的法律特征

（1）在组织结构形式上，个人独资企业是由个人创办的独资企业，其投资者是一个自然人。国家机关、国家授权投资机构或国家授权的部门、企业、事业单位等都不能作为个人独资企业的设立人。

（2）在责任形态上，投资者个人以其个人财产对企业债务承担无限责任。投资者若以家庭共同财产作为个人投资的，以家庭共同财产对企业债务承担无限责任，这是个人独资企业区别于有限责任公司和股份有限公司等企业形式的基本特征。

（3）从性质上看，个人独资企业是非法人企业。个人独资企业没有独立的资产，企业的财产就是投资人的财产，企业的责任就是投资人的责任。因此，个人独资企业无独立承担民事责任的能力。个人独资企业虽然不具备法人资格，但它是独立的民事主体，能够以自己的名义从事民事活动。

知识拓展：个人独资企业与个体工商户的区别

227

（三）合伙企业

合伙企业是由几个人、几十人，甚至几百人联合起来共同出资创办的企业。依照《中华人民共和国合伙企业法》，合伙企业是在中国境内设立，由各合伙人订立合伙企业协议，共同出资、合伙经营、共享收益、共担风险，并对合伙企业债务承担无限连带责任的营利性组织。合伙企业不如独资企业自由，决策通常要合伙人集体作出，但它具有一定的企业规模优势。

1. 普通合伙企业的相关要点

（1）设立合伙企业，应当具备下列条件：

1）有2个以上合伙人。合伙人为自然人的，应当具有完全民事行为能力。

2）有书面合伙协议。

3）有合伙人认缴或者实际缴付的出资。

4）有合伙企业的名称和生产经营场所。

5）法律、行政法规规定的其他条件。

（2）合伙协议应当载明的事项：

1）合伙企业的名称和主要经营场所的地点。

2）合伙目的和合伙经营范围。

3）合伙人的姓名或者名称、住所。

4）合伙人的出资方式、数额和缴付期限。

5）利润分配、亏损分担方式。

6）合伙事务的执行。

7）入伙与退伙。

8）争议解决办法。

9）合伙企业的解散与清算。

10）违约责任。

（3）除合伙协议另有约定外，合伙企业的下列事项应当经全体合伙人一致同意：

1）改变合伙企业的名称。

2）改变合伙企业的经营范围、主要经营场所的地点。

3）处分合伙企业的不动产。

4）转让或者处分合伙企业的知识产权和其他财产权利。

5）以合伙企业名义为他人提供担保。

6）聘任合伙人以外的人担任合伙企业的经营管理人员。

（4）合伙协议约定合伙期限的，在合伙企业存续期间，有下列情形之一的，合伙人可以退伙：

1）合伙协议约定的退伙事由出现。

2）经全体合伙人一致同意。

3）发生合伙人难以继续参加合伙的事由。

4）其他合伙人严重违反合伙协议约定的义务。

（5）合伙人有下列情形之一的，当然退伙：

1）作为合伙人的自然人死亡或者被依法宣告死亡。

2）个人丧失偿债能力。

3）作为合伙人的法人或者其他组织依法被吊销营业执照、责令关闭、撤销，或者被宣告破产。

4）法律规定或者合伙协议约定合伙人必须具有相关资格而丧失该资格。

5）合伙人在合伙企业中的全部财产份额被人民法院强制执行。

合伙人被依法认定为无民事行为能力人或者限制民事行为能力人的，经其他合伙人一致同意，可以依法转为有限合伙人，普通合伙企业依法转为有限合伙企业。其他合伙人未能一致同意的，该无民事行为能力或者限制民事行为能力的合伙人退伙。

退伙事由实际发生之日为退伙生效日。

（6）合伙人有下列情形之一的，经其他合伙人一致同意，可以决议将其除名：

1）未履行出资义务。

2）因故意或者重大过失给合伙企业造成损失。

3）执行合伙事务时有不正当行为。

4）发生合伙协议约定的事由。

对合伙人的除名决议应当书面通知被除名人。被除名人接到除名通知之日，除名生效，被除名人退伙。

被除名人对除名决议有异议的，可以自接到除名通知之日起30日内，向人民法院起诉。

2. 有限合伙企业的相关要点

（1）有限合伙企业由2个以上50个以下合伙人设立；但是，法律另有规定的除外。有限合伙企业至少应当有一个普通合伙人。

（2）合伙协议除符合普通合伙企业合伙协议应当载明的事项外，还应当载明下列事项：

1）普通合伙人和有限合伙人的姓名或者名称、住所。

2）执行事务合伙人应具备的条件和选择程序。

3）执行事务合伙人权限与违约处理办法。

4）执行事务合伙人的除名条件和更换程序。

5）有限合伙人入伙、退伙的条件、程序以及相关责任。

6）有限合伙人和普通合伙人相互转变程序。

（3）有限合伙人不执行合伙事务，不得对外代表有限合伙企业。

有限合伙人的下列行为，不视为执行合伙事务：

1）参与决定普通合伙人入伙、退伙。

2）对企业的经营管理提出建议。

3）参与选择承办有限合伙企业审计业务的会计师事务所。

4）获取经审计的有限合伙企业财务会计报告。

5）对涉及自身利益的情况，查阅有限合伙企业财务会计账簿等财务资料。

6）在有限合伙企业中的利益受到侵害时，向有责任的合伙人主张权利或者提起诉讼。

7）执行事务合伙人怠于行使权利时，督促其行使权利或者为了本企业的利益以自己的名义提起诉讼。

8）依法为本企业提供担保。

3. 合伙企业解散、清算

（1）合伙企业有下列情形之一的，应当解散：

1）合伙期限届满，合伙人决定不再经营。

2）合伙协议约定的解散事由出现。

3）全体合伙人决定解散。

4）合伙人已不具备法定人数满 30 天。

5）合伙协议约定的合伙目的已经实现或者无法实现。

6）依法被吊销营业执照、责令关闭或者被撤销。

7）法律、行政法规规定的其他原因。

（2）清算人在清算期间执行下列事务：

1）清理合伙企业财产，分别编制资产负债表和财产清单。

2）处理与清算有关的合伙企业未了结事务。

3）清缴所欠税款。

4）清理债权、债务。

5）处理合伙企业清偿债务后的剩余财产。

6）代表合伙企业参加诉讼或者仲裁活动。

4. 合伙企业的法律特征

（1）合伙企业以合伙协议为成立的法律基础。合伙协议是调整合伙关系、规范合伙人相互权利义务、处理合伙纠纷的基本法律依据，对全体合伙人具有约束力，是合伙得以成立的法律基础。

（2）合伙企业须由全体合伙人共同出资，合伙经营。出资是合伙人的基本义务，也是其取得合伙人资格的前提条件。

（3）合伙人共负盈亏，共担风险。

（4）合伙制企业的数量不如个人独资企业和公司制企业多，一般在广告、商标、咨询、会计师事务所、法律事务所、股票经纪人、零售商业等行业较为常见。

知识拓展：有限责任合伙企业与有限合伙企业的比较

（四）公司制企业

公司制企业是指按照法律规定，由法定人数以上的投资者（或股东）出资建立、自主经营、自负盈亏、具有法人资格的经济组织。我国目前的公司制企业有有限责任公司和股份有限公司两种形式。当企业采用公司制的组织形式时，所有权主体和经营权主体发生分离，所有者只参与和作出有关所有者权益或资本权益变动的理财决策，而日常的生产经营活动和理财活动由经营者进行决策。

1. 有限责任公司

有限责任公司，由 50 个以下股东出资设立。有限责任公司的股东，以其认缴的出资额为限对公司承担责任。只有一个自然人或一个法人股东的有限责任公司称为一人有限责任公司。一人有限责任公司的股东不能证明公司财产独立于股东个人财产的，应当对公司债务承担连带责任。股东应以其认缴的出资额为限对公司承担责任。

（1）设立有限责任公司，应当具备下列条件：

1）股东符合法定人数。

2）有符合公司章程规定的全体股东认缴的出资额。

3）股东共同制定公司章程。

4）有公司名称，建立符合有限责任公司要求的组织机构。

5）有公司住所。

（2）有限责任公司章程应当载明下列事项：

1）公司名称和住所。

2）公司经营范围。

3）公司注册资本。

4）股东的姓名或者名称。

5）股东的出资方式、出资额和出资时间。

6）公司的机构及其产生办法、职权、议事规则。

7）公司法定代表人。

8）股东会议认为需要规定的其他事项。

股东应当在公司章程上签名、盖章。

（3）有限责任公司股东会由全体股东组成，股东会行使下列职权：

1）决定公司的经营方针和投资计划。

2）选举和更换非由职工代表担任的董事、监事，决定有关董事、监事的报酬事项。

3）审议批准董事会的报告。

4）审议批准监事会或者监事的报告。

5）审议批准公司的年度财务预算方案、决算方案。

6）审议批准公司的利润分配方案和弥补亏损方案。

7）对公司增加或者减少注册资本作出决议。

8）对发行公司债券作出决议。

9）对公司合并、分立、解散、清算或者变更公司形式作出决议。

10）修改公司章程。

11）公司章程规定的其他职权。

2. 股份有限公司

股份有限公司是全部资本分为等额股份，股东以其认购的股份为限对公司承担责任的企业法人。设立股份有限公司，需 2 人以上 200 人以下为发起人，其中须有半数以上的发起人在中国境内有住所。股东应以其认购的股份为限对公司承担责任。

（1）设立股份有限公司，应当具备下列条件：

1）发起人符合法定人数。

2）有符合公司章程规定的全体发起人认购的股本总额或者募集的实收股本总额。

3）股份发行、筹办事项符合法律规定。

4）发起人制定公司章程，采用募集方式设立的经创立大会通过。

5）有公司名称，建立符合股份有限公司要求的组织机构。

6）有公司住所。

（2）股份有限公司章程应当载明下列事项：

1）公司名称和住所。

2）公司经营范围。

3）公司设立方式。

4）公司股份总数、每股金额和注册资本。

5）发起人的姓名或者名称、认购的股份数、出资方式和出资时间。

6）董事会的组成、职权和议事规则。

7）公司法定代表人。

8）监事会的组成、职权和议事规则。

9）公司利润分配办法。

10）公司的解散事由与清算办法。

11）公司的通知和公告办法。

12）股东大会会议认为需要规定的其他事项。

（3）发行股份的股款缴足后，必须经依法设立的验资机构验资并出具证明。发起人应当自股款缴足之日起 30 日内主持召开公司创立大会。创立大会由发起人、认股人组成。

发起人应当在创立大会召开 15 日前将会议日期通知各认股人或者予以公告。创立大会应有代表股份总数过半数的发起人、认股人出席，方可举行。

创立大会行使下列职权。

1）审议发起人关于公司筹办情况的报告。

2）通过公司章程。

3）选举董事会成员。

4）选举监事会成员。

5）对公司的设立费用进行审核。

6）对发起人用于抵作股款的财产的作价进行审核。

7）发生不可抗力或者经营条件发生重大变化直接影响公司设立的，可以作出不设立公司的决议。

3.公司解散和清算

（1）公司因下列原因解散：

1）公司章程规定的营业期限届满或者公司章程规定的其他解散事由出现。

2）股东会或者股东大会决议解散。

3）因公司合并或者分立需要解散。

4）依法被吊销营业执照、责令关闭或者被撤销。

5）公司经营管理发生严重困难，继续存续会使股东利益受到重大损失，通过其他途径不能解决的，持有公司全部股东表决权10%以上的股东，可以请求人民法院解散公司。

（2）清算组在清算期间行使下列职权。

1）清理公司财产，分别编制资产负债表和财产清单。

2）通知、公告债权人。

3）处理与清算有关的公司未了结的业务。

4）清缴所欠税款以及清算过程中产生的税款。

5）清理债权、债务。

6）处理公司清偿债务后的剩余财产。

7）代表公司参与民事诉讼活动。

4.公司制企业的优缺点

（1）公司制企业的优点。

1）无限存续。一个公司在最初的所有者和经营者退出后仍然可以继续存在。

2）有限债务责任。公司债务是法人的债务，不是所有者的债务。所有者的债务责任以其出资额为限。

3）所有权的流动性强。

4）资本市场的优越地位。

（2）公司制企业的缺点。

1）双重课税。公司作为独立的法人，其利润需缴纳企业所得税，企业利润分配给股东后，股东还需缴纳个人所得税。

2）组建公司的成本高。《中华人民共和国公司法》对于建立公司的要求比建立独资或合伙企业高，并且需要提交各种报告。

3）存在代理问题。经营者和所有者分开以后，经营者称为代理人，所有者称为委托人，代理人可能为了自身利益而伤害委托人的利益。

任务二　选址与注册创业企业

一、创业企业的选址

生意人常说，位置决定"钱"途。商业选址在企业运营中具有十分重要的地位。选址是建立企业的第一步，不仅关系到企业所提供产品和服务的成本，还在很大程度上决定着企业所面临的目标客户。一个地区的地理位置和商业环境质量将对企业的区域竞争力产生持续影响。有项针对美国小企业的调查表明，小企业失败的原因有15%是因为选址不当。

知识拓展：稻香村的选址策略

（一）影响企业选址的因素

1. 政治因素

政府对市场的规制也是值得创业者重视的一个方面。创业者评估现在已经存在的以及将来有可能出现的影响到产品或服务、分销渠道、价格及促销策略等的法律和法规问题，将企业建在政府支持该产业的地区。当投资者到国外设厂时，更应该考虑不同国家的政治环境，如国家政策是否稳定，有无歧视该产业的政策等。

2. 人口因素

创业者应该对可能成为其消费者的人群有所了解。例如，如果要开一家文具店，就要了解哪里学生最多，因为这个群体购买的文具最多。其他人口问题还包括人口稳定性怎么样，人口搬进搬出正常吗，人口数量是上升还是下降。如果某地区人口增长迅速，很可能有较多的年轻家庭。选址时，对这些问题都要予以考虑。

3. 经济因素

在决定把一个企业设立在哪个区域时，主要考虑区域经济方面的情况。为什么人们居住在这个区域？他们的生活水平如何？其他企业为什么要设在这里？要对区域进行行业分析。是80%的人集中在同一个企业或少数几个企业呢，还是这个区域有很多企业？该区域各行业兴旺吗？该区域的企业活动具有季节性特点吗？企业正在搬出或者迁入吗？分析这些问题将会对新创企业产生影响。人们的收入水平决定了其对商品（或服务）的需求。创业者要收集有关所选区域人们收入的信息，包括家庭平均收入是多少、收入水平如何、就业情况如何。另外，交通情况也是重要的经济因素。

4. 技术因素

新技术对高科技创新企业成功的作用是显而易见的，但技术本身的进步却更加难以预测。从某种意义上说，技术市场的变化是最为剧烈和最具不确定性的因素。因此，为了能够了解和把握技术变化的趋势，许多企业在创业选址时，常常考虑将企业建在技术研发中心、科技孵化器附近，或建在新技术信息传递比较迅速、频繁的地区。

5. 发展规划

企业地址的选择要搞清楚城市建设的规划，既包括短期规划，又包括长期规划。有的地点从当前分析是最佳位置，但随着市场的改造和发展将会出现新的变化而不适合开店；反之，有些地点从当前来看不理想，但从规划前景来看会成为有发展前途的新的商业中心区。因此，创业者必须从长远考虑，在了解地区内的交通、街道、绿化、公共设施、住宅及其他建设或改造项目规划的前提下，做出最佳地点的选择。

6. 竞争因素

收集竞争者的相关信息，对竞争者进行研究。要知道你有多少竞争者，他们都在哪里；还要知道过去两年内有多少与你业务相似的企业开张和关闭了；对间接竞争者（产品或服务与你近似的企业）的情况也要做一些研究。有三种情况有利于开一家新企业：该区域内没有竞争者；竞争者企业的管理很糟糕；消费者对该产品或服务的需求正在增加。

除以上需要考虑的因素外，自然因素、社会文化因素等都可能影响创业者选址。这需要创业者根据自身的条件和创业项目的具体情况来决定。

（二）企业选址的基本步骤

1. 分析客户群体，选择黄金场地

每个行业都有自己对应的消费人群，不同的行业需要不同的区位场地，所以在选择场地时，首先就要正确分析客户群体，判断所选场地是否靠近你的客户群体。例如，要开一个小商品零售店，就应该选择在人群密集区域；如果打算组建一个公益性组织，专门为无家可归的流浪汉提供慈善性质的资助服务，那么公交枢纽或者火车站附近就是最合适的办公场地；如果打算开一个有小资气息的茶吧，那么选址则要在幽静的场地。总之，企业的环境一定要与客户群体相适应，选择有针对性的黄金场地。

2. 考虑租金承受力，做好成本考量

初次创业者一般还没有能力拥有一个场地，这时创业者就要考虑租房。开业初期，需要资金的地方很多，还需要一定的储备资金，所以在选择地点时企业的租金也至关重要，租金的高低和以下两方面息息相关。

（1）办公场所面积。需要考虑清楚自己要用到多大面积的办公场地。如果准备开一个微型公司，潜在客户也不需要来访，那就找一个小办公室；如果公司业务网较大，那就需要足够大的面积，能容纳员工，且拥有多种功能。

（2）房屋情况。办公场地的结构、装修等情况也是需要着重考虑的因素。一般来说，初创企业的老板们倾向于选择水电安装、房屋装修到位的办公室，这样直接入驻，就能开展工作了。对办公场地一些细小的改动是可以的，但是在改动之前就要拿定主意。如果打算重新装修，需要将预算计入公司启动资金中。

3. 留意交通情况，方便客户驻留

交通是否顺畅已经成了企业最关心的因素之一。交通甚至会改变城市人口的经济行为、居住选择、空间概念。交通在完善城市空间布局方面发挥着重要的作用，地铁、轻轨向郊区拓展并延伸，在时空范围内缩小了城市的交流成本，同时，在经济上又放大了城市的功能。一座现代化的写字楼如果周边没有顺畅的交通条件，那么它就失去了市场竞争最有力的武器。要明确的一点是，客户群体永远是企业做出决策的首要依据。如果创业项目是经营类，例如，餐厅选址，有很多时候黄金区位与交通堵塞相互衍生，当店面位于黄金地段引来了太多的人流、车流后，也同样为顾客带来了不便。

4. 考察周边环境，促进良性循环

有了备选地点之后，要考察周边的环境，包括社会环境和自然环境。这个时候要从两个角度来观察：一个是获利的角度，有什么迹象显示你中意的地点可以给你创造业绩？另一个就是从客户的角度，如果是你，你会不会到这儿来逛街？逛到这儿的时候会不会进来看看？即便是黄金地段也有冷清的店铺，二级商圈里也有热门的区位。

（三）不同类型企业的选址

1. 生产型企业选址

生产型企业选择的地址交通要方便，以便于产品对外运出，要能满足生产用电，生产用水要有保证。除此之外，一方面，企业选址应尽量靠近原料基地和劳动力资源；另一方面，恰当的选址还应考虑当地税收优惠政策等因素。

2. 商业型企业选址

商业型企业经营地点的选择与商业圈有着密切的关系。一般一个城市内有若干个商业圈，每个商业圈有一定的辐射范围。处于商业圈内的企业相对经营情况良好，而处于商业圈之外的则经营情况一般。因此，商业型企业选址时最好选择商业圈核心地带，便于企业的宣传和与客户的接触。但是，商业圈内店铺的房价或租金相对较高，会对新创企业的经营支出构成压力。所以，在新创企业资金有限的情况下，可以选择租柜台、联合经营、委托代销等方式开展业务；也可以在商业圈边缘客流量较大的地方进行选址，但是要在商业圈内部进行广泛宣传，以吸引客户。

3. 服务型企业选址

服务型企业包括的门类很多，每种类型的企业经营特点不同，所以选址方式也不同。但有一点是相同的，即必须有客流量。如果服务对象是居民，则要在居民区附近选址；服务对象是学生，则要在学校附近选址；服务对象是社团机关，则要在机关附近选址。另外，全国大部分城市建有各种类型的企业孵化器，为不同类型的中小企业和新创企业提供减免租金的办公空间，同时，为其发展提供支持性服务（如财务方面、管理方面、技术方面和经营方面等）。公众、传媒和金融界也为企业孵化器中的企业提供很多支持，这些企业还可以享有税收优惠政策。企业的集聚效应营造出良好的创业氛围，使多个新创企业在同一屋檐下共同奋斗，较低的租金和共享现场服务增加了创业成功的机会。因此，企业孵化器也是新创企业选址时的一个很好的选择。

二、创业企业的注册

（一）核准新企业名称

为了规范企业名称登记管理，保护企业的合法权益，维护社会经济秩序，优化营商环境，我国制定了《企业名称登记管理规定》。《企业名称登记管理规定》对新企业名称的登记管理进行详细规定。企业注册登记时，必须先进行名称核准，以确保新企业名称没有违反国家相关规定，没有与其他企业名称重复，且符合工商注册登记的要求。

《企业名称登记管理规定》明确表示，企业只能登记一个企业名称，企业名称受法律保护。企业名称由行政区划名称、字号、行业或者经营特点、组织形式组成，例如，深圳市腾讯计算机系统有限公司，深圳为行政区划名称，腾讯为企业字号，计算机系统为企业所属行业，有限公司为企业组织形式。企业名称不得出现下列情形：

（1）损害国家尊严或者利益。

（2）损害社会公共利益或者妨碍社会公共秩序。

（3）使用或者变相使用政党、党政军机关、群团组织名称及其简称、特定称谓和部队番号。

（4）使用外国国家（地区）、国际组织名称及其通用简称、特定称谓。

（5）含有淫秽、色情、赌博、迷信、恐怖、暴力的内容。

（6）含有民族、种族、宗教、性别歧视的内容。

（7）违背公序良俗或者可能有其他不良影响。

（8）可能使公众受骗或者产生误解。

（9）法律、行政法规以及国家规定禁止的其他情形。

企业名称由申请人自主申报。申请人可以通过企业名称申报系统或者在企业登记机关服务窗口提交有关信息和材料，对拟定的企业名称进行查询、比对和筛选，选取符合规定要求的企业名称。申请人提交的信息和材料应当真实、准确、完整，并承诺因其企业名称与他人企业名称近似侵犯他人合法权益的，依法承担法律责任。

（二）注册登记的主要内容

创业者要申领和填写一些表格，主要内容有企业名称、经营地址、企业负责人、公司章程或合伙协议、企业法律形式、经营范围、注册资本、从业人员和雇工人数等。

1. 企业名称

企业名称是一个企业区别于其他企业或组织的特定标准。新企业的名称要有高度的概括力和强烈的吸引力，这样才能做到名正言顺。既要合法，符合《企业名称登记管理规定》相关要求，又要顺口响亮，朗朗上口，便于传播、宣传。例如，"可口可乐""百事可乐""淘宝""苏宁"等企业名称，都给消费者留下了非常深刻而美好的印象。

2. 经营范围

经营范围是企业生产经营的商品类别和服务项目。根据企业生产经营的商品类别和服务项目在企业中所占比重的大小，经营范围可分为主营项目和兼营项目。经工商行政管理机关核准登记的经营范围是法定经营范围，企业不得擅自超越。如果在实际经济活动中超越核准登记的经营范围，就属非法经营了。从目前商业实践来看，个别超出经营范围的合同关系仍然是有效的，同样受法律保护。

3. 注册资本

注册资本是指公司自有的资金总额，包括固定资金和流动资金，它是公司财产的货币表现，并反映了公司的规模。注册资本不得虚设谎报，企业设立后不得抽逃，否则将被处以罚款，甚至构成犯罪，承担刑事责任。

4. 企业负责人

法人公司的负责人是法定代表人，法定代表人依照公司章程的规定，由董事长、执行董事或经理担任，并依法登记，法定代表人变更的，应当办理变更登记。另外，独资企业的负责人是指投资者本人，合伙企业的负责人是由全体合伙成员推举的负责人。

5. 经营地址

经营地址是指公司主要办公或经营场所所在地。

6. 企业法律形式

企业分个人独资企业、合伙企业、有限责任公司和股份有限公司四种类型。

7. 公司章程或合伙协议

公司章程对公司、股东、董事、监事、高级管理人员具有约束力。《中华人民共和国公司法》详细规定了公司章程应当载明的事项，这些事项合在一起，共同构造了一个规范有序的公司内部法律结构。

8. 从业人员和雇工人数

从业人员是指企业中的全体生产经营人员。雇工人数是指不包括企业投资者在内的企业生产经营人员数。

（三）企业各类印章刻制

印章是公司权力和信用的证明，在公司的对内对外活动中，印章是必不可少的。因此，公司一旦成立就必须要有印章。印章是一个统称，包括公章、财务章、税号章、合同章、法人代表章、印鉴等。

1. 公章

公章是单位用的，具行政效力，一般只有单位名称。公章是单位处理内外部事务的印章，单位对外的正式信函、文件、报告使用公章，盖了公章的文件具有法律效力。若单位没有合同专用章则可以使用公章（刻制公章必须通过公安部门备案）。

2. 财务章

财务章主要用于财务结算，开具收据、发票（有发票专用章的除外）给对方及银行印鉴必须留财务专用章。盖了财务章则能够代表公司承担所有财务相关的义务，享受所有财务相关的权利。财务章一般由企业的专门财务人员管理，可以是财务主管或出纳等。（刻制财务章必须通过公安部门备案。）

3. 税号章（发票专用章）

税号章一般是指增值税专用发票销货单位税号章，是刻有公司税务登记证上的税号的印章。（刻制税号章必须通过当地税务部门备案。）

4. 合同章

合同章是企业签订合同用的章，分为中文和英文两种，可以是圆的也可以是椭圆的。（刻制合同章必须通过公安部门备案。）

5. 法人代表章

法人代表章就是法定代表人的签名章。（刻制法人代表章不用备案。）

6. 印鉴

印鉴是预留银行的，是开设账户用的章，用来办理银行收付款业务，但不能用公章作为预留印鉴。一般以财务章和企业法人代表章作为一套印鉴章。没有印鉴章，是不能办理银行付款业务的。

（四）企业开户及税务登记

企业通过银行办理转账结算，有一个先决条件，那就是必须到银行开立账户，办理开户许可证。

1. 银行账户及其种类

（1）银行账户。银行账户是各单位为办理结算和申请贷款在银行开立的户头，也是单位委托银行办理信贷和转账结算及现金收付业务的工具，它具有监督和反映国民经济各部门、各单位活动的作用。

（2）银行账户种类。根据《人民币银行结算账户管理办法》，银行账户分为基本存款账户、一般存款账户、临时存款账户和专用存款账户。上述各类账户均有不同的设置和开户条件。

1）基本存款账户是存款人办理日常转账结算和现金收付的账户。存款人的工资、奖金等现金的支取，只能通过基本账户办理。

2）一般存款账户是存款人在基本存款账户以外的银行借款转存、与基本存款账户的存款人不在同一地点的附属非独立核算单位开立的账户。存款人可以通过本账户办理转账结算和现金缴存，但不能办理现金支取。

3）临时存款账户是存款人因临时经营活动需要开立的账户。存款人可以通过该账户办理转账结算和根据国家现金管理规定办理现金收付。

4）专用存款账户是存款人因特定用途需要开立的账户。专用存款账户设置的条件是根据《人民币银行结算账户管理办法》的规定，存款人对特定用途的资金，由存款人向开户银行出具相应证明即可开立该账户。特定用途的资金范围包括基本建设的资金，更新改造的资金，以及其他特定用途、需要专户管理的资金。

2. 税务登记

税务登记是纳税人履行纳税义务的法定手续，是纳税人的一项基本法律义务，是税务机关依据税法的有关规定，对纳税单位和个人的生产经营活动进行登记管理的一项基本管理制度。而且，企业在日常生产经营过程中，还必须依法接受税务机关的税务检查，准备好有关证件、凭证、账册、报表及其他纳税资料，如实反映情况并给予税务机关必要的协助与配合。

目前，各地都在不断深化"放管服"改革，持续打造市场化、法治化、国际化营商环境，已经全面推广企业开办一网通办。进一步深化线上线下融合服务。依托一网通办平台，推行企业登记、公章刻制、申领发票和税控设备、员工参保登记、住房公积金企业缴存登记可在线上"一表填报"申请办理；实现相关申请人一次身份验证后，即可通过一网通办为企业开办全部事项。在这样的大环境下，开办企业和程序将会越来越便捷。

任务三　管理创业企业

一、企业的基础管理

（一）大学生初创企业的特点

大学生在创业企业建设过程中，一般是几名大学生，因为共同的爱好、共同的志向走到一起形成了一个社团或组织，这几乎是大学生创业企业最常见的组织方式。大学生创业企业既具有一般大学生社团的共性，也具有一般企业组织的特点。具体包括以下内容。

1. 共同的理念和愿景

或迫于严峻的就业形势，或出于对个人人生价值的追求，为数不少的大学生在思考未来的出路时，创业日益成为一个令人兴奋的选择。大学生作为一个比较特殊的群体，因为拥有一定的专业知识，一定的技术基础，他们为了更好地去实现自身的社会价值、人生追求，往往会因为共同的理念和愿景走到一起进行创业实践。其中，创业成员的个人目标与创业企业的愿景基本一致，即认同创业企业的努力目标和方向，也就是对企业文化的认可。正是因为创业团队成员拥有共同的价值观，把个人目标整合到组织目标中，才能产生大学生创业企业中良好的凝聚力。

2. 创业企业组织内部具有类似于企业的管理模式

创业团队一般拥有自己的创业项目，这就涉及团队的资金筹措、资金管理、资金使用、市场调查与开发、市场营销等管理活动，因此，大学生创业企业有比较明显的企业管理设计模式，如财务会计部门、市场营销部门、企划部门等，这有利于这些创业企业在学校和学校周边开展一些经营性的活动。

3. 大学生创业企业的成员在专业知识和技能上具有互补性

一个创业企业的领导往往是由最具有激情、号召力和创造力的人来担当，但仅仅如此，一个创业企业是无法存活的，它还需要拥有各种才能的人来组成。一个好的项目必须有明确的分工，才有可能顺利完成。例如，有的队员软件、硬件开发能力较强，就主要负责项目中产品的制作与开发；有的队员市场开拓能力强，他需要做一系列有关市场调查的工作；有的队员公关能力强，他需要积极运作起项目的各个环节；有的队员采购能力强，他便需要及时、经济的购进项目所需的各项物资。一个创业企业主要是因为自身各方面的优势才组建，以及在不断地改进中发展壮大。

知识拓展

以企业家精神领航创业新时代

曾经的青年创业者，现在的青年企业家。党的二十大报告指出，"完善中国特色现代企业制度，弘扬企业家精神，加快建设世界一流企业。"企业家精神是中国共产党人精神谱系的重要组成部分，是建设社会主义市场经济的力量源泉，也是青年企业家领航创业新时代的精神内核。

对青年创业者来说，企业家精神，是一种艰苦奋斗的创业精神。创业的风险极高，它从来不是一种盲目选择，而是在创业者立足现有情况，经过理性分析后才付诸实践的结果。有时即使走对方向，也未必一定成功。因此，"谋定而后动"应是青年创业者们的从业前提。同时，创业的过程非常艰苦，走在创业道路上的青年们，在面临诸多难题时，要忍得住折磨，受得住寂寞，经得起波折。艰苦奋斗不仅是对吃苦的坚持不懈，而且是在吃苦之余学会"善变"，始终以一种变化的心态去应对市场的变化。但不变的是，政府倡导的、市场需求的、人民群众需要的，一直是青年创业者们创新创业的方向所在。

对青年创业者来说，企业家精神，是一种勇于开拓的创新精神。创业不仅是立足眼前，还必须放眼未来。青年创业者的眼光务必放长远。今天是互联网极度发达的时代，每天都有新变化，创新是整个社会进步的关键。创新，顾名思义，就是创造新的事物，新的事物与"旧"事物注定不同，无论是在以前的东西上做加法还是做减法，它都会有这样或那样的不同。因此，作为时代"弄潮儿"的青年创业者，要敢于吃

"螃蟹"，勇于引领潮流，依靠创新创造赢得市场。同时，因其情感表达的自主意识更加强烈，所以更善于用科技触动情感，用感性思维提升商品的购买力，在主动创造差异化、尽量避免同质化方面本身就是佼佼者。

对青年创业者来说，企业家精神，是一种精益求精的工匠精神。市场竞争日趋激烈，除了产品创新、技术创新、应用和商业模式创新等竞争外，精益求精的工匠精神更为重要。创业，既是大胆创新驱动的过程，更是工匠精神驱动的过程，即在产品方面，追求极致的用户体验；在技术方面，追求易用的科技驱动；在运营方面，追求精进的工作效率。唯有如此，才能形成并保持创业项目在市场中的相对竞争优势。几乎所有的青年创业者都不缺乏创新驱动的激情，但成功的青年创业者会更具备精益求精的工匠精神，他们善于和敢于在工作中不断精进、长期坚持、快速迭代，逐渐逼近完美，从而得到市场的认可，实现自身的价值。

对青年创业者来说，企业家精神，是一种勇于负责的担当精神。他们心中会有自己的团队成员，也会有党和国家所赋予的时代使命和责任担当。无论外在环境如何变化，无论经历多少的坎坷和挑战，青年们总能一事当前，勇挑重担、敢于负责。当任务、矛盾、困难、风险和挑战来临时，这份担当就能显现。勇于负责的担当精神是一种能力，更是一种社会责任感和正义感的体现。青年创业者在推动企业成长的同时，要为社会创造价值、提供就业岗位。除此之外，还要致富思源，义利兼顾，把行动落到实处，加快企业发展步伐，自觉履行社会责任，做爱国敬业、守法诚信、回报社会的先进典范。

当前，世界百年未有之大变局加速演进，加快建设世界一流企业，推进中国式现代化的蓬勃生机，离不开具有鲜明时代特征、民族特色和世界水准的中国企业家队伍。对于青年创业者来说，企业家精神，既是时代之需，更是发展之要。进入新时代，踏上新征程。在人生经纬交织的轨迹上，不仅要实现青年企业家的身份蜕变，还要带领企业战胜当前的困难，走向更辉煌的未来，在中国经济高质量发展中留下不平凡的印记。

（二）企业人员的组织与安排

对于创业者和新创企业来说，每种类型的人员都会对企业的运营产生重要的影响，因此，创业者必须做好企业人员的组织与安排。原则上来说，进行企业人员的组织与安排应该符合企业当前的发展需求，再基于该需求明确人员的职责和要求，最后挑选和任命合适的人才。

一般情况下，创业者在雇佣员工时，可以遵循以下原则：

（1）列出所有该做的工作。

（2）列出自己不（能）做、需要雇人做的工作，以岗定人。

（3）确定完成每项工作所需的人数，以量定人。

（4）对于雇人完成的工作，要详细说明所需技能和其他要求。

（5）考虑如何支付雇员的工资。

在完成人员招聘后，创业者还必须将人员安排到合适的岗位上，也就是说，创业者一方面要确定企业需要设置的岗位；另一方面还要明确各岗位的工作内容和工作职责。一般来说，确定岗位时要建立员工管理制度——岗位责任制。岗位责任制主要有两个作用，一是让员工明确自己该做什么；二是让管理者明确该考核什么。企业要在岗位分工明确的基础上确定岗位职责，建立管理制度，明确员工的岗位及责任、权利与利益，同时，依据岗位责任制为员工的绩效考评提供依据，调动员工的积极性。

（三）企业日常业务管理

新创企业管理的主要内容实质上就是日常业务管理。创业者要想保持企业的正常运营，首先必须做好以下基础管理工作。

1. 制定与执行规章制度

企业必须贯彻国家的法令、条例和政策，根据实际需要制定必要的企业规章、守则，建立严格的制度，使考勤、交接班、工艺操作、质量检验、财务出纳等环节有章可循。在制定规章制度的过程中，要贯彻民主集中的原则。在执行时要严格，尤其是领导和管理人员要身体力行，这样才能凝聚人心，促进企业长足发展。

2. 管理原始记录

企业要了解原始记录的重要性。企业一切活动的结果必须以一定的表格形式，用数字或文字加以记录。管理者要随时更新企业内部的各项原始记录，使其形成统一协调的企业信息系统，以适应现代企业经营管理的需要。原始记录是健全企业经营管理工作的重要内容，其信息务必准确，要求管理者绝不能主观估计，更不能凭空捏造。

企业原始记录的内容包括生产、销售、劳动、原材料（燃料、工具）、设备动力、财务成本、技术各方面。各种技术文件与管理文件，如产品设计任务书、设计图纸、各类工艺卡片、工艺操作规程、图纸及工艺更改通知单、产品品质鉴定报告、各种计划大纲及定额资料，都是企业开展生产活动必不可少的原始材料。

3. 做好计量监测工作

企业应根据生产规模和实际工作的需要，设置计量监测机构，配备必要的人员，购置必要的计量监测器具，建立标准，加强对器具的检验和维修，以保证其准确性。另外，还应健全工作责任制，制定工作规程，并严格执行，提高工作质量。这与保证产品质量、提高劳动效率、加强经济核算，以及对材料、物资的收发和消耗，都有极大关系。小型企业可能会因财力不足，无法置备价格高的计量检测器具。针对这种情况，小型企业除购置必需的器具外，还可以与大型企业合办测试中心，或利用科研机构的设备做好计量监测工作。

4. 做好统计工作

企业有了比较完整的原始记录之后，就要进一步根据有关规定和自身需要，应用统计

方法及时对原始记录加以统计分析，而后才能开展决策、计划和定额等工作，并以统计分析的结果作为检查考核的依据。统计工作以原始记录为基础，涉及整个企业。做好统计工作有利于各级管理人员处理问题，做出决策，进行检查、控制和指挥。

5. 规定定额标准

在一定的生产技术和生产组织条件下，企业要规定人力、财力、物力消耗应当达到的定额标准。企业经常采用的定额标准包括以下几种：

（1）生产：生产周期、生产批量、产品定额等。

（2）劳动：单位产品（或零件）的工时定额、工序工时定额、设备看管定额、工时利用率等。

（3）物资消耗：单位产品（或零件）和原材料（燃料、动力、工具）消耗定额、材料利用率、物资储备定额、采购周期等。

（4）设备：单位产品（或零件）定额、设备生产能力（容量）定额等。

（5）成本费用：单位产品（或零件）成本定额、企业管理费定额、车间经费定额等。

（6）财务资金：储备资金定额、生产资金定额、成品资金定额、资金利用率、流动资金周转天数等。

（7）其他：工具消耗定额、单位产品面积产量定额、单位产量耗电定额等。

6. 进行员工培训

企业应将员工培训作为一项基本建设，而进行员工培训的第一步就是确定培训目标，确定培训目标必须结合企业的实际条件和决策目标。新创企业根据一定标准招收员工后，员工要有一个熟悉业务、认同企业形象的过程。有的大型企业有计划地组织员工参加培训，为员工讲授企业文化、企业历史、经营思想、管理技巧、行为科学、公共关系等课程，并将其作为提升干部、补充中高级经营管理人员的手段。进行员工培训是有进取精神的大型企业的自我发展之路。

二、企业的营销管理

（一）企业的营销定位

1. 市场营销调研

如果用一句话来概括市场营销，市场营销就是指想方设法了解顾客，满足顾客需求并使企业盈利的过程。也就是说，在营销的过程中，企业要实现利润。

企业要实现利润，首先必须满足顾客的需求。企业对目标市场的顾客越了解，提供的产品或服务就越能满足顾客的需求。因此，从创业的第一天开始，创业者就必须不停地思考以下问题：谁是我们的顾客？市场由哪些顾客组成？市场是如何细分的？通过什么方式吸引顾客？顾客为什么选择我们的产品而不是竞争对手的产品？竞争对手是谁以及怎样才能使竞争更有成效？真正的市场营销人员所采取的第一个步骤，就是要调查研究，即市场营销调研。

市场营销调研是针对企业特定的营销问题或寻找机会，采用科学的研究方法，系统、客观地收集、整理、分析、解释和沟通有关市场营销各方面的信息，为营销管理者制定、评估和改进营销决策提供依据。

2. 进行市场细分

市场细分作为一个比较、分类、选择的过程，通常有以下几步：

（1）确定进入市场的范围。企业根据自身的经营条件和经营能力确定进入市场的范围，如进入什么行业，生产什么产品，提供什么服务。

（2）进一步确定细分标准。例如，消费者市场的细分标准如下：

1）按地理因素细分，也就是按消费者所在的地理位置、城镇大小、地形、地貌、气候、交通状况、人口密集度等进行细分。

2）按人口因素细分，即按消费者年龄、性别、职业、收入、民族、宗教、教育、家庭人口、家庭生命周期等细分。

3）按心理因素细分，即按消费者生活方式、性格、购买动机、态度等进行细分。

4）按行为因素细分，就是按消费者的购买时间，购买数量，购买频率，购买习惯（品牌忠诚度），对服务、价格、渠道、广告的敏感程度等细分。

（3）分析潜在顾客的不同需求，初步划分市场。企业将所列出的各种需求通过抽样调查，进一步收集有关市场信息与顾客背景资料，然后初步划分出一些差异最大的细分市场，至少从中选出三个细分市场。

（4）剔除无效市场。根据有效市场细分的条件，对所有细分市场进行分析研究，剔除不合要求、无用的细分市场。

（5）为细分市场定名。为便于操作，可结合各细分市场上顾客的特点，用形象化、直观化的方法为细分市场定名。例如，某旅游市场分为商人型、舒适型、好奇型、冒险型、享受型、经常外出型等。

（6）充分分析细分市场的特点。进一步对细分后选择的市场进行调查研究，充分认识各细分市场的特点，本企业所开发的细分市场的规模、潜在需求，还需要对哪些特点进一步分析研究等。

（7）决定细分市场规模，选定目标市场。企业在各子市场中选择与本企业经营优势和特色相一致的子市场，作为目标市场。没有这一步，就没有达到细分市场的目的。

（二）目标市场的营销策略

企业进行目标市场选择的营销策略一般有三种。

1. 无差异性营销

实行这种策略的企业将整体市场视为一个大的目标市场，不进行细分，用同一种产

品、统一的市场营销组合对待整个市场。例如，可口可乐公司早期曾使用无差异性营销，推出的饮料具有单一的价格和单一的口味，来满足所有顾客的需要。运用这种策略，可以获得成本的经济性。产品种类少，有利于降低生产、库存和运输成本。广告计划之间的无差异，可以降低广告成本。无须进行细分市场的调研工作和筹划工作，可以降低市场营销调研和生产管理成本。但是，实践证明，用一种产品或品牌同时满足所有顾客的全部需要，几乎是不可能的。

无差异性营销的主要优点是成本的经济性；主要的缺点是顾客的满意度低，适用范围有限。

2. 差异性营销

差异性营销是指企业同时在几个细分市场上经营业务，并分别为每个细分市场制订不同的营销计划。例如，某服装公司为不同性别、不同年龄段、不同收入水平、不同生活方式的消费者提供不同颜色、不同规格、不同款式、不同档次的服装，并运用不同的传播策略进行广告宣传，就是差异性营销策略。

差异性营销的主要优点是，可以有针对性地满足具有不同需求特征的顾客群，提高产品的竞争力并能够树立起良好的市场形象，吸引更多的购买者。但是，由于产品品种、销售渠道、广告宣传的多样化，市场营销费用会大大增加，差异性营销的优势成为其劣势。问题还在于，市场营销成本增加的同时，并不保证效益会同步上升。因此，企业要防止把市场分得过细。如果分得过细，要进行"反细分"或扩大顾客的基数。

3. 集中性营销

集中性营销是将目标市场细分为若干市场后，只选择其中某一市场作为目标市场。其指导思想是把企业的人力、财力、物力等资源集中于一个细分市场，不求在较多的细分市场上都获得较小的市场份额，而谋求在较少的市场上得到较大的市场份额。这种策略特别适用于势单力薄的初创企业。

三、企业的财务管理

（一）财务管理的内涵

财务管理（Financial Management）是指企业为了达到既定目标进行资金筹集、运用和收益分配等财务活动，并处理与这些财务活动有关的财务关系的一系列管理工作。财务管理的本质是对企业生产经营活动中的资金使用进行战略规划、组织、指导和控制，即企业应从哪里筹集经营所需资金，筹集的资金又该如何最大化利用等问题，是企业管理中最重要且最具挑战的活动之一。

企业持续健康的经营发展离不开有效的财务管理。对于新创企业的企业主来说，理解和掌握财务管理知识，以科学合理的方法管理企业的财务活动和财务关系，是企业良性发展必不可缺的重要条件。

（二）财务报表

创业者重点要学会看懂资产负债表、损益表和现金流量表三大报表。资产负债表反映企业一定时期期末的财务状况，但无法解释财务状况形成的原因和过程；损益表说明一定时期的经营成果，却无法表达经营成果是否与现金流量相匹配；而现金流量表则可以解释财务状况变动原因和过程，并说明经营成果对财务状况的影响。所以，资产负债表、损益表、现金流量表三分天下，各有其用，缺一不可。

1. 资产负债表

资产负债表也称财务状况表，是反映企业在一定时期内全部资产、负债和所有者权益的财务报表，是企业经营活动的静态体现。

资产负债表最重要的功用在于能确切地反映企业的营运状况和企业需要外部融资的数额，从资产负债表中可以了解到企业的如下信息：

（1）企业的资产、负债及股东权益的增减。

（2）企业总资产在一定程度上反映企业经营规模。

（3）股东权益的增长幅度高于资产总额的增长时，说明企业的资金实力有了相对提高。

（4）企业应收账款占总资产的比重过高，说明该企业资金被占用的情况较为严重。

2. 损益表

损益表又称利润表，是反映企业一定时期（月份、年度）内净利润或亏损情况的报表。它是企业必须按月编报的一张动态报表。损益表有以下作用：

（1）可以用来分析利润增减的原因。

（2）可以用来评价企业的经营效率和经营成果。

（3）可以衡量一个企业在经营管理上的成功程度。

（4）可作为经营成果的分配依据。

（5）有助于考核企业经营管理人员的工作业绩。

（6）可用来分析企业的获利能力。

3. 现金流量表

现金流量表一般由主表和附表（补充资料）组成，主表由经营活动产生的现金流量、投资活动产生的现金流量和筹资活动产生的现金流量三个部分构成。分析现金流量及其结构，可以了解企业现金的来龙去脉和现金收支构成，评价企业经营状况、创现能力、筹资能力和资金实力。对于新企业，资金缺乏是最为普遍的问题，如果创业者不能及时解决这一问题，则非常容易造成创业夭折。因此，创业者要特别注意，在创业初期资金不要被固定资产占用太多，在企业经营的任何时期，必须保持正的现金流，不能让现金断流。

现金流量表附表是现金流量表中不可或缺的一部分，项目金额则是相应会计账户的当期发生额或期末与期初余额的差额。

（三）企业财务管理的对策

1. 加强财务基础知识的学习

大学生创业不能盲目凭着自己的理想进行，对待财务管理必须要有明确的认识，并知道如何进行财务管理。加强财务管理专业基础知识的学习是十分重要的。进行创业的大学生只有了解了企业运作过程中的筹资、投资、营运及利润分配等内容，才能正确处理大学生创业企业的财务关系，进行有效的财务管理工作。

2. 规范财务基础工作

对于大学生创业企业而言，没有规范化的财务基础工作，财务管理也只能是空谈。原始凭证的收集保管、记账凭证的审核编制、财务报表的编报审核等工作都是财务基础工作的重中之重。加强对财务基础工作的重视是大学生创业企业财务管理的基础。在大学生创业企业发展过程中，应尽快摆脱财务人员一人身兼数职的尴尬局面。对大学生创业企业而言，聘请专业的财务人员虽然会增加相关费用，但行之有效的财务管理工作更是大学生创业企业财务管理必不可少的。规范化的财务基础工作要求同时建立监督审核制度，财务基础工作如果没有监督审核，往往会造成更大的风险。大学生创业企业需要明确责任与分工，避免责任混淆不清。

3. 提高融资能力

对于大学生创业，国家和地区都出台了一系列优惠政策，充分了解国家政策、利用优惠政策是大学生创办企业所必须掌握的。目前，专门针对大学生创业的国家优惠政策主要包括注册资金允许分期到位；毕业生创办国家指定行业企业可以享受 1～2 年的减免税；各银行、信用机构简化小额贷款程序；政府所属的人事机构免费为毕业生保管人事档案等多项优惠政策。与此同时，各地区也有一定程度的优惠政策。这些优惠政策有助于大学生创业的资金筹集和企业发展，大学生创业有必要对其进行充分了解和利用。另外，融资的多元化也可以解决大学生创业企业资金紧张的问题。目前，我国的资本市场日益开放，对外联系的便利使得大多数外资可以进入我国资本市场，大学生应该充分利用外资解决融资困难的处境。建立融资渠道更应该从企业自身出发，大学生也必须从大学生创业企业自身出发树立财务管理意识，加强财务基础规范工作，来建立良好的企业信用，更方便地从金融机构获得贷款。

4. 树立财务管理意识

大学生创业必须树立财务管理意识，大学生创业企业发展需要大学生重视财务管理问题，认真对待财务管理问题，建立完善的财务管理制度。另外，大学生不仅需要自己提高财务管理意识，更应该将财务管理意识融入企业的每个员工的意识中。组织员工学习、定期地组织财务会议都能有效促进大学生创业企业财务管理意识的树立。

大学生创业之初，既然很难从无到有地建立一套较为完整的财务管理系统，为何不去学习借鉴其他类似的中小企业财务管理制度呢？虽然情况可能不尽相同，面对的问题也是各有差异，但类似的经验还是可以学习的。例如，资金管理、成本核算、销售收入管理等财务管理制度，可以借鉴类似的经验再依据自身情况加以修改，从而建立、完善大学生创业企业的财务管理制度。

❖ 项目训练

（1）简述创业企业的创建条件及商业模式。

（2）结合实例，分别谈谈创业企业的组织形式及各自特点。

（3）简述创业企业的选址步骤及影响因素。

（4）简述创业企业注册的相关要求。

参考文献

[1] 张海军 . 职业教育适应性视域下学生创新创业能力培养 [M]. 武汉：华中科技大学出版社，2023.

[2] 刘延，高万里 . 大学生创新创业基础 [M]. 武汉：华中科技大学出版社，2020.

[3] 杨兆辉，陈晨 . 大学生创新创业基本能力训导 [M]. 北京：电子工业出版社，2020.

[4] 郭丰，谢凌云 . 大学生创新创业基础 [M]. 杭州：浙江大学出版社，2022.

[5] 郭玉莲，马凤祥 . 大学生创新创业教育 [M]. 北京：中国人民大学出版社，2022.

[6] 陈永，石锦澎 . 大学生就业与创新创业教程（慕课版：双色版）[M]. 北京：人民邮电出版社，2022.

[7] 赵君，谢妮，陈键 . 大学生创新创业教程 [M]. 北京：北京理工大学出版社，2021.

[8] 丛立，陈伟 . 大学生就业指导 [M]. 北京：北京理工大学出版社，2021.

[9] 吴亚梅，龚丽萍 . 大学生创新创业教程 [M]. 重庆：重庆大学出版社，2018.

[10] 张兵 . 大学生创新创业基础 [M]. 北京：高等教育出版社，2017.

[11] 胡楠，郭勇 . 大学生创新创业指导 [M]. 北京：人民邮电出版社，2017.

[12] 李纲，张胜前 . 大学生创业指导 [M]. 北京：国防工业出版社，2010.

[13] 方伟 . 大学生就业工作教师培训教程 [M]. 北京：高等教育出版社，2009.